내게 기대렴

Originally published in English under the title
Beginning at the End

by Cherie Hill

161 Shady Lane #369, Palmer Lake, CO 80133, U.S.A.

표지 그림 / **정마린**

규장

BEGINNING *at* THE END

내가 겪어온 삶의 순간순간이 이 책의 한 장 한 장을 써내려갈 수 있게 했다. 하늘에 계신 신실하신 아버지께 감사드린다.

"주를 믿는 나의 믿음을 통해 내 삶의 산이 옮겨지고 물 위를 걸을 수 있음을 보여주시니 감사합니다. 언제나 나를 꼭 붙들고 절대 놓지 않으시니 감사합니다. 그리스도 주를 보내주시고 또 날마다 동행하게 하시니 감사합니다. 내 삶의 모든 순간을 주의 사랑과 자비와 은혜로 가득 채우시니 감사합니다. 얼굴을 맞대고 주님의 얼굴을 뵈올 때까지 영원히 주님만 섬기겠습니다."

내가 알기에는 나의 대속자가 살아 계시니
마침내 그가 땅 위에 서실 것이라
내 가죽이 벗김을 당한 뒤에도 내가 육체 밖에서 하나님을 보리라
내가 그를 보리니 내 눈으로 그를 보기를
낯선 사람처럼 하지 않을 것이라

욥 19:25-27

contents

part 3 하나님과 함께 다시 시작해

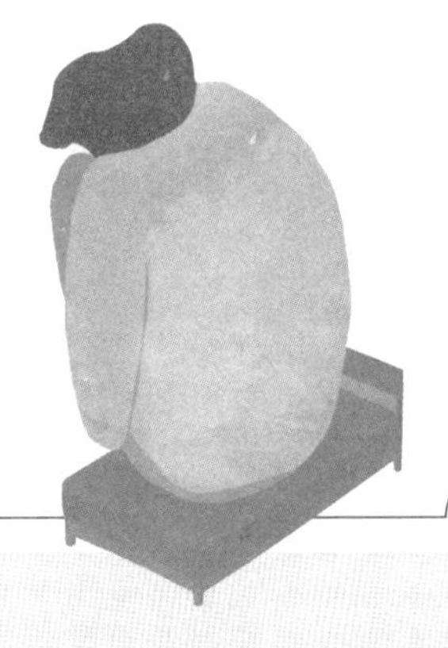

PART

1

끝이라고 생각될 때, 내게 기대렴

CHAPTER 1

삶의 잿더미에서

나의 괴로움을 달아보며 나의 파멸을 저울 위에 모두 놓을 수 있다면

바다의 모래보다도 무거울 것이라 욥 6:2,3

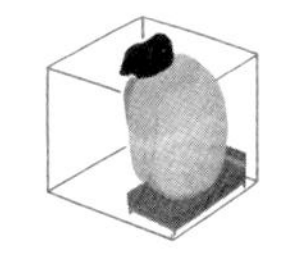

어느 순간 자기 삶의 잔해에, '잿더미'에 앉은 자신을 본다. 잿더미는 '끝'처럼 보이는 그 무엇을 더없이 잘 표현한다. 당신의 삶에서 산산조각 나버린 꿈과 좌절된 기대를 아주 적절히 보여준다. 무참한 절망감으로 당신을 엄습하고 짓누른다. 잿더미에서 당신은 전에는 그 존재조차 몰랐던 영혼의 깊은 아픔과 처음 맞닥뜨린다.

견딜 수 없는 공허감이 몰려온다. 고통과 괴로움이 영혼 깊이 파고들고, 예고도 없이 당신의 영혼은 말로 표현 못 할 정도로 부서진다. 당신은 받아들일 수 없는 것을 받아들일 수밖에 없다. 숨 쉴 힘조차 없고 눈물만 하염없이 흐른다. 그러나 아직 끝이 아니다. 이런 순간을 헤쳐나가려 발버둥 칠 때 우리는 끝이 지체 없이 이르기를 애원한다.

이제는 내 생명이 내 속에서 녹으니 환난 날이 나를 사로잡음이라 밤이 되면 내 뼈가 쑤시니 나의 아픔이 쉬지 아니하는구나 그가 큰 능력으로 나의 옷을 떨쳐버리시며 나의 옷깃처럼 나를 휘어잡으시는구나 하나님이 나를 진흙 가운데 던지셨고 나를 티끌과 재 같게 하셨구나

욥 30:16-19

하나님, 어디 계세요?

삶에서 가장 깊은 골짜기를 만날 때 당신의 영혼이 초토화되었다는 걸 깨닫는다. 고통과 절망이 당신을 삼킬 때 하나님이 당신을 버리셨다고 결론짓기 쉽다. 절망감은 허상이 아니다. 현실이다. 우리가 할 수 있는 일은 거의 없다. 그저 주어진 상황을 인내하며 견디는 수밖에 없다. 우리의 영혼이 이제 끝이라고 느낄 때 살아남는 것 자체가 치열한 싸움이다.

우리는 깨닫는다. 하나님이 스스로 말씀하신 그런 분이라면, 하나님이 우리가 고통 당하도록 허락하고 계시는 것이다. 순간, 마음에 하나님을 향한 분노가 끓어오른다. 우리는 더 깊이 파고들어 고난에서 의미를 찾으려 한다. 그러나 아무 의미도 찾지 못하고 결국 고통은 더 깊어진다.

우리 안에서 싸움이 치열해지면서 의문이 꼬리에 꼬리를 물고 일어나며 우리는 소리친다.

"하나님이 어디 계신거야? 왜 하나님은 말씀하셔야 할 때 침묵하

시는 거야? 하나님의 정의가 어디 있는 거냐고? 하나님이 왜 날 버리신 거야?"

우리가 겪는 고통이 부족하기라도 하듯 여전히 침묵하시는 하나님을 향해 우리는 소리친다. 하나님의 침묵은 고통 자체보다 훨씬 큰 고통이다.

그러나 바로 이 순간, 우리가 자기 삶의 잿더미에 앉았을 때 하나님은 우리와 가장 가까이 계신다. 우리의 잿더미에서 하나님의 가장 큰 일이 이뤄질 수 있다. 우리를 사랑하시는 하나님께서 우리의 무릎을 꿇리신다. 우리가 한눈팔지 않고 오직 위만 바라보게 하시려는 것이다.

내 삶의 환경이 어떻든 간에, 내가 아무리 신실하지 못하더라도 하나님은 여전히 신실하시다. 이제 모든 게 끝났다는 확신이 들 때 우리는 실제로 하나님을 찾기 시작할 수 있다. 당신의 삶이 산산조각 나는 듯이 느껴질 때, 하나님을 향한 당신의 믿음을 통해 당신의 삶이 제자리를 찾고 있을 뿐이라는 것을 알게 될 것이다.

알다시피, 당신의 무릎을 꿇리는 바로 그것이 마침내 하나님을 볼 기회를 준다. 당신의 고난을 통해 하나님은 당신을 더 바싹 끌어당기신다. 그분의 때에 하나님은 당신이 끝이라고 생각하는 모든 것을 입이 딱 벌어지는 새로운 시작으로 바꾸실 테고, 당신에게 하나님의 임재와 능력이 갈수록 생생해질 것이다.

이 새로운 시작은 당신을 하나님께 더 바싹 이끌뿐더러 전혀 알지 못했던 평안과 기쁨을 안겨줄 것이다. 잿더미에서 하나님의 임재는 더없이 분명하다. 모든 희망이 사라질 때, 거기 믿음이 있다.

내가 앞으로 가도 그가 아니 계시고 뒤로 가도 보이지 아니하며 그가 왼쪽에서 일하시나 내가 만날 수 없고 그가 오른쪽으로 돌이키시나 뵈올 수 없구나 그러나 내가 가는 길을 그가 아시나니 욥 23:8-10

그곳에, 여전히 함께 계신다

하나님을 어디서도 찾을 수 없다는 생각은 원수의 거짓말이다. 이것을 재빨리 알아채야 한다. 하나님은 영원히 주권적인 분이시다. 당신의 삶에서 세세한 부분까지도 빠짐없이 지켜보신다.

여호와께서 사람의 걸음을 정하시고 그의 길을 기뻐하시나니 시 37:23

당신이 하나님께 부르짖을 때뿐 아니라 그러지 않을 때에도 하나님은 당신과 함께 계신다. 삶에 어려움과 고난이 찾아올 때 하나님을 향한 믿음을 포기하지 말라. 믿음 포기, 사탄이 원하는 것이 바로 이것이다. 원수는 당신이 하나님께 등을 돌리고 믿음에서 돌아서기를 원한다. 당신이 시련 당할 때 하나님을 떠난다면 사탄이 찾는 승리를 그에게 안기는 셈이다.

사탄은 실재며 속임수의 대가다. 이 사실만 제대로 파악해도 새로운 시작을 향해 중요한 걸음을 내딛은 셈이다. 당신은 '세상이 내게 맞선다'고 느낄는지 모른다. 당신이 옳다. 이 세상은 우리의 원수가 머무는 곳이다. 우리는 그가 모든 것을 다스린다고 믿으려는 유혹을 받을지 모른다.

그러나 당신이 앉아 있는 잿더미를 만든 불은 하나님이 허락하신 것이다. 그 무엇도 우리의 하나님, 전능하신 하나님의 통치와 권세를 벗어나지 못한다.

당신의 삶에 왜 시련과 환난이 닥쳤는지 이해할 수 없을지 모른다. 그렇더라도 하나님께는 해답이 있다. 하나님께서 이 모두를 허락하신 이유가 있다. 당신의 고난은 계획의 한 부분이다. 하나님은 하나도 빼놓지 않으신다. 모두를 사용해 선을 이루신다. 당신이 보이는 것을 따라 행하지 않고 믿음으로 계속 발걸음을 내딛는다면, 하나님 안에서 당신은 자신이 상상했던 것보다 더 강하다는 것을 보여주실 것이다. 당신의 삶에 하나님의 임재와 능력이 상상도 못할 만큼 넘칠 것이다.

확신해도 좋다. 하나님은 당신이 처한 환경에 놀라지 않으시고, 지금까지 잃은 모든 것을 너끈히 회복하신다. 하나님은 우리의 타락한 세상을 속속들이 다 아신다. 하나님은 당신이 자기 삶의 재를 움켜잡고 그분을 바라볼 순간을 고대하신다.

그러나 여호와께서 기다리시나니 이는 너희에게 은혜를 베풀려 하심이

요 일어나시리니 이는 너희를 긍휼히 여기려 하심이라 대저 여호와는 정의의 하나님이심이라 그를 기다리는 자마다 복이 있도다 사 30:18

이렇게 자신을 내어 맡길 때 하나님은 사랑으로 당신을 품으시고, 당신의 삶을 당신이 상상도 못 하는 방식으로 다시 빚기 시작하신다. 당신이 하나님을 바라볼 때, 당신의 삶이 산산이 무너질 때 하나님은 미소를 짓고 우주의 창조자께서 일하시는 모습을 지켜보는 게 어떤 것인지 당신에게 직접 보여주기 시작하신다.

하나님에 관해 아주 놀랄 만한 사실이 있다. 하나님은 불가능한 일을 행하신다. 하나님께 우리의 잿더미, 곧 좌절된 기대와 꿈을 사용하시도록 내어드리면, 하나님은 우리의 삶을 변화시키심으로 그분의 위대한 능력과 사랑을 보여주신다. 무너짐이 클수록 변화는 더 극적이며, 마침내 하나님을 절대로 부정할 수 없게 된다. 하나님께서는 우리를 티끌, 즉 흙으로 지으셨다는 사실을 절대 잊어서는 안 된다.

여호와 하나님이 땅의 흙(dust)으로 사람을 지으시고 생기를 그 코에 불어넣으시니 사람이 생령이 되니라 창 2:7

하물며 흙집에 살며 티끌(dust)로 터를 삼고 하루살이 앞에서라도 무너질 자이겠느냐 욥 4:19

하나님의 숨결로 기록된 욥기를 통해 당신은 살면서 겪는 시련과 환난을 보는 지혜를 얻게 될 것이다. 욥기를 잿더미에서 일으켜 새로운 시작으로 인도하시는 하나님의 방식으로 이해하게 되면서, 당신은 견고한 기초 위에 서게 될 것이며 당신이 겪는 어려움을 재정의할 기회를 얻을 것이다.

> 모든 은혜의 하나님 곧 그리스도 안에서 너희를 부르사 자기의 영원한 영광에 들어가게 하신 이가 잠깐 고난을 당한 너희를 친히 온전하게 하시며 굳건하게 하시며 강하게 하시며 터를 견고하게 하시리라
>
> 벧전 5:10

인내라고?

당신에게 "욥기 하면, 무엇이 가장 먼저 떠오릅니까?"라고 묻는다면, 99.9퍼센트 확신컨대 당신은 "인내"라고 답할 것이다. 종교적 가르침을 통해 우리는 '욥의 인내'라는 말을 수없이 들었다.

안타깝게도 수많은 사람이 욥기의 의미를 넘겨짚기만 할 뿐, 정작 성경의 놀라운 이 책을 제대로 공부하지 않았다. 너무나 많은 사람이 자신은 이미 안다고 생각한다. 이들은 욥기에서 '하나님을 향해 인내하라'는 것 외에 무엇을 더 배울 수 있겠느냐고 반문한다.

많은 사람이 욥기는 인내를 통해 불같은 인생의 시험을 이기고 하나님께 훨씬 큰 복을 받은 사람에 관한 책이라고 확신한다. 너무나

많은 사람이 욥기는 자신을 위한 책이 아니라고 말한다. 자신은 욥기를 파악했으며, 욥기는 온통 인내에 관한 책이고, 인내는 자신의 덕목이 아니라고 말한다.

인생의 골짜기에서 벗어날 길을 찾으려면 욥기의 진정한 의미를 꼭 알아야 한다. 욥기는 사실 인내와는 거의 무관하며 순전히 '믿음'에 관한 책이다. 이 놀라운 책은 어떤 대가를 치르더라도 하나님을 믿고, 믿음을 지키며, 하나님께 순종하겠다는 결심에 관한 이야기다. 욥기가 순전히 보이는 것을 따라 행하지 않고 믿음으로 행하는 것에 관한 책이라는 것을 이해하게 될 때, 욥기는 당신의 삶에 계시로 다가온다.

어떤 사람은 '인내'(patience)를 '견딤'(endurance)으로 옮겨야 한다고 주장한다. 이들의 주장도 논쟁의 여지가 있다. 잠시 두 정의를 다 살펴보자.

웹스터 사전은 인내를 '아픔이나 시련을 조용히 또는 불평 없이 견딤, 자극이나 압박 아래서 관용을 드러냄, 참을 수 있거나 기꺼이 참음'이라고 정의한다. 그리고 견딤은 '어려움이나 역경을 견디는 능력, 중압감이 심한 노력이나 행동을 장기간 지속하는 능력, 견디거나 고통 당하는 행동이나 예'라고 정의한다.

우리가 이 세상에 살면서 견디듯이, 욥도 틀림없이 견뎠다고 말할 수 있다. 그러나 하나님께서는 우리가 그저 삶을 견딤으로써 영적으로 자라기를 기대하지 않으신다. 하나님은 우리와 함께 계시며 우리가 세상에 살면서 승리하도록 우리의 구원자를 보내셨다.

이것은 육체로 살지 않고 영으로 삶으로써 얻는 승리다. 우리는 그리스도인의 길을 가면서 삶을 견디는 게 아니라 온전히 누려야 한다. 그렇다면 인내란 무엇인가?

욥은 틀림없이 아무런 인내의 표시도 보여주지 않았다. 욥의 인내가 견딤을 의미한다고 주장하는 사람들에게 말하건대, 성경은 인내와 견딤을 연결지어 '인내하는 견딤'(patient endurance)을 언급한다(딤후 3:10 ; 히 10:36 ; 골 1:11 ; 벧후 1:6 ; 계 1:9 ; 2:2,19). 두 단어가 이런 예에서 결합되어 사용된다면 각기 다른 의미를 갖는 것이 분명하다.

욥이 인내의 사람이나 단순히 견딤의 사람이었다고 말한다면, 우리들 각자의 삶을 향해 말해야 하는 놀라운 증언의 진짜 목적을 제대로 파악하지 못한 셈이다. 욥기는 우리를 영적으로 성숙시키는 증언이지만, 우리에게 인내나 견딤을 가르침으로써 우리를 영적으로 성숙시키는 게 아니다. 우리의 하나님, 곧 우리의 구속자요, 희망과 힘의 원천이신 분을 향한 큰 확신과 믿음을 갖고 뚜벅뚜벅 전진하라고 가르침으로써 그렇게 한다.

인내가 목적이 아니다

인내하고 견디는 욥이라는 개념을 받아들인다면, 성경에 포함된 이 놀라운 책을 통해 깨달아야 하는 진정한 목적과 의미와 삶을 위한 교훈을 크게 왜곡하는 셈이다. 대부분의 학자가 욥기는 성경에서 통찰이 가장 깊고 삶에 가장 잘 적용되는 책 가운데 하나라고 주장한다.

우리가 욥기에서 인내나 견딤을 배워야 한다고 생각한다면, 큰 오해다. 우리는 정말로 인내나 견딤으로 하나님 앞에 나아가기를 원하는가? 우리가 하나님을 향해 인내한다는 교만한 태도로 하나님을 설득하면서 말이다. 또는 하나님께서 우리에게 주신 귀한 삶을 견디는 능력을 매일 드러냄으로써 그분 앞에 나아가기를 원하는가? 전능하신 하나님의 피조물인 우리가 도대체 누구기에 이렇게 말한단 말인가?

"나는 하나님을 향해 인내하고 있습니다. 그러니 이 고통스런 삶을 견딜 수 있도록 내게 힘을 주십시오."

글쎄다. 욥은 대답을 요구하면서, 화를 내며 하나님의 보좌 앞에 나아갔다. 욥이 하나님 앞에서 겸손해지는 데는 그리 오래 걸리지 않았다. 우리가 하나님 앞에서 자신을 겸손히 낮추지 않으면 틀림없이 하나님이 우리를 낮추신다.

인내가 성령의 열매라는 사실을 오해하지 말라. 성령이 충만한 사람은 당연히 삶에서 인내해야 한다. 그러나 인내가 우리의 삶에 승리를 가져다주지는 않는다. 성경은 결코 인내나 견딤이 그 자체만으로 우리가 시련을 극복하는 데 도움이 된다고 가르치지 않는다.

당신이 삶에서 가장 어려운 순간을 헤쳐나가려 발버둥 치고 있을 때, 인내는 쉽게 찾아오지 않는다. 인내가 당신에게 그리스도인의 길을 고수할 힘을 주지 않는 게 분명하다. 그렇다면 견딤은 어떤가? 우리가 어느 상황에 압도될 때, 이해 못 할 절망감에 짓눌릴 때 견딤은 그저 상상의 산물이 된다.

우리는 정말이지 버틸 힘이 없다고 믿는다. 하나님께서 당신을 겸손하게 만드시는 지경에 이르면, 어떤 덕목이 당신을 인생의 골짜기에서 건져내는 게 아니다. 아무리 큰 지혜나 인내나 힘이라도, 인생에서 가장 깊은 절망에 빠졌을 때 당신에게 필요한 하나님의 인도와 진정한 희망을 주지 않는다. 물론 당신은 사망의 골짜기에서 걸어 나올 것이다. 하나님의 인도하심을 받는다면 말이다.

하나님 앞에서 겸손해지고 하나님의 강한 손에 제련될 때 인내라는 경건한 성품을 얻는다. 전능하신 하나님이 욥을 완전히 겸손하게 하신 후에야 욥은 삶에서 인내라는 덕목을 보이며 앞으로 나아갔다. 욥은 자신이 무엇을 기다리는지 알지 못했으나, 하나님이 그를 겸손하게 하셨을 때 그의 안에 경건한 성품이 생겨났다. 하나님은 욥의 자기의(自己義)를 제거하셨다. 하나님은 욥의 진짜 상태를 드러내셨고, 그제야 욥은 하나님이 보시기에 의로워졌다.

욥은 자신의 행위가 아니라 하나님의 은혜로 의(義)를 얻었다. 하나님은 고난을 통해 욥을 단련하심으로써 그를 온전하게 하셨다. 하나님께서는 욥에게 비극이 닥치기 이전보다 배나 많은 복을 주셨고, 이것이 이후 하나님께 영광이 되었다.

욥기를 공부하고 성령을 분별할 줄 알게 되면, 인내는 하나님을 향한 우리의 깊은 믿음과 신뢰를 표현하는 행동일 뿐임을 분명히 알게 된다.

하나님 믿기

이런 종류의 믿음, 곧 '하나님 믿기'는 많은 그리스도인조차 친숙하지 않은 믿음이다. 아주 많은 그리스도인이 '하나님의 존재'를 믿는다. 그러나 실제로 '하나님'을 믿는 그리스도인은 아주 드물다. 둘 사이에는 중요한 차이가 있다. 성경은 귀신도 하나님의 존재를 믿는다고 말한다.

> 네가 하나님은 한 분이신 줄을 믿느냐 잘하는도다 귀신들도 믿고 떠느니라 약 2:19

한 분이신 하나님께서 존재하신다는 것을 믿는 것만으로는 의미가 없다. 세상에서 우리는 오직 하나님을 믿음으로 승리할 수 있다. '하나님을 믿는다'는 말은 하나님의 말씀을, 하나님의 아들을, 인류를 향한 하나님의 마스터플랜을 믿는다는 뜻이다. 사탄은 하나님의 존재를 믿고, 그리스도의 존재를 믿으며, 영생이 있음을 믿고, 당신이 하나님을 믿기로 선택하느냐 하지 않느냐에 따라 하나님께서 차이를 두실 수 있음을 믿는다.

자신에게 물어보라.

"하나님 외에 누군가나 그 무엇을 의지하고 있거나 의지했었는가?"

거의 하나같이 "네!"라고 답하는 소리가 들리는 듯하다.

삶의 어느 시점에서 우리는 하나님 외에 누군가를, 또는 그 무엇을 믿게 된다. 의심 때문에 우리는 잠깐 안도감을 주는 자리, 즉 믿음으로 행하지 않고 눈에 보이는 것을 따라 행하는 자리를 찾는다. 예수님은 불신앙의 죄를 크게 강조하셨다. 사람들이 믿지 않았기에 예수님은 많은 이적을 행하실 수 없었다(마 13:58).

하나님께서 하신 말씀과 주신 약속을 실제로 믿으면 삶이 어떻게 달라질지 생각해보라. 당신은 하나님을 믿는가? 이것이 당신에게 어떤 의미인가? 당신은 무엇을 얻고 또 무엇을 잃는가? 하나님의 말씀을 토대로 쉽게 대답하면 이렇다.

"당신은 모든 것을 얻고, 또 모든 것을 잃는다."

당신이 하나님의 말씀을 믿고 믿음의 발걸음을 내딛기로 했다고 하자. 당신은 그저 삶이 좋아지고 갈수록 나아질 것이라고 생각한다! 과연 그럴까? 믿음의 발걸음을 내딛어보라. 하나님을 신뢰하고 삶을 그리스도께 내어 맡겨보라. 어떻게 되는가?

엄청난 반대와 큰 역경을 만난다. 이런 까닭에 하나님께서는 우리가 원수의 거짓말을 체로 거르고 믿음으로 행함으로써 그분의 승리에 이르도록 하기 위해서 우리에게 하나님의 말씀, 곧 하나님의 진리를 선물로 주셨다. 이것은 정말이지 믿음의 싸움이다.

하나님의 말씀을 신뢰하면 모든 시련 속에서 인내하는 믿음을 갖는 데 필요한 전부를 얻는다. 성경의 모든 약속은 당신을 위한 약속이다. 그러므로 하나님의 자녀로서 당신의 삶에서 그 약속 하나하나에 대해 권리를 주장해야 한다.

하나님을 믿는 것은 그분의 말씀을 믿는 것

달려오는 원수를 물리치려고 성경을 찾을 때, 당신은 하나님을 믿고 있는 것이다. 내면의 모든 것이 "나는 약해. 나는 힘이 없어. 나는 못 해!"라고 소리칠 때 '하나님을 믿는다'는 것은, 하나님께서 당신의 외침에 이렇게 응답하심을 믿는다는 뜻이다.

> 내가 네게 명령한 것이 아니냐 강하고 담대하라 두려워하지 말며 놀라지 말라 네가 어디로 가든지 네 하나님 여호와가 너와 함께하느니라
>
> 수 1:9

> 우리가 사방으로 욱여쌈을 당하여도 싸이지 아니하며 답답한 일을 당하여도 낙심하지 아니하며 박해를 받아도 버린 바 되지 아니하며 거꾸러뜨림을 당하여도 망하지 아니하고 우리가 항상 예수의 죽음을 몸에 짊어짐은 예수의 생명이 또한 우리 몸에 나타나게 하려 함이라
>
> 고후 4:8-10

이런 구절을 확실히 믿고 산다는 것은 당신이 하나님을 믿는다는 증거다. 당신의 삶을 향한 하나님의 약속을 믿는 믿음, 궁극적으로는 하나님이 그리스도를 희생하셨다는 믿음이 당신이 맞닥뜨리는 모든 장애물을 뛰어넘는 완전한 승리를 안겨준다.

"삶의 잿더미에 앉아 있을 때 당신은 하나님의 어떤 약속을 신뢰하는가?"

대답은 분명하다.

"하나도 신뢰하지 않는다."

하나님의 말씀을 온전히 믿는다면 잿더미에 앉아 있지 않을 것이다. 하나님이 그분의 말씀을 이행하시리라 확신할 때 하나님의 말씀은 우리에게 평안과 희망을 줄 뿐 아니라 우리의 믿음을 성장시킨다. 하나님을 믿기로 선택할 때 삶에서 가장 환상적인 기적을 체험할 것이다(렘 1:12).

따라서 당신은 삶에서 시련을 만나 극복하기 위해 도움을 구하고 해답을 찾아 욥기를 편다. 그런데 알고 보니 욥이 조급했을 뿐 아니라 하나님도 욥에게 인내해서 얻을 만한 게 있다는 암시를 전혀 주지 않으셨다!

그런데도 욥은 계속해서 하나님을 바라보았다. 욥은 보이는 것을 따라 행하지 않고 믿음으로 행했다. 의문이 든다. 욥의 삶을 들여다보고 자신의 삶을 들여다볼 때 우리는 믿음 가운데서 의심을 경험하는가, 아니면 모든 의심 가운데서 믿음을 경험하는가?

우리는 대개 누군가 하나님께 화를 내거나 하나님과 논쟁하면 하나님의 강한 손을 신뢰하지 않는다고 단정하려 한다. 우리는 욥이 하나님을 진정으로 신뢰했다면 하나님과 논쟁하지 않고 하나님의 방식에 의문을 달지도 않았으리라고 단정하려 한다.

사실, 욥은 자신의 큰 믿음 가운데서 의심을 경험했을 뿐이다. 우리 가운데 자기 삶에 대해 똑같이 말할 수 있는 사람이 많지 않다. 우리의 믿음과 그리스도인의 삶과 관련해 이 문제는 아주 중요하다. 하나님과 그분의 말씀을 믿는 믿음이 삶의 기초여야 한다. 그렇기 때문에 우리는 "하나님은 신뢰할 만한 분인가?"라는 물음에 스스로 답해야 한다.

관건은 믿음이다

우리가 욥에게 이렇게 묻는다고 하자.

"비결이 뭡니까? 어떻게 모든 것을 잃은 후 그 아픔을 다 이기고 하나님께 그토록 풍성한 복을 받았습니까?"

그러면 욥이 뭐라고 대답하겠는가? 자신 있게 말하건대, 욥은 이렇게 답할 것이다.

"아무것도 하지 말고 모든 것에 대해 하나님을 믿으세요. 인내는 제가 받은 그 많은 복과 아무 상관이 없습니다. 제 삶에서 가장 큰 복을 가져다준 것은 제 믿음과 궁극적으로 하나님을 향한 순종이었습니다!"

욥기는 하나님의 복이 인내를 통해 온다고 가르치지 않는다. 욥의 불평과 분노에도 불구하고 하나님은 여전히 욥에게 복을 주셨다. 사실 욥을 향한 시험이 끝났을 때, 하나님은 불평하고 분노한 욥을 꾸짖기까지 하셨다! 이런 사실은 조금 불평하는 죄를 짓는 사람들에게 희망을 준다. 그래, 솔직해보자! 조금이 아니라 많이 불평한다! 욥이 복을 받은 까닭은 그의 인내 때문이 아니라 그의 믿음과 하나님을 향한 순종 때문이었다.

앞서 보았듯이, 인내는 아픔이나 시련을 조용히 또는 불평 없이 견디는 것으로 정의된다. 당신이 욥기를 읽는 동안 성령께서 분별력을 주신다면, 욥은 자신에게 닥친 시련을 불평 없이 견디지 않았다는 사실을 분명하게 알아차릴 것이다. 그 대신 욥은 하나님과, 그것도 직접 얘기해야 했다. 우리가 하나님께 가까이 나아갈 때 하나님은 우리에게 가까이 다가오신다. 우리가 하나님께 부르짖을 때 하나님은 거기 계신다.

여호와께서 내 음성과 내 간구를 들으시므로 내가 그를 사랑하는도다 그의 귀를 내게 기울이셨으므로 내가 평생에 기도하리로다

시 116:1,2

많은 경우, 하나님은 경청하고 계시기에 침묵하신다. 욥이 살아낸 인생의 여러 장(章)에서 욥에게 귀를 기울이셨듯이 말이다. 그런데 우

리는 '하지만'이라는 말로 하나님의 말씀을 불쑥불쑥 가로막는다. 이와 같은 방식으로 늘 우리의 말을 가로막으시는 하나님의 모습을 상상할 수 있는가?

우리는 불평하다가 마침내 하나님의 말씀에 귀를 기울이기로 결정하고, 하나님이 응답하시는 순간이 온다. 하나님이 응답하실 때 우리는 참으로 전능하신 하나님 앞에 두려워 떨며 서 있을 뿐이다. 삶에서 시련을 만날 때마다 직접 하나님께 달려간다면 어떻게 되겠는가?

욥기의 진정한 메시지를 찾으려 더 깊이 파고들어 갈 때, 앞서 살펴본 정의에 비춰보면 욥이 결코 인내하지 않았다는 증거가 나온다. 욥은 인내의 덕이 부족했지만, 그의 믿음은 포기를 몰랐고 하나님을 찾았다.

엘리바스 : 인내하고 내 말을 듣겠는가? 욥 4:2

욥 : 내게 불평할 권리가 있지 않습니까? 욥 6:5

욥 : 그런즉 내가 내 입을 금하지 아니하고 내 영혼의 아픔 때문에 말하며 내 마음의 괴로움 때문에 불평하리이다 욥 7:11

욥 : 내가 생명을 싫어하고 영원히 살기를 원하지 아니하오니 욥 7:16

욥 : 내 영혼이 살기에 곤비하니 내 불평을 토로하고 내 마음이 괴로운 대로 말하리라 욥 10:1

소발 : 그대가 하나님을 조롱하니, 누군가 그대를 부끄럽게 해야 하지

않겠는가? 욥 11:3

엘리바스 : 어찌하여 네 마음에 불만스러워하며 네 눈을 번뜩거리며 네 영이 하나님께 분노를 터뜨리며 네 입을 놀리느냐 욥 15:12,13

욥 : 내가 폭행을 당한다고 부르짖으나 응답이 없고 도움을 간구하였으나 정의가 없구나 욥 19:7

욥 : 나의 원망이 사람을 향하여 하는 것이냐 내 마음이 어찌 조급하지 아니하겠느냐 욥 21:4

욥 : 전능자가 누구이기에 우리가 섬기며 우리가 그에게 기도한들 무슨 소용이 있으랴 욥 21:15

욥 : 오늘도 내게 반항하는 마음과 근심이 있나니 내가 받는 재앙이 탄식보다 무거움이라 내가 어찌하면 하나님을 발견하고 그의 처소에 나아가랴 어찌하면 그 앞에서 내가 호소하며 변론할 말을 내 입에 채우고 욥 23:2-4

엘리후 : 그들이 악인의 교만으로 말미암아 거기에서 부르짖으나 대답하는 자가 없음은 헛된 것은 하나님이 결코 듣지 아니하시며 전능자가 돌아보지 아니하심이라 하물며 말하기를 하나님은 뵈올 수 없고 일의 판단하심은 그 앞에 있으니 나는 그를 기다릴 뿐이라 말하는 그대일까 보냐 그러나 지금은 그가 진노하심으로 벌을 주지 아니하셨고 악행을 끝까지 살피지 아니하셨으므로 욥이 헛되이 입을 열어 지식 없는 말을 많이 하는구나 욥 35:12-16

* 한글 성경 개역개정 및 영어 성경 NLT, NIV 역자 직역 참조

이런 질문이 친숙하게 들리는가? 욥과 같은 고난이 찾아오면 당신도 이렇게 말하지 않을 수 없을 것이다. 여전히 욥이 인내했다고 믿는가?

이 구절들은 오히려 그 반대라고 말한다. 욥은 시련을 당할 때 우리와 똑같은 사람이었다. 우리는 질문을 하고 대답을 요구한다. 우리가 시련 당할 때 어떻게 행동하느냐를 보면, 우리의 성품을 안다. 그러나 우리가 하나님께 등을 돌리겠다고 선택하지 않는다면, 이런 행동 방식이 우리의 미래를 결정짓지는 못한다.

> 왕골이 진펄 아닌 데서 크게 자라겠으며 갈대가 물 없는 데서 크게 자라겠느냐 이런 것은 새순이 돋아 아직 뜯을 때가 되기 전에 다른 풀보다 일찍이 마르느니라 하나님을 잊어버리는 자의 길은 다 이와 같고 저속한 자의 희망은 무너지리니 그가 믿는 것이 끊어지고 그가 의지하는 것이 거미줄 같은즉 욥 8:11-14

당신은 자신의 환경에 단순히 반발하겠는가, 아니면 하나님의 방식으로 반응하겠는가? 욥이 자신의 삶에서 시련과 환난을 겪기 이전보다 배나 복을 받을 수 있었던 결정적 요인은 그의 행동하는 믿음이었다.

욥이 하나님을 향해 인내했다면 아무것도 얻지 못했을 것이다. 욥이 하나님께 가까이 나아가 그분께 물을 수 있었던 것이나 힘들 때 하나님의 은혜와 자비를 받아 쓰러지지 않을 수 있었던 것은 인내 덕분이 아니었다. 인내는 존재의 상태이며 큰 믿음의 결과일 뿐이다. 믿음은 선택이고, 믿음만이 하나님을 기쁘게 한다. 하나님을 향한 믿음은 하나님이 주신 자유의지를 우리가 하나님께 내어 맡겼음을 보여준다.

욥기를 진심으로 탐험하면서 하나님의 음성을 구하면, 앞으로 '욥의 믿음'이라 일컬을 증언을 새롭게 이해하게 될 것이다. 예수님은 절대로 인내가 산을 옮기리라고 가르치지 않으셨다. 인내가 아니라 믿음이다!

그러나 믿음은 반드시 겪어야 하는 시련에 흔들리지 않고 그것을 극복하는 첫걸음일 뿐이다. 모든 것에 대해, 특히 불가능해 보이는 것들, 보이지 않는 것들에 대해 하나님을 믿을 때까지 당신은 여전히 끝을 벗어나지 못할 것이다.

믿음은 바라는 것들의 실상이요 보이지 않는 것들의 증거니 히 11:1

하나님의 더 큰 계획을 믿기로 결정하라

하나님이 잿더미에서 목적과 의미를 도출하시리라 믿을 때까지 당신은 여전히 잿더미에 앉아 있을 것이다. 하나님께서 당신의 잿더미를 사용하여 큰 복을 주시도록 내어드릴 때 당신은 승리의 삶을 경험하기 시작한다. 당신이 결코 이해하지 못할 목적일지도 모르지만 하나님께서 목적을 가지고 고난을 허락하신다는 것을 믿겠다고 결정해야 한다.

욥은 인간이 견디기 어려운 고통과 맞닥뜨렸다. 그렇다. 하나님은 욥의 자녀들이 죽고, 그의 건강이 빼앗기고, 모든 소유가 사라지고, 그의 명성이 산산조각 나도록 허용하셨다. 욥은 가장 가까운 친구들뿐 아니라 아내에게도 수치를 당했다. 그러나 이 모든 때에 욥은 살을 파먹는 고통스러운 상처를 견뎠다.

욥의 영혼은 믿을 수 없을 만큼 짓밟혔으며 그의 육신도 이해할 수 없을 만큼 고통 당했다. 자기 삶의 폐허 속에서 욥은 버림받았다고 느꼈다. 우리도 다르지 않다. 우리도 삶의 시련을 통해 고통 당할 때 버림받았다고 느낀다. 욥은 고통이 얼마나 심했던지 하나님께 제발 자신의 생명을 거두어달라고 애원했다. 우리 중에도 많은 사람이 똑같이 애원했다.

하나님이 아픔을 허락하시는 데는 목적이 있다. 설령 우리가 이해 못 하는 목적이더라도 말이다. 우리의 시각은 믿을 수 없을 만큼 제한적이다. 우리의 고통은 절대 무의미하지 않다. 우리의 고통은 언제나 하나님의 더 큰 목적과 연결된다. 그리고 하나님은 우리의 고통 가운데 계신다. 설령 우리가 하나님이 거기 계신다고 느끼지 못할지라도 믿음은 말한다.

"하나님이 거기 계신다."

당신이 삶에서 겪는 모든 고난은 하나님이 세우신 더 큰 계획의 일부다. 하나님이 당신에게 주시는 능력은 그리스도를 죽은 자 가운데서 일으킨 바로 그 능력이다. 하나님은 그리스도를 다시 살리셨듯이 당신의 삶을 다시 살리기를 원하신다. 하나님은 당신에게 믿을 수 없는, 기적 같은 시작을 주기를 원하신다.

이 모두에도 불구하고 하나님은 욥을 굳게 붙잡으셨다. 하나님은 당신도 단단히 붙잡고 계신다. 욥이 삶에서 가장 어두운 순간에 처했을 때 하나님이 그의 삶을 바꿔놓는 계시를 주셨다. 다시 말해, 그분 자신을 욥에게 계시하셨다. 하나님은 욥을 인생의 골짜기에서 직접 인도해내셨다. 욥은 절대 실패하지 않는 믿음 하나로 인생의 골짜기에서 걸어 나왔다. 욥은 아픔과 고통 속에서 외쳤다.

> 그분이 나를 죽이실지라도, 나는 그분을 신뢰하리라.
>
> 욥 13:15, NKJV 역자 직역

당신도 이렇게 말할 수 있겠는가? 당신의 삶이 가장 캄캄할 때 당신의 믿음은 어디 있는가? "밝을 때 본 것을 어두울 때 절대 잊지 말라"는 말이 있다. 하나님이 당신을 산꼭대기에 두실 때는 믿음을 갖기 쉽다.

그러나 골짜기를 헤매게 하실 때는 어떤가? 그때도 당신의 믿음은 변하지 않겠는가? 당신의 삶이 불에 던져졌을 때에도 하나님을 바라보겠는가?

당신을 티끌과 재로 창조하신 그분을 신뢰하고 순종할 때, 당신을 지키고 구해내는 그분의 은혜라는 선물을 받을 때, 오직 그때에야 당신은 잿더미에서 벗어날 수 있다.

당신이 경건한 사람이든 아니면 하나님께 반항하는 사람이든(성경에 따르면 여기에는 하나님께 무관심한 사람도 포함된다) 인생의 어느 시점에는 잿더미에 앉은 자신을 보게 된다. 끝장나버린 자신을 보게 된다는 뜻이다.

당신이 그리스도인이라면, 십중팔구 그리스도를 영접하고 성령의 선물로 충만히 받았으니 삶이 더 나아지리라 믿었겠다. 그리고 욥기를 읽다가 사탄이 하나님과 가장 가까운 자들을 찾고 있으며 가장 무자비한 시련을 이들에게 일으키려 한다는 것을 알게 된다. 하나님을 믿는 믿음은 당신을 큰 물결과 강렬한 불길 속으로 인도한다. 그렇더라도 마지막에는 측량할 수 없는 승리로 인도한다.

아주 경건한 사람들은 인생의 깊은 골짜기를 헤쳐나간다. 이들이 원수에게 가장 큰 위협이다. 욥은 원수에게 첫째 목표물이었다. 하나님을 믿는 믿음을 선포한다면 당신도 사탄의 첫째 목표물이기는 매한가지다.

욥기 1장은 욥이 온전하고 정직한 사람이었다고 말한다. 욥은 하나님을 경외하며 악에서 떠난 사람이었다. 욥은 자녀들이 죄를 지었거나 마음으로 하나님을 욕되게 했을지 몰라서 일곱 아들과 세 딸 하나하나를 위해 번제까지 드렸다. 이렇듯 우리는 욥이 하나님께 충실하고 하나님을 공경했다는 것을 안다. 그렇다고 욥이 사탄의 공격을 안 받은 게 아니다.

하나님이 다스리신다

우리는 또 하나를 안다. 하나님이 늘 다스리시고, 당신과 내가 겪는 모든 고난의 한계를 늘 정하신다는 것이다.

> 여호와께서 사탄에게 이르시되 내가 그의 소유물을 다 네 손에 맡기노라 다만 그의 몸에는 네 손을 대지 말지니라 사탄이 곧 여호와 앞에서 물러가니라 욥 1:12

먼저 사탄이 여호와 앞에 온다는 사실에 주목하라. 사탄은 하나님 앞에 나올 때 심지어 천사들 사이에 숨는 것 같다. 흥미롭다. 왜냐하면 우리의 삶에서 숱하게 사탄은 탈출구, 우회로, 또는 우리가 씨름하는 문제의 신속한 해결책으로 보일 터이기 때문이다. 사탄은 전능하신 하나님 앞에서까지 자신을 가장하는 솜씨를 분명하게 보여준다.

> 이것은 이상한 일이 아니니라 사탄도 자기를 광명의 천사로 가장하나니 고후 11:14

사탄은 하나님이 기뻐하시는 대로 하지 않는다. 사탄은 하나님의 허락을 받아 자기 계획을 실행에 옮김으로써 세상에서 자기 역할을 할 뿐이다. 우리가 믿음의 길에서 꼭 명심해야 할 사실이 있다. 하나님은 하늘과 땅을 다스리는 권세를 절대로 내주지 않으셨을뿐더러, 절대로 내주지도 않으실 것이다. 사탄이 우리를 시험하려면 반드시 허락을 받아야 한다. 사탄은 당신을 밀 까부르듯 체질하겠다고 요구해야 한다.

사탄이 너희를 밀 까부르듯 하려고 요구하였으나 눅 22:31

하나님은 사탄이 욥을 시험하도록 허락하실 때라도 시험의 한계를 정하신다. 따라서 시험은 욥이 견뎌낼 한계를 절대 넘지 못한다.

사람이 감당할 시험밖에는 너희가 당한 것이 없나니 오직 하나님은 미쁘사 너희가 감당하지 못할 시험 당함을 허락하지 아니하시고 시험 당할 즈음에 또한 피할 길을 내사 너희로 능히 감당하게 하시느니라
고전 10:13

하나님은 당신의 삶이라고 달리 대하지 않으신다. 당신의 삶에는 당신이 들여다보지 못하는 장면들이 있음을 알아야 한다. 당신이 살아가는 삶의 모든 부분과 관련해 영적 대화가 오간다. 누군가 당

신의 얘기를 하거나 당신을 험담한다고 느껴지는가? 그렇다면 범인은 당신의 원수라고 확신해도 좋다.

명심하라. 하나님은 당신이 겪는 모든 일과 당신이 처할 모든 상황을 속속들이 다 아신다. 상황이 아무리 중요하든 하찮든 간에, 당신이 지금 이 순간 겪는 모든 일을 하나님이 허락하셨다. 핵심은, 지금 겪는 시련이나 장차 겪을 시련이 무엇이든 그것을 이기는 승리를 이미 주셨다는 사실을 진심으로 믿는 것이다.

이번에도 문제는 '하나님 믿기'로 귀결된다. 예수님이 희생적 죽음을 맞은 후 다시 살아나 죽음을 이기셨을 때 원수는 영원히 정복되었다. 이것을 깨달을 때 당신은 승리한다. 예수님은 우리를 위해 자기 생명을 내어주셨을 때 우리 모두를 위한 승리를 단번에 이루어 놓으셨다. 우리는 믿음을 통해 우리의 삶에서 이 승리를 얻는다. 우리의 믿음은 원수를 믿는 대신 하나님을 믿음으로써 우리의 대적을 이긴다. 이것은 매일, 매 순간 내려야 하는 결정이다.

우리는 욥이 받은 첫째 시험을 보면서 우리의 삶에서 꼭 알아야 하는 게 뭔지 발견한다. 그것은 하나님이 다스리신다는 사실이다. 우리에게 이런 확증이 필요한 까닭은 우리가 우리의 창조자도 모르게 불구덩이에 던져진 게 아니라는 확신이 필요하기 때문이다. 우리는 구조될 희망이 있음을 알아야 한다. 욥이 받은 첫째 시험에서 우리는 마음의 평안을 얻는다.

시험의 불길

욥의 삶을 보면서, 우리는 가장 경건한 사람들이라도 타락한 세상에서 예외 없이 시련과 환난을 겪는다는 사실을 확인한다. 시험이 닥치고 고통과 괴로움이 시작되는 것을 본다.

> 욥이 일어나 겉옷을 찢고 머리털을 밀고 땅에 엎드려 예배하며 이르되 내가 모태에서 알몸으로 나왔사온즉 또한 알몸이 그리로 돌아가올지라 주신 이도 여호와시요 거두신 이도 여호와시오니 여호와의 이름이 찬송을 받으실지니이다 하고 이 모든 일에 욥이 범죄하지 아니하고 하나님을 향하여 원망하지 아니하니라 욥 1:20-22

욥이 겪는 비극에서 우리는 그의 성품을 분명하게 본다. 십 대 자녀가 마약에 중독되거나, 가정이 산산조각 나거나, 친구가 교통사고로 죽거나, 배우자가 바람을 피거나, 자신이 실직하거나, 아들이 전사하거나, 사랑하는 사람이 테러에 희생되거나, 자신이 암이라는 통보를 받을 때, 당신이라면 겸손하게 하나님을 향해 "주신 이도 여호와시요 거두신 이도 여호와시오니 여호와의 이름이 찬송을 받으실지니이다"라고 외치겠는가?

찬양을 한다고? 자신의 영혼이 갈가리 찢겨 수없이 조각날 때 누가 찬양할 수 있겠는가? 이럴 때 어떻게 하나님을 찬양할 수 있겠는가? 그런데 욥은 그렇게 했다. 그래서 욥이 얻은 게 무엇인가? 또 다른 시험이다.

사탄은 포기하지 않는다. 사탄은 당신과 하나님의 관계를 무너뜨릴 기회를 찾으려는 노력을 절대 중단하지 않는다. 당신의 삶을 전능하신 하나님께 내어 맡기지 못하고 자신의 길을 고집한다면, 당신의 삶은 파멸로 채워지고 마침내 이 땅에서 삶의 목적을 잃고 영원히 자신의 영혼을 잃는다. 사탄은 당신의 영혼을 노린다. 의심하지 말고 믿어라. 사탄은 실재며, 당신을 무너뜨리려고 혈안이 되어 있다. 사탄으로서는 이 과정에서 당신이 사랑하는 사람들을 삼킬 수 있다면 금상첨화다.

> 이제 주의 손을 펴서 그의 뼈와 살을 치소서 그리하시면 틀림없이 주를 향하여 욕하지 않겠나이까 여호와께서 사탄에게 이르시되 내가 그를 네 손에 맡기노라 다만 그의 생명은 해하지 말지니라 사탄이 이에 여호와 앞에서 물러가서 욥을 쳐서 그의 발바닥에서 정수리까지 종기가 나게 한지라 욥 2:5-7

이 시점에서 당신은 자신이 이미 겪는 시련을 보면서 욥의 시련과는 비교도 안 된다고 생각할는지 모른다. 또는 이런 시련을 겪었고 모든 것을 잃는다는 말이 무슨 뜻인지 정확히 아는지도 모른다.

우리는 절망 속에서 곧바로 하나님을 찾지 않아서 꼬리에 꼬리를 무는 시련을 부른 적이 얼마나 많은지 모른다. 그러나 욥은 우리와

달랐다. 욥은 하나님께 따져 묻기로 결정했다.

욥의 믿음은 싸움을 부른다. 욥의 믿음이 체질을 당할 때 우리는 사탄의 뻔한 전술을 목격한다. 사탄이 욥의 아내를 이용해 하나님을 향한 욥의 믿음에 의문을 제기할 때처럼 우리가 깊이 사랑하고 매우 아끼는 사람들을 이용해 우리와 하나님의 관계를 해치려는 전략은 사탄에게 있어서 특별한 계략이 아니다.

> 욥이 재 가운데 앉아서 질그릇 조각을 가져다가 몸을 긁고 있더니 그의 아내가 그에게 이르되 당신이 그래도 자기의 온전함을 굳게 지키느냐 하나님을 욕하고 죽으라 그가 이르되 그대의 말이 한 어리석은 여자의 말 같도다 우리가 하나님께 복을 받았은즉 화도 받지 아니하겠느냐 하고 이 모든 일에 욥이 입술로 범죄하지 아니하니라 욥 2:8-10

산산이 부서진 그 자리에서 손을 내미신다

우리는 욥을 잿더미에 앉아 구조될 희망도 없이 감성적으로, 육체적으로 고난 당하는 하나님의 사람으로 본다. 그러나 아픔과 고통 속에서 욥은 하나님을 비난하고픈 유혹을 물리친다. 욥은 변하지 않으며, 자신의 고난을 하나님의 손에서 오는 것으로 여기고 받아들인다. 이 모두를 제대로 알지도 못한 채 말이다.

우리 자신이 이제 끝났다고 확신할 때, 스러져가는 순간 하나하나가, 호흡 하나하나가 정말로 마지막처럼 보인다. 잿더미에 앉았을 때 우리는 욥처럼 슬퍼한다. 이런 절망과 상실의 때에 믿음이 굳건한 경우는 그리 흔치 않다.

우리는 저마다 친구들이나 가족도 잘 눈치 채지 못할 만큼 자신이 처한 상황에 아주 단단히 붙잡힌 적이 있다. 그 상황이 육체적이든 정서적이든 간에, 우리는 우리가 아니다. 우리는 아픔에 너무나 깊이 빠진 나머지 거울을 보면서도 자신을 알아보지 못할 때가 흔하다. 눈물도 우리의 아픔을 달래지 못한다. 그러나 이럴 때 우리는 누군가 우리를 이해해주기를, 우리가 있는 자리에서 우리를 만나주기를, 그래서 우리가 혼자라고 느끼지 않게 해주기를 바란다.

우리가 깨닫지 못하는 게 있다. 하나님은 우리가 있는 바로 그 자리에서, 우리가 산산이 부서진 바로 그 자리에서 우리를 친히 만나주신다. 하나님은 당신의 눈물을 닦아주시고 당신이 잡기를 바라며 손을 내미신다. 당신을 붙잡아줄 존재가 필요할 때, 당신을 감싸 안는 하나님의 팔보다 큰 위로는 없다. 하나님의 사랑이 우리의 아픔을 폭 감싸고, 우리는 하나님이 거기 계신다는 사실을 아는 것만으로 평안을 얻는다.

우리는 욥이 어디서 힘을 얻었는지 궁금하다. 그러나 욥은 하나님께서 여전히 하나님이시고, 하나님께서 여전히 그분의 보좌에 앉아 계심을 아는 것만으로 평안을 얻은 게 분명하다. 욥은 하나님께 들어야 한다는 것을 알았다. 오직 하나님만이 빈 곳을 제대로 채우시고, 가장 큰 슬픔을 위로하시며, 가장 깊은 상처를 치료하실 수 있다.

하나님의 사랑은 절대 마르지 않는다. 하나님은 우리가 고난 당할 때 언제든 도우려고 준비하고 기다리신다. 하나님의 사랑보다 위대한 것은 없고, 하나님의 임재보다 큰 위로는 없으며, 하나님의 뜻보다 크게 성취하는 것은 없으며, 하나님의 음성보다 아름다운 것은 없고, 하나님의 손길보다 강력한 것은 없다. 잿더미에서 우리에게 도움이 가장 절실히 필요할 때, 하나님은 우리에게 필요한 전부이시다.

잿더미에서 빠져나가려면 그것을 통과해야 한다는 것을 깨닫는다. 다른 길은 없다. 하나님께서 우리에게 새로운 '시작'을 주시는 길은 하나뿐, 즉 우리의 '끝'을 껴안으시는 것이다. 우리가 붙잡은 것을 놓고 하나님을 붙잡는 것이다. 우리가 약할 때 하나님은 우리의 힘이시다. 잿더미에서 당신은 발견할 것이다. 당신의 힘이 더는 충분하지 못할 때 하루를 살아내게 하는 것은 하나님의 은혜다.

> 네가 물 가운데로 지날 때에 내가 너와 함께할 것이라 강을 건널 때에 물이 너를 침몰하지 못할 것이며 네가 불 가운데로 지날 때에 타지도 아니할 것이요 불꽃이 너를 사르지도 못하리니 사 43:2

하나님은 우리에게 지나가라고 독려하신다. 하나님의 은혜가 족하다고 말씀하시고 우리에게 필요한 힘을 주겠다고 약속하신다. 우리가 약할 때 하나님의 능력이 가장 잘 작동한다고까지 말씀하신다.

> 내 은혜가 네게 족하도다 이는 내 능력이 약한 데서 온전하여짐이라 하신지라 그러므로 도리어 크게 기뻐함으로 나의 여러 약한 것들에 대하여 자랑하리니 이는 그리스도의 능력이 내게 머물게 하려 함이라
>
> 고후 12:9

우리의 힘이 아니라 하나님의 힘으로

끝에서 하나님은 우리를 원하신다. 하나님의 바람은 우리로 깨어짐을 통과해 더 높은 영적 자리에 오르게 하는 것이다. 하나님은 그분과 나누는 친밀한 관계로, 우리가 상상도 못 할 관계로 우리를 초대하신다. 모든 것을 티끌에서 창조하신 하나님을 바라보게 될 때까지 아무리 열심히 노력해도 우리는 인간일 뿐이며, 잿더미는 여전히 잿더미로 남아 우리의 손가락 사이로 빠져나갈 것이다.

당신이 삶에서 자기 힘으로 성취할 수 있는 일은 하나님이 하실 수 있는 일에 비하면 아무것도 아니다. 하나님은 자신의 완전한 뜻이 이루어질 수 있도록 당신의 뜻을 그분께 내어 맡기기를 원하신다. 하나님께서 당신의 삶에서 무슨 일을 하기를 원하시든 간에 확신을 가져라. 하나님은 당신이 당신의 자원과 능력이 아니라 그분의 자원과 능력을 의지하기를 원하신다.

하나님의 어리석음이 사람보다 지혜롭고 하나님의 약하심이 사람보다 강하니라 고전 1:25

하나님은 우리 하나하나를 위해 특별한 길을 계획해 놓으셨는데, 그 길 하나하나가 하나님과 인격적이고 친밀한 관계를 나누도록 우리를 인도한다. 우리는 모두 자신만의 여정이 있으며 하나님의 손에 무릎이 꿇렸던 자신만의 이야기가 있다.

하나님은 우리의 환경에 반발하지 않으신다. 우리의 환경을 인정하시고 우리가 처한 상황에서 그 상황을 통해 하나님의 목적을 이루신다. 하나님은 우리에게 생명으로, 복된 삶으로 인도하는 길을 선택하라고 말씀하신다.

내가 오늘 하늘과 땅을 불러 너희에게 증거를 삼노라 내가 생명과 사망과 복과 저주를 네 앞에 두었은즉 너와 네 자손이 살기 위하여 생명을 택하고 신 30:19

하나님께로 돌아서겠다고 선택할 때, 확신을 가져라. 하나님은 당신을 이끄는 과정에서 통제권을 절대 포기하지 않으신다. 알다시피, 우리의 증언은 우리의 삶에 목적을 주고 우리를 통해 하나님의 능력과 영광이 드러나게 한다. 그러나 시험을 받지 않으면 우리는 해야 할 증언이 없을 것이다.

하나님은 하나님이 우리를 창조하신 목적을 이루기에 우리의 능력이 충분하지 않다는 것을 너무나 잘 아신다. 당신은 엉망진창인 자신의 삶이 하나님의 영광을 드러낼 수 없다고 생각할는지 모른다. 하지만 분명히 깨달아야 한다. 하나님은 우리를 지금 모습대로 보지 않으시고 우리가 될 수 있는 모습으로 보신다. 하나님은 그리스도처럼 될 수 있는 우리의 잠재력을 보신다. 이런 말이 있다.

"하나님은 자격을 갖춘 자들을 부르시는 게 아니라 부르신 자들로 자격을 갖추게 하신다."

그러므로 자신의 삶이 무가치하고 자신은 아무것도 드릴 게 없다고 느낀다면, 당신은 제대로 된 자리에 이른 셈이다. 당신이 자리한 바로 그곳에서 하나님은 당신을 사용해 하나님나라에 존귀와 영광을 돌리고, 당신이 상상도 못 하는 기쁨과 평안으로 당신을 채우실 수 있다.

죽어야 산다

참 생명을 얻으려면 자신에 대해 죽어야 한다. 끝에 이르는 것은 시작하는 데 가장 중요한 부분이다. 우리는 육으로 살지 않고 영으로 사는 자리에 이르러야 한다.

> 자기의 생명을 사랑하는 자는 잃어버릴 것이요 이 세상에서 자기의 생명을 미워하는 자는 영생하도록 보전하리라 요 12:25

우리 육체의 본성은 반드시 죽고 새 영, 곧 성령을 받아야 한다.

> 또 새 영을 너희 속에 두고 새 마음을 너희에게 주되 너희 육신에서 굳은 마음을 제거하고 부드러운 마음을 줄 것이며 또 내 영을 너희 속에 두어 너희로 내 율례를 행하게 하리니 너희가 내 규례를 지켜 행할지라
>
> 겔 36:26,27

하나님이 우리 삶에서 그분 뜻대로 하실 수 있게 우리의 희망과 꿈을 내려놓아야 한다. 욥기 40장 9-14절에서 하나님은 욥이 깨닫도록 도우신다. '교만'은 하나님이 그분의 자녀들의 삶에서 반드시 처리하셔야 하는 끈질긴 문제라는 것이다. 하나님은 그분의 자녀들이 하나님께로 돌이켜 그분의 은혜를 받아들이기를 바라심으로 그들을 겸손케 하겠다고 말씀하신다.

우리는 타인이나 어떤 상황이나 심지어 하나님이 문제라고 믿기 쉽다. 그러나 문제는 우리 안에 있다. 우리는 자기 삶의 문제를 해결할 수 없는 처지, 곧 모든 문제를 하나님께 가져가야만 하는 자리에 이른다. 하나님은 우리가 이런 자리에 이르기를 원하신다.

우리가 욥의 삶에서 발견하는 사실이 하나 더 있다. 욥을 시험하는 일은 사탄이 아니라 하나님의 아이디어였다는 것이다. 이런 경우 우리는 하나님이 우리를 사랑하지 않으신다고 믿고 싶은 유혹을 받기도 한다. 그러나 진실은, 하나님은 우리가 이해 못 하는 큰 사랑

으로 이렇게 하신다는 것이다.

사탄의 뜻은 처음부터 끝까지 해치는 데 있지만, 하나님의 뜻은 처음부터 끝까지 선을 이루는 데 있다. 하나님은 사탄을 사용해 욥을 더 깊은 믿음의 자리로, 더 깊은 성숙과 이해와 하나님을 친밀하게 아는 자리로 인도하셨다.

하나님은 우리의 진짜 상태를 우리가 제대로 알기를 원하신다. 우리는 아무 자격이 없다. 대부분의 경우, 우리의 동기는 교만으로 얼룩덜룩하다. 그러나 욥은 교만이라는 죄에 면역되지 않았다. 하나님께서 욥의 삶에서 교만을 태워버리고 그의 믿음을 결코 흔들리지 않도록 견고하게 하려고 큰 고난을 사용하셨기 때문이다.

우리는 하나님의 목적을 이루기 위해서 우리가 때로 고난 받는다는 것을 마지막에야 깨닫게 된다. 우리의 시련을 통해 하나님은 우리에게 기회를 주고 계신다. 그렇다. 그냥 계시기만 한 게 아니라 모든 상황에서, 가장 어두운 골짜기에서도 풍성히 넘치는 하나님의 힘과 사랑과 은혜를 증언할 특권을 주고 계신다.

끝에서 길을 내시는 하나님

하나님의 놀라운 임재와 능력이 가장 극적으로 드러나는 때가 있다. 아무 희망이 없고 달리 어찌해볼 도리가 없을 때다. 이때 하나님이 등장해 모든 문제를 해결하신다. 하나님은 때로는 차근차근 단계별로 해결하시고, 때로는 강한 손으로 단박에 해결하신다.

알다시피 자신의 바람을 기꺼이 내려놓고 하나님의 다스림을 받을 때까지, 당신은 남은 인생을 대부분의 세상 사람처럼 하나님만 하실 수 있는 일을 제 힘으로 하겠다고 애쓰며 허비할 것이다. 헛수고다. 당신은 자신이 잃어버린 것을 오직 하나님만 회복시키실 수 있음을 알게 될 것이다.

하나님이 먼 길을 거쳐 목적지로 인도하신다고 느껴질 때 우리는 자주 낙담하지만, 하나님은 우리를 늘 가장 짧고 가장 빠른 길로 인도하지는 않으신다.

하나님이 이스라엘을 애굽에서 구해내실 때 그분의 바람은 이들을 약속의 땅, 즉 젖과 꿀이 흐르는 땅으로 인도해 들이는 것이었다. 하나님은 이들을 노예 상태에서 해방시키려고 순종하는 자들과 거역하는 자들의 삶에서 일하면서 한 걸음씩 인도하셨다. 약속의 땅에 이르는 직선로가 있었으나 그 길로 인도하지 않으셨다. 하나님은 무엇이 가장 좋은지 늘 아신다. 하나님의 목적은 언제나 같다. 하나님은 우리의 마음을 원하신다.

> 바로가 백성을 보낸 후에 블레셋 사람의 땅의 길은 가까울지라도 하나님이 그들을 그 길로 인도하지 아니하셨으니 이는 하나님이 말씀하시기를 이 백성이 전쟁을 하게 되면 마음을 돌이켜 애굽으로 돌아갈까 하셨음이라 출 13:17

하나님은 우리가 뒤돌아보거나 예측하지 않고 그분을 신뢰하며 뚜벅뚜벅 나아가기를 원하신다. 광야에서 하나님은 자기 백성의 모든 필요를 채우셨고, 그들과의 관계를 견고히 하셨다. 이들은 살아남기 위해 배워야 했고, 모든 면에서 하나님이 절실히 필요했다.

하나님은 자기 백성이 죄로 가득한 세상에서 그분의 위대함과 선함을 드러내는 본보기가 되기를 바라신다. 그래서 이들을 스스로 어찌할 수 없는 곳으로 인도해 들이셔야 했다. 하나님은 이들을 광야, 즉 하나님만 이들의 생명의 근원이 되는 자리에 두셨다. 이들은 양식과 물을 스스로 해결할 수 없었고, 자신의 운명을 스스로 결정할 수 없었으며, 생존에 매우 중요한 결정을 내릴 능력이 없었다.

이스라엘은 하나님이 있기 원하시는 바로 그 자리에 있었다. 어떤 사람은 갈라진 홍해를 건너는 것이 여러 놀라운 일의 시작이라고 생각한다. 그러나 실제로는 끝의 시작일 뿐이었다. 하나님은 이스라엘을 그들의 끝으로 인도하셨다.

하나님이 홀로 기적의 구름으로 날마다 인도하셨다. 하나님은 이들의 앞을 막는 어둠을 자신의 빛으로 돌파하셨다. 하늘 만나로 먹이셨고, 반석에서 물을 내어 마시게 하셨다. 하나님은 이들의 모든 필요를 공급하셨고, 모든 대적에게서 보호하셨다. 하나님은 이들이 하나님만 오롯이 신뢰하기를 원하셨다.

하나님의 목적은 자신의 백성을 인도해 광야를 지나는 것이었는데, 광야란 이들이 하나님의 음성을 듣고 하나님의 사랑을 보며 기도 응답을 체험하고 기적을 목격하는 자리였다.

하나님은 자신이 삶의 모든 부분에서 그들을 인도하며, 마치 모든 것이 끝났다고 느낄 때 그들을 위해 길을 낸다는 것을 보여주기 원하셨다. 하나님은 자신의 백성이 세상을 향한 증인이 되길 원하셨다. 이를 위해 하나님은 이들로 하나님만을 신뢰하게 하셔야 했다. 왜냐하면 하나님만이 길을 아시기 때문이었다. 그리고 그들이 가야 할 곳으로 인도하기 위해 하나님은 불가능한 일을 행하셔야 했다.

당신의 삶이 영락없이 끝났다고 느낄 때, 하나님을 오롯이 신뢰하면 기적이 일어난다. 당신을 향한 하나님의 계획은 미래와 희망을 주는 것이다. 그러나 당신을 그곳으로 인도하는 길은 하나님만 아신다. 그 길에서 하나님은 홍해를 가르실 수도 있고, 당신을 가로막는 대적을 물리치실 수도 있으며, 매일매일 당신의 모든 필요를 그분께 의지하며 살게 하실 수도 있다. 그러나 하나님은 결국 당신을 약속의 땅으로 인도해 들이실 것이다. 뒤돌아보지 말라. 모든 것을 가능하게 하시는 당신의 하나님을 쉼 없이 바라보라.

골짜기에서도 하나님은 나의 목자시다

때로 하나님은 우리를 새로운 시작으로 인도하기 위해 사막으로 인도해 들이기도 하신다. 더 자주는 우리를 골짜기로 인도하는 것이 우리의 영적 성장에 꼭 필요하고 효과적이라는 사실을 아신다. 어느 쪽이든, 하나님이 거기 계신다.

여호와는 나의 목자시니 내게 부족함이 없으리로다 그가 나를 푸른 풀밭에 누이시며 쉴 만한 물가로 인도하시는도다 내 영혼을 소생시키시고 자기 이름을 위하여 의의 길로 인도하시는도다 내가 사망의 음침한 골짜기로 다닐지라도(walk through) 해를 두려워하지 않을 것은 주께서 나와 함께하심이라 주의 지팡이와 막대기가 나를 안위하시나이다 주께서 내 원수의 목전에서 내게 상을 차려주시고 기름을 내 머리에 부으셨으니 내 잔이 넘치나이다 내 평생에 선하심과 인자하심이 반드시 나를 따르리니 내가 여호와의 집에 영원히 살리로다 시 23:1-6

시편 기자는 '골짜기', 곧 역경과 고난의 때를 우리가 걸어서 지나리라고 말한다. 우리가 사망의 골짜기에서 죽을 것이라고 말하지 않는다. 사망의 골짜기를 기어서 지나거나 간신히 지날 것이라고 말하지 않는다.

시편 기자는 골짜기에서 우리의 힘이 회복될 것이라고 말한다. 우리가 골짜기를 한 걸음씩 천천히 또는 거침없이 지날 것이라고 말한다. 그동안 우리는 두려워하지 않을 것이다. 하나님이 거기 계시기 때문이다. 하나님은 자신의 막대기로 우리를 인도하시지만, 우리를 보호하기도 하신다. 하나님이 우리로 골짜기를 지나게 하신다면, 그분은 사랑으로 그렇게 하시며 우리 곁에 바싹 붙어 계신다. 하나님은 우리를 버리지도 않고 떠나지도 않겠다고 약속하셨다(히 13:5).

시편 기자는 한 걸음 더 나아가 "그분은 우리를 위로하신다"고 말한다. 우리는 가장 깊은 어둠을 지날 때 전능하신 하나님의 인도와 보호와 위로를 발견한다. 하나님은 언제나 우리 곁에 계시겠다고 약속하셨다.

> 내가 여호와를 항상 내 앞에 모심이여 그가 나의 오른쪽에 계시므로 내가 흔들리지 아니하리로다 시 16:8

골짜기를 걸어서 지나간다는 말이 무슨 뜻인지 이해하려면 '걷다'의 정의를 잊지 말아야 한다. '걷다'는 한 걸음씩 전진한다는 뜻이다. 거대한 도약이 아니라 과정을 의미한다! 우리가 순금으로 제련되려면 긴 시간과 여러 환경과 상황이 필요하다.

우리가 이런 걸음걸음을 얼마나 빨리 옮기느냐는 우리 삶의 모든 부분에서 얼마나 빨리 자신의 뜻을 내려놓고 하나님의 뜻을 받아들이느냐에 달렸다. 우리가 내어 맡김의 자리에 이를 때, 하나님이 우리 앞에 두신 길을 가는 우리의 한 걸음 한 걸음이 마침내 우리를 하나님이 원하시는 모습으로 변화시킬 것이다.

골짜기는 내 전부를 하나님께 복종시켜야 하는 자리로 우리를 이끈다. 성령께서 마침내 우리를 땅에서 그리스도의 형상으로, 그분이 계획하신 바로 그 모습으로 바꾸시도록 허락해야 하는 자리이다. 우리가 골짜기에서 경험할 성장은 좌절뿐 아니라 철저한 실패까지 수반한다. 우리가 영적으로 성장하면 마침내 마음이 새로워지고 삶이 하나님의 온전한 뜻에 맞게 변화될 것이다.

당신은 어느 쪽을 선택하겠는가? 자신의 유한한 지혜와 제한된 힘을 의지해 살겠는가, 아니면 하나님의 무한한 지혜와 능력과 완전한 사랑으로 계획된 큰 목적을 따라 살며 무한히 귀한 것을 영원히 누리겠는가? 꼭 대답해야 할 질문이다. 우리가 하나님께 던지는 모든 질문을 하나님도 우리에게 던지신다.

우리가 골짜기를 지날 때 인내하는 태도를 보이느냐 그러지 못하느냐는 우리가 하나님을 믿는지 아니면 믿음이 부족한지를 보여주는 분명한 증거다. 하나님을 완전히 의지함으로써 하나님의 안식에 들어가는 법을 배울 때, 하나님이 골짜기 경험을 통해 주시려는 영적 성장에 이를 수 있다. 욥기에 분명하게 나타난다.

교만에서 겸손과 인내로

욥의 성품에 약점이 있었다면, 혹은 욥과 하나님 사이에 장벽이 있었다면, 그것은 그의 마음에 자리한 '교만'이었다. 욥은 교만하여 자신이 하나님께서 보시기에 의로운 것은 자기 행위 때문이라고 확신했다. 욥은 하나님의 은혜를 알아야 했다.

> 내가 의를 옷으로 삼아 입었으며 나의 정의는 겉옷과 모자 같았느니라
>
> 욥 29:14

하나님은 당신의 삶을 위해 가장 좋은 것을 준비해두셨지만, 교만하면 그것을 받지 못한다. 교만은 당신의 진짜 마음 상태를 가려 그것을 보지 못하게 한다. 교만은 당신의 시각을 뒤틀고 진리를 더럽힌다. 교만이 자리하면 영적으로 성숙하지 못한다.

교만하면 자신을 희생자로 보게 된다. 자신이 부당한 대우를 받았다고 느끼며 더 나은 대우를 받아야 한다고 믿는다. 이 가운데 하나라도 당신에게 해당된다면 마귀가 당신의 삶으로 진입하는 입구를 이제 막 찾아낸 게 분명하다. 마귀는 교만이라는 입구로 당신의 삶에 들어가 당신이 상상도 못 하는 숱한 방법으로 유혹한다. 당신에게는 이런 일이 일어날 수 없다고 생각하는가?

사탄은 말한다.

"나한테 기회를 줘봐!"

그는 교만이 하나님으로 향하는 문을 닫고 우리를 하나님에게서 떼어놓는다는 것을 너무 잘 안다. 그는 거기 있었다.

교만을 말하는 것만으로도 몇몇 주요 방어막을 구축할 수 있다. 당신은 가만히 앉아 "나한테는 그런 문제가 없어!"라고 말할지 모른다. 당신은 예외일지 모른다. 그러나 혼자 조용히 앉아 자신을 솔직하게 살펴보라. 당신의 삶에서 자신의 잘못된 생각과 행동을 정당화하는 부분을 발견할 것이다. 이런 잘못된 생각과 행동이 당신이 처한 고통스러운 상황에서는 정당화된다고 느끼기 때문이다. 당신이 애써도, 마음의 진짜 상태를 하나님께 숨기지 못한다(잠 15:11).

욥이 하나님을 알고 겸손해져 자신의 창조자와 완벽한 관계에 들어간 것은 그의 삶에서 맞닥뜨린 가장 깊은 골짜기를 통해서였다. 그는 시련 가운데서 인내하는 태도를 보이지 않았으며, 따라서 겸손하지도 않았다. 하나님이 욥에게서 하실 일이 있었다는 분명한 증거다.

욥이 하나님 앞에서 완전히 겸손해지고 인내의 성품을 체득한 것은 그의 삶에 닥친 시련 때문이었다. 욥이 고난 가운데 인내하며 줄곧 하나님을 찾았던 것은 하나님을 향한 그의 믿음 때문이었다.

우리는 성경을 통해 자신을 일깨워야 한다. 인내는 기다리는 능력이 아니라 하나님을 기쁘게 하는 방식으로(신뢰가 가득한 마음으로) 기다리는 능력이다. 우리는 인내를 옷 입어야 한다. 인내는 우리가 취하는 행동이다. 인내는 하나님이 우리를 더 높은 곳으로 인도하신다는 것을 알기에 골짜기를 지날 때라도 기쁨을 발견하는 태도다. 인내는 하나님이 우리를 온전하게 빚고 계시며 우리로 어떤 일에든 준비되게 하고 계신다는 것을 믿는 신뢰다.

> 내 형제들아 너희가 여러 가지 시험을 당하거든 온전히 기쁘게 여기라 이는 너희 믿음의 시련이 인내를 만들어내는 줄 너희가 앎이라 인내를 온전히 이루라 이는 너희로 온전하고 구비하여 조금도 부족함이 없게 하려 함이라 약 1:2-4

시련은 우리 안에 경건한 성품을 낳는다. 왜냐하면 시련을 만날 때 우리의 성품 가운데 우리로 그리스도를 닮지 못하게 방해하는 모든 결점이 샅샅이 드러나기 때문이다. 시련은 경건치 못한 여러 행동과 태도 중에 교만, 분노, 불평, 자기연민을 드러낸다.

하나님이 육에 속한 이런 성품을 처리하신 후에야 자비, 친절, 겸손, 부드러움, 인내 같은 성품이 우리 삶에 나타난다. 하나님은 고통, 시련, 환난으로 우리를 단련하시는데, 이것들은 우리의 삶에서 용서하지 않음, 응어리, 분노, 시기 같은 불순물을 제거하는 불을 상징한다. 이런 불순물이 우리로 하나님의 성품과 거룩을 입지 못하게 한다.

골짜기에서 이런 시련의 시간을 보낼 때 우리는 육적인 본성에 대해 죽고, 진정한 생명으로 인도하는 새 영을 입는다. 하나님이 우리 안에서 일하기 시작하실 때 우리는 자신의 방식에 대해 죽기 시작하고, 하나님이 그분의 완전한 뜻대로 행하시게 함으로써 하나님께 영광을 돌린다.

CHAPTER 2

삶이 온통 흔들릴 때

트집 잡는 자가 전능자와 다투겠느냐 하나님을 탓하는 자는 대답할지니라 욥 40:2

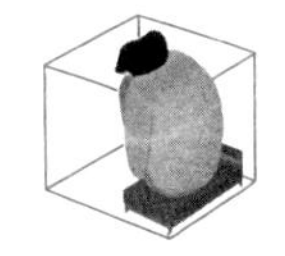

시련을 만날 때 대개 가장 먼저 떠오르는 물음은 "왜?"이다.

"왜 하나님은 이런 일이 일어나게 두셨나요?"

욥의 삶에서 일어난 비극을 보라. 욥은 하나님이 자신을 버리셨다는 두려움을 느끼는 게 분명하다. 우리가 위기의 순간에 그렇게 느끼는 것처럼 말이다.

우리는 십자가와 빈 무덤의 이편에 있기에 "왜?"라는 물음을 사뭇 다른 빛으로 볼 수 있다. 그때 욥은 알 수 없었으나 우리는 안다. 우리 곁에 서 계시는 분, 곧 "나의 하나님, 나의 하나님, 어찌하여(왜) 나를 버리셨나이까"라고 외치신 분이 있다(마 27:45,46).

예수님은 우리가 죄 때문에 당할 모든 아픔과 고통을 친히 다 겪으셨다. 하나님은 죄를 십자가에 못 박으셨고, 죽음을 이김으로써 죄를 이기셨다. 진리는 당신의 '왜'가 영원히 극복되고 정복되었다고 말한다. 우리는 부활을 통해 승리한다. 그 무엇이 날마다 우리를 무너뜨리겠다고 위협해도 절대 승리하지 못한다.

> 사망아 너의 승리가 어디 있느냐 사망아 네가 쏘는 것이 어디 있느냐
>
> 고전 15:55

우리는 그리스도를 믿는 믿음을 통해 승리한다. 그러나 욥에게는 문제가 그대로 남았다.

욥은 깨달았다. 하나님은 우리가 사망의 음침한 골짜기를 지나도록 때로 허락하시고, 때로 명하신다. 그러나 그것은 사망 자체가 아니라 '그림자'와 비슷하다. 그것은 끝이 아니다.

하나님의 놀라운 능력을, 안위하시는 그분의 막대기를, 인도하시는 그분의 지팡이를 진정으로 발견하는 다른 길이 '왜' 없는지는 하나님만 아신다. 우리가 이해 못 하는 어떤 이유가 있을지 모른다. 하나님은 다른 사람들의 삶에서 자신의 계획을 성취하려고 우리의 아픔과 고통을 자비와 은혜로 싸서 사용하고 계시는지도 모른다.

욥기는 우리를 막다른 길로 몰아간다. 그 과정에서 우리는 자신의 삶을 보면서 "왜? 언제? 어떻게?"라고 묻지 않을 수 없다.

"왜 이런 일이 일어났고, 언제 내가 구조되며, 어떻게 구조됩니까?"

우리는 대답이 필요하다. 우리에게 필요한 대답은 하나님만 주실 수 있는데, 그 하나님은 너무 멀리 계신 듯 보인다.

Why : 왜 이런 일이 일어나지?

하나님은 우리의 삶을 들여다보실 때 우리와 그분의 관계를 방해하는 부분을 빼놓지 않고 보신다. 당신은 하나님이 당신의 약한 부분을 해결하는 데 관심이 더 있으실 것이라고 추측할지 모른다. 하지만 많은 경우, 하나님은 당신이 가장 강하다고 생각하는 부분에서 시련을 허락하신다.

왜 그런가? 우리는 자신이 유능하다고 느끼는 부분에서 하나님께 쉽사리 복종하지 않기 때문이다. 우리는 "이건 내가 할 수 있어!"라는 태도를 취하고, 이 부분에서 하나님의 도움을 좀체 구하려 들지 않는다. 그래서 하나님이 우리에게 진정으로 바라시는 바와 반대되는 길을 걷는다.

자신이 지금 처한 상황이나 과거에 처했던 상황을 생각해보라. 하나님보다 우선하는 바람이 있었는가? 당신이 스스로 해결할 수 있다고 생각했던 문제가 있었는가? 줄곧 하나님보다 자신에게 더 집중했던 문제가 있었는가? 당신은 무엇을 생각하며 가장 많은 시간을 보내는가? 당신의 바람이나 생각이 당신이 온전히 하나님을 섬기고 그분과 전적으로 바른 관계를 유지하는 데 방해가 된다면, 하나님은 그 부분을 걱정하실 것이다.

하나님의 바람은 욥이 그분을 한층 더 잘 알게 되는 것이다. 우리가 삶의 모든 부분에서 늘 그분을 찾게 되는 것이다. 당신은 하나님이 당신을 지으실 때 계획하신 바로 그런 사람이 되어야 한다. 당신

속에 그렇게 되지 못하게 방해하는 부분이 있다면 하나님은 그 부분을 낱낱이 찾아내신다. 확신컨대, 하나님은 그 부분을 처리하실 만큼 당신을 사랑하신다.

> 주께서 그 사랑하시는 자를 징계하시고 그가 받아들이시는 아들마다 채찍질하심이라 히 12:6

When : 하나님의 타이밍

우리는 환경에 압도될 때 이렇게 생각할지 모른다.

'하나님이 내게 기적을 베푸시거나 나를 이 상황에서 건져내실 작정이라면, 왜 지금 그렇게 못 하시는 거야. 왜 기다려야 되는데?'

우리는 하나님을 찾지만 아무것도 발견하지 못한다. 또는 그렇게 보인다. 끝없이 부르짖지만 침묵만 되돌아온다.

우리는 하나님이 늘 일하신다는 사실을 너무 쉽게 잊는다. 하나님은 늘 다스리시며 우리 삶의 배후에서 일하고 계신다.

성경에 하나님이 자신의 목적을 왜, 어떻게 성취하시는지 보여주는 유명한 일화가 있다. 해답은 하나님의 완전한 길과 완전한 타이밍을 이해하는 데 있다.

복음서에 나오는 '죽은 나사로 이야기'를 들어보았을 것이다. 그러나 우리는 이 메시지의 깊은 교훈을 곧잘 놓친다. 나사로를 죽은 자 가운데서 다시 살리신 예수님의 능력에 압도된 나머지, 도움이 필요할 때 우리 삶에 적용되는 참으로 놀라운 메시지를 간과한다. 성령을 알 때, 이 이야기는 우리의 시련 및 고난과 관련해서 하나님의 방식에 대한 통찰을 제시한다. 요한복음 11장 1-44절을 보자.

어떤 병자가 있으니 이는 마리아와 그 자매 마르다의 마을 베다니에 사는 나사로라 이 마리아는 향유를 주께 붓고 머리털로 주의 발을 닦던 자요 병든 나사로는 그의 오라버니더라 이에 그 누이들이 예수께 사람을 보내어 이르되 주여 보시옵소서 사랑하시는 자가 병들었나이다 하니 예수께서 들으시고 이르시되 이 병은 죽을병이 아니라 하나님의 영광을 위함이요 하나님의 아들이 이로 말미암아 영광을 받게 하려 함이라 하시더라 예수께서 본래 마르다와 그 동생과 나사로를 사랑하시더니 나사로가 병들었다 함을 들으시고 그 계시던 곳에 이틀을 더 유하시고 그 후에 제자들에게 이르시되 유대로 다시 가자 하시니

요 11:1-7

주목하라. 예수님은 나사로에게 일어날 일의 결과를 선포하신다. 하나님은 로마서 4장 17절에서 이렇게 말씀하신다.

기록된 바 내가 너를 많은 민족의 조상으로 세웠다 하심과 같으니 그가 믿은 바 하나님은 죽은 자를 살리시며 없는 것을 있는 것으로 부르시는 이시니라

예수님은 하나님이 이 상황을 완전히 주관하신다는 것을 아셨다. 이 불행이 하나님의 영광을 위한 것임을 아셨다. 사랑하는 친구들이 견뎌야 할 아픔이 그들이 절대로 온전히 이해 못 할 놀라운 기쁨과 영광으로 바뀌리라는 것을 아셨다. 그러나 그 순간, 예수님을 에워싼 사람들은 혼란스러웠다. 이들은 예수님이 하시는 말씀의 의미를 이해하지 못했다. 우리는 이 상황을 보면서 이런 혼란을 파악한다.

그렇더라도, 예수님은 나사로에게 곧장 달려가지 않으셨다. 나사로를 깊이 사랑하셨는데도 말이다. 그 대신, 하나님의 타이밍을 기다리셨다. 예수님은 아버지의 뜻 안에 머무는 게 최선이라는 것을 아셨다. 설령 가장 사랑하는 친구들을 그들이 견뎌야 하는 고통에서 직접 구해주고 싶은 마음이 굴뚝같더라도 말이다.

> 이에 예수께서 밝히 이르시되 나사로가 죽었느니라 내가 거기 있지 아니한 것을 너희를 위하여 기뻐하노니 이는 너희로 믿게 하려 함이라 그러나 그에게로 가자 하시니 요 11:14,15

예수님은 제자들이 알아야 할 바를 말씀하셨을 뿐이다. 예수님은 제자들에게 미래를 보는 통찰력을 거의 주지 않으셨다. 그들의 믿음을 키워주고 계셨다. 예수님이 제자들에게 주신 정보는 극도로 혼란스러웠고, 당시에는 전혀 이치에 맞지 않았다.

도중에 예수님은 제자들이 그 순간을 위한 믿음을 가질 기회를 만드셨다. 많은 경우, 우리가 상황에 압도될 때 필요한 것은 '그 순간을 위한 믿음'이 전부다. 이것이 하나님이 주시는 전부일 때가 많다. 우리가 하나님의 계획을 제대로 이해할 수 있는 경우는 드물다. 다시 말해, 하나님께서 예정보다 빨리 기적을 행하신다면 그 기적의 잠재력이 최대로 발휘되지 않을 것이다.

잿더미에 앉아 있을 때, 우리는 잃어버린 모든 것을 하나님이 어떻게 회복하실지 알 수 없다. 우리는 하나님을 높이는 대신 자신의 문제를 부풀린다. 우리는 하나님이 완벽한 타이밍에 나타나시리라 기대하는 대신 '과연 하나님이 나타나실까'라고 묻는다.

당신이 앉아 있는 잿더미가 하나님을 믿을 또 다른 기회를 줄 것이다. 하나님은 더 높고 더 크며 모든 것보다 뛰어난 전능하신 하나님이시며, 이것은 하나님이 불가능한 일을 행하실 수 있다는 뜻이다 (요 11:16-32).

당신은 자신이 처한 상황에서 얼마나 숱하게 외쳤는가?

"주님, 주님이 여기 계셨더라면 이런 일이 일어나지 않았을 거예요. 제가 이렇게 잿더미에 앉아 있지도 않을 거예요. 모든 게 지금과는 전혀 다를 거예요."

우리는 자신의 상황을 돌아보며 분노한다. 그때 우리가 믿음이 있었고, 믿었으나 하나님이 우리를 실망시키셨다고 느낀다. 마리아는 절반의 믿음이 있었다. 예수님이 거기 계셨더라면 나사로를 구하셨을 거라고 믿었다. 그러나 마리아는 예수님이 너무 늦게 오셨다고 믿었다.

이 진리를 명심하라. 하나님은 절대로 늦지 않으신다. 잿더미에서 우리는 사탄이 이런 의심의 씨를 심도록 허용한다. 하나님은 우리를 구원하실 수 있었으나 하지 않으셨고, 하나님은 거기 계실 수 있었으나 계시지 않았다는 것이다. 우리는 깊이 실망해 하나님의 길에 의문을 제기하기 시작하며 자신의 믿음을 위해 싸운다.

"하나님이 그 사람에게 복을 주실 수 있다면, 왜 내게는 복을 주시지 못합니까? 하나님이 불가능한 일을 하실 수 있다면, 왜 하지 않으십니까? 하나님이 제 상황을 바꾸실 수 있다면, 왜 그렇게 하지 않으십니까?"

나사로 이야기를 읽을 때 우리는 이야기를 처음부터 끝까지 다 본 사람으로서, 즉 예수님이 이 기적을 행하셨을 뿐 아니라 그분 자신이 죽은 자 가운데서 다시 살아나셨다는 것을 아는 사람으로서 읽는다. 그러나 당시, 그 자리에 있던 사람들은 그 순간만 경험할 수 있을 뿐이었다. 그들은 이렇게 물었다.

"예수님이 나사로를 죽지 않게 하실 수 없었을까?"

그들은 온통 혼란에 휩싸였고, 마음에는 예수님이 정말로 자신이 말씀하시는 그런 분인가라는 의심이 일었다. 마치 사탄이 이렇게 말하는 소리가 들리는 듯하다.

"거봐, 그는 하나님의 아들이 아니야. 가장 소중한 친구들조차 돌보지 않는다니까. 그들이 필요로 할 때 곁에 없었잖아."

이야기가 계속되면서 예수님은 우신다. 왜 우셨는가? 예수님은 나사로가 다시 살아나 예수님 곁으로 돌아오리라는 것을 아셨다. 그러니 슬퍼하거나 울 이유가 없었다. 따라서 예수님이 둘러선 사람들의 믿음 없음을 보고 우셨다고 보는 게 적절하다. 예수님은 믿지 않는 자들 때문에 아파하셨다.

그렇다면 이들의 믿음은 어디 있는가? 이들은 그저 예수님이 너무 늦었다고 믿었다. 예수님은 우리가 믿음을, 시련을 돌파하는 믿음을 갖기를 원하신다. 예수님은 우리가 불필요한 고통을 겪는 것을 보신다. 예수님은 우리의 아픈 가슴을 느끼시며 우리가 그분을 믿기만 하면 평안을 얻으리라는 것을 아신다. 예수님은 당신을 위해 우신다. 예수님은 당신의 믿음이 떨어지지 않도록 간구하신다.

그러나 내가 너를 위하여 네 믿음이 떨어지지 않기를 기도하였노니

눅 22:32

How : 믿으면 영광을 보리라

이에 예수께서 다시 속으로 비통히 여기시며 무덤에 가시니 무덤이 굴이라 돌로 막았거늘 예수께서 이르시되 돌을 옮겨놓으라 하시니 그 죽은 자의 누이 마르다가 이르되 주여 죽은 지가 나흘이 되었으매 벌써 냄새가 나나이다 예수께서 이르시되 내 말이 네가 믿으면 하나님의 영

광을 보리라 하지 아니하였느냐 하시니 요 11:38-40

하나는 확실하다. 이 기사의 메시지는 지금 당신이 처한 상황에도 적절하게 적용된다. 우리에게 말씀하시는 예수님의 음성을 들을 수 있다.

"네가 믿으면 하나님의 영광을 보리라 하지 아니하였느냐."

예수님은 "네가 인내하면 하나님의 영광을 보리라!"라고 말씀하지 않으셨다. 명심하라. 하나님을 굳게 믿지 않으면 당신의 인내는 고갈된다. 믿음이 기초다. 우리는 모든 것이 가능하다는 우리의 믿음을 하나님을 믿음으로써 보여드린다.

사람으로는 할 수 없으되 하나님으로는 그렇지 아니하니 하나님으로서는 다 하실 수 있느니라 막 10:27

상상하건대, 사람들이 믿음을 보였다면 예수님은 다른 눈물을 흘리셨을 것이다. 기쁨의 눈물 말이다. 그러나 상황은 이런 방향으로 전개되지 않았다. 때로, 상황은 하나님이 자신의 임재와 능력을 우리에게 보여주실 수 있는 딱 그 방향으로 전개된다.

하나님의 진리는 하나님이 모든 것을 이용해 자신의 목적을 이루신다고 말하며, 이것은 당신이 앉아 있는 잿더미도 예외가 아니라는 뜻이다. 당신이 "주님이 여기 계시기만 했어도!"라고 소리치고 주님께서 "네가 믿으면 하나님의 영광을 보리라 하지 아니하였느냐"라고 답하시는 순간, 우리는 하나님을 제한하고 하나님이 어떤 것은 회복시키실 수 있지만 모든 것을 회복시키지는 못하신다고 못 박는다. 하나님을 제한함으로써 우리는 우리 삶에서 기적을 제한한다. 기적은 하나님을 향한 믿음에서만 나올 수 있다.

하나님이 왜 이런저런 방식으로 일하시는지 우리에게 늘 말해주실 수는 없다는 것을 깨닫는 게 아주 중요하다. 우리는 하나님의 방식을 이해할 수 없는 경우가 많다.

> 이는 하늘이 땅보다 높음같이 내 길은 너희의 길보다 높으며 내 생각은 너희의 생각보다 높음이니라 사 55:9

하나님을 향한 신뢰가 우리로 삶에서 가장 어려운 순간을 헤쳐나가 하나님의 영광을 보게 한다. 하나님은 당신이 생각하는 때에 나타나지 않으실지 모른다. 그렇더라도 하나님은 나타나시며, 정확히 때를 맞춰 나타나실 것이다!

보이지 않는 하나님의 손이 일하고 계신다

삶에서 뭔가 떨어져나가고 시련과 환난 때문에 그야말로 황폐해질 때 우리는 삶에서 크게 가치 있는 뭔가를 제대로 붙잡지 못했음을 자주 발견한다. 우리는 자신의 삶을 살피면서, 이런 황폐화를 하나님이 그분의 손을 우리 위에 얹으시고 우리 안에서 어떤 일을 하신다는 분명한 표시로 볼 수 있다.

하나님은 우리의 삶을 다시 자신의 뜻 가운데로 돌이키기 위해서라면 무엇이든 다 하실 것이다. 하나님은 우리 안에서 일하고 계시며, 이 사실은 하나님이 사랑으로 우리를 징계하실 만큼 우리를 돌보신다는 것을 보여준다.

> 무릇 징계가 당시에는 즐거워 보이지 않고 슬퍼 보이나 후에 그로 말미암아 연단 받은 자들은 의와 평강의 열매를 맺느니라 히 12:11

많은 경우, 우리는 시련과 환난을 되돌아보면서 왜 하나님이 우리의 삶에서 그 많은 일을 허락하셨는지 뒤늦게야 분명하게 깨닫는다. 그러나 상황 속에 있을 때는 거기서 하나님의 손을 보기가 어렵다.

그런가 하면, 어떤 때는 하나님이 우리가 왜 이런저런 환경을 겪는지 짐작할 만한 아주 조그마한 실마리도 주지 않으신다. 대답 없는 물음에, 우리는 자신이 인간일 뿐이며 우리의 지식과 능력이 유한하다는 사실을 자각한다. 우리는 하나님을 의지하고 그저 그분을 신뢰해야 한다. 이 사실을 붙잡을 때 믿음이 성장하고 모든 해답을 알지 못한 채 만족하는 법을 배우게 된다. 해답을 아시는 분을 아는 것만으로 만족하게 된다.

골짜기는 대개 하나님이 우리를 제련하시고 우리로 잘못을 깨닫게 하시는 자리다. 골짜기는 이런 자리다. 그렇기에 당신이 골짜기를 이런 자리로 본다면, 하나님은 당신 속에서 어떤 일을 하셔서 당신에게 재 대신 화관을 주실 것이다.

> 무릇 시온에서 슬퍼하는 자에게 화관을 주어 그 재를 대신하며 기쁨의 기름으로 그 슬픔을 대신하며 찬송의 옷으로 그 근심을 대신하시고
>
> 사 61:3

해답을 찾고 있다면 하나님의 길을 얼핏이라도 보기 위해 성령 충만을 받아야 한다. 진정으로 자신을 살피고 자신의 영혼을 깊이 들여다본다면, 당신 속에서 성령의 자유로운 흐름을 방해하는 것을 적어도 하나는 찾아낼 수 있다. 당신의 기쁨을 도적질하고 당신으로 하루하루 살면서 매 순간 승리하지 못하게 방해하는 것이 무엇인지 자신에게 물어라.

십중팔구, 당신은 무엇이 자신의 주의를 흐트러뜨리거나 자신의 마음에 덫을 놓는지 안다. 무엇이 당신과 하나님 사이를 가로막는가? 틀림없는 사실이 있다. 당신에게는 원수가 있고, 그는 하나님을 향한 당신의 믿음을 무너뜨리려 한다. 당신의 삶은 겉보기보다 훨씬 깊다.

삶에서 저지르는 가장 큰 실수 중에 하나는 하루하루 시련과 환난에 사로잡히는 것이다. 이런 시련과 환난을 영적 전투로 보는 대신 실제 그대로, 겉으로 보이는 대로 믿는 것이다. 싸움터에 있다는 사실을 알지 못하면 절대 싸움에서 이길 수 없다.

우리는 욥의 삶에서 벌어진 영적 전투를 생생하게 본다. 그러나 그 당시, 욥은 무슨 일이 벌어지는지 알지 못했다. 자신이 영적 전투의 한가운데 있다는 사실을 깨닫지 못했다. 그저 자신의 깊은 아픔과 쓰라린 고통을 알았을 뿐이며, 그래서 정의를 부르짖었다. 우리의 삶에서 영적 전투가 벌어지고 있다는 것을 깨달으면 사탄의 공격에 더 잘 대항하고 환경을 더 잘 이길 수 있다.

영적 전투의 현장

하나님은 우리에게 전투 무기를 주셨다. 일단 우리가 전투 중이라는 사실을 안다면 무기를 활용하는 일은 우리의 몫이다. 당신이 전투의 한가운데 있다면 사탄의 체질(sift, 체로 거르는 행위)을 조심하라. 체질을 당하기 시작한다면 당신은 싸움터에 들어온 것이다.

우리의 씨름은 혈과 육을 상대하는 것이 아니요 통치자들과 권세들과 이 어둠의 세상 주관자들과 하늘에 있는 악의 영들을 상대함이라 엡 6:12

이 말씀을 분명하게 이해하면 모든 충돌 뒤에는 더 깊은 목적과 전투가 있음을 이해하게 된다. 우리는 물리적 세계를 뛰어넘어 자신에게 물어야 한다.

"원수가 달성하려 애쓰는 게 무엇인가? 왜 저항하는가? 왜 전투가 벌어지는가?"

전투가 벌어지고 있다면 그 전투에 겉보기보다 훨씬 중요한 어떤 목적이 있다는 것을 알아야 한다. 전투는 십 대 자녀의 부도덕한 행동이나 당신을 대신한 동료의 승진이나 잘못된 투자로 입는 경제적 손실에 관한 게 아니다.

진리를 분명하게 이해해야 한다. 당신은 전투 중이며 이 전투는 세상에 속한 게 아니다. 이것을 알지 못하면 당신의 삶에서 절대로 진정한 승리를 얻지 못한다.

무릇 하나님께로부터 난 자마다 세상을 이기느니라 세상을 이기는 승리는 이것이니 우리의 믿음이니라 요일 5:4

싸움터는 마음이고, 대적은 사탄이며, 당신의 무기는 하나님의 전신갑주이고, 당신은 그리스도의 부활을 통해 이미 승리했다. 이것을 알면 당신이 그리스도 안에서 누구이며 그리스도는 당신 안에서 누구신지 더 분명히 알게 된다. 속지 말라. 전투가 없으면 승리도 없다.

우리는 분명하게 알고, 또 믿어야 한다. 싸움은 이미 끝났고 그리스도께서 승리하셨다. 우리의 싸움은 우리의 육을 이기고 그리스도를 따라 이 승리로 들어가는 것이다. 절대 속지 말라. 사탄은 우리가 그리스도를 따르지 못하게 하려고 혈안이다. 사탄은 그리스도를 따르는 자들에게 큰 상이 있다는 것을 안다. 그 상은 지금 받고, 또 영원히 받는다.

> 믿음이 없이는 하나님을 기쁘시게 하지 못하나니 하나님께 나아가는 자는 반드시 그가 계신 것과 또한 그가 자기를 찾는 자들에게 상 주시는 이심을 믿어야 할지니라 히 11:6

사탄의 첫째 전략, 속이기

하나님은 우리가 조금도 부족함이 없기를 원하신다. 반면에, 사탄은 우리의 모든 것이 부족하길 원한다. 원수 마귀의 가장 강력한 전략 중에 하나는 속이기다. 사탄의 속이기는 마음에서 시작된다.

> 그(마귀)가 거짓말을 할 때에는 본성에서 그렇게 하는 것이다. 그는 거짓말쟁이이며, 거짓의 아비이기 때문이다. 요 8:44, 새번역

사탄은 우리가 직면하는 상황에 대해 거짓말을 한다. 공격을 개시하면서 먼저 실망스럽고 파괴적인 생각을 불러일으킨다. 의심과 두려움을 심어 우리의 마음이 끝없는 강박감에 짓눌려 따지고 또 따지게 만든다.

사탄은 전략을 교묘하게 준비해 천천히, 신중하게 구사한다. 사탄은 모든 거짓말을 한꺼번에 하지 않는다. 사탄이 동시에 모든 거짓말을 쏟아낸다면 그의 속임수는 쉽게 들통나서 우리가 그것을 믿을 가능성은 훨씬 떨어질 것이다. 명심하라. 사탄은 우리와 우리의 가장 소중한 친구들, 그리고 우리가 사랑하는 사람들을 연구한다.

사탄은 우리의 가장 깊은 바람과 관심사와 약점은 물론이고 우리 주변 사람들의 가장 깊은 바람과 관심사와 약점도 안다. 때로, 사탄은 다른 사람들을 통해 우리에게 접근한다. 하나님이 다른 사람들을 이용해 우리를 자신에게 이끄시듯이, 사탄도 다른 사람들을 이용해 우리를 하나님에게서 떼놓으려 한다.

원수는 우리의 약점은 물론이고 장점까지 연구해왔으며 무엇이 우리의 평안을 훔치는지도 안다. 사탄의 첫째 전략은 당신을 속이는 것인데, 그는 당신의 상황이 당신의 통제 아래 있다고 믿게 함으로써 당신을 속이려 한다. 사탄은 당신이 겪을 모든 일이 영적 전투와는 무관하다고 믿게 하려 한다.

욥기를 읽노라면 원수가 일하는 모습이 보인다. 친구들이 욥과 끝없이 대화하는 모습이 보인다(욥 4-37장). 친구들은 욥에게 그와 하나님의 관계에 대해 의심을 불러일으키는 질문을 한다. 그가 어떤 부분에서 하나님께 범죄했는지 말하고, 따라서 욥이 용서를 구해야 한다고 말한다.

친구들은 욥이 극심한 고난을 당하는 것을 보니 그의 죄가 아주 심각한 게 틀림없다고 단언한다. 이들은 욥이 유죄라고 외친다! 그리고 욥에 대해 부당한 판결을 내린다. 욥이 변함없이 하나님을 믿고 사탄의 전략에 항거한 것은 옳은 일이다.

우리는 주변 사람들에게 조언, 해답, 상담, 위로 등을 얼마나 자주 구하는가? 하지만 우리가 찾는 것을 얻지 못할 때가 허다하다. 또는 우리가 부탁하지도 않았는데 가족이나 친구들이 좋은 뜻으로 우리를 도우려 애쓰는 경우는 또 얼마나 많은가? 하지만 많은 경우, 우리는 처음보다 더 큰 혼란에 빠지고 만다.

다른 사람들이 우리를 대신해 하나님께 아뢰어줄 것이라고 믿어서는 안 된다. 하나님은 하나님과의 친밀하고 인격적인 관계를 위해 우리 각자를 창조하셨다. 하나님은 그분께 말씀하기 원하신다. 지금 하나님은 경건한 사람들을 통해 우리에게 영향을 끼치고 우리를 하나님의 뜻 가운데로 인도해 들이려 하신다.

누군가 당신을 하나님이 아닌 다른 곳으로 인도한다면 정신을 바짝 차려라. 사탄이 일하고 있을 가능성이 높다. 사탄은 사람들을 이용한다. 때로 의도가 매우 선한 사람들을 이용한다.

욥의 아내는 남편을 사랑했고 잘 돌보았으나 하나님을 향한 남편의 믿음을 공격함으로써 그를 공격했다. 어떤 사람들은 욥의 아내가 남편의 믿음을 공격한 것을 보면 그녀가 하나님을 사랑하지 않았거나 남편을 사랑하지 않았다고 말할지 모른다. 그러나 성경을 보면 알듯이, 우리가 만나는 싸움은 겉보기와는 딴판이다. 영적 싸움이다. 혈과 육의 싸움이 아니다.

의심 대신 믿음 택하기

이 부분에서 짚고 넘어갈 것이 있다. 사탄의 가장 강력한 성격은 인내와 집요함이다. 이런 사탄의 성격은 우리가 제어할 수 없다. 그러나 사탄의 끈질김은 제어할 수 있다.

사탄은 욥의 아내뿐 아니라 그의 모든 친구까지 이용해 욥의 마음에서 전쟁을 일으켰다. 사탄의 전략은 욥이 하나님은 실제로 누구이시며, 과연 그분이 욥의 믿음처럼 사랑과 정의의 하나님이신지에 대해 의심의 문을 열게 하는 것이었다. 그러나 믿음을 통해 욥은 원수의 공격을 꿰뚫어 볼 수 있었고, 직접 하나님께 아뢰기를 바라며 뚜벅뚜벅 전진했다.

> 시험에 들지 않게 깨어 기도하라 마음에는 원이로되 육신이 약하도다
>
> 마 26:41

마음이 싸움터다. 예수님도 우리에게 이렇게 말씀하셨다.

또 간음하지 말라 하였다는 것을 너희가 들었으나 나는 너희에게 이르노니 음욕을 품고 여자를 보는 자마다 마음에 이미 간음하였느니라

마 5:27,28

더 많은 구절에서 하나님은 이 문제에 관해 우리에게 말씀하신다. 하나님은 마음에 있는 것이 결국 행동을 결정하고, 그 행동이 우리의 환경이 빚어내는 결과로 이어진다고 말씀하신다.

대저 그 마음의 생각이 어떠하면 그 위인도 그러한즉 잠 23:7

나쁜 생각과 행동이 선한 결과를 낳을 수 없듯이 선한 생각과 행동은 나쁜 결과를 낳을 수 없다. 사과 씨를 심고 오렌지를 거둘 수는 없다. 사과 씨에서는 사과만 나온다. 흥미롭게도 우리는 자연법칙에 완전히 동의하면서도 이것을 삶에 적용하지 못한다. 자연법칙이 정신과 도덕의 세계에도 적용되는데도 이런 사실을 무시한다. 생각은 환경이 빚어내는 결과에서 매우 중요한 역할을 한다.

많은 경우, 자신의 환경이나 다른 사람들의 행동을 바꿀 수는 없지만, 상황과 다른 사람들에 대한 우리의 생각은 바꿀 수 있다. 그러면 상황과 다른 사람들이 우리를 향해 달라질 것이다. 우리는 늘 자신의 환경을 선택할 수는 없지만, 자신의 생각은 선택할 수 있다. 따라서 간접적으로 자신의 환경을 빚어낼 수 있다. 자신의 시각을

바꿀 수 있다. 거짓말을 믿는 대신 진리를 믿음으로써 사람을 하나님의 관점에서 그분의 말씀을 통해 보겠다고 선택할 수 있다.

너희를 향한 나의 생각을 내가 아나니 평안이요 재앙이 아니니라 너희에게 미래와 희망을 주는 것이니라 렘 29:11

하나님이 우리에 대해 선한 생각을 하시는데, 왜 우리는 자신이나 자신의 환경에 대해 부정적인 생각을 하는가? 낙담하고 우울하며 비통한가? 그렇다면 지난 몇 시간 무슨 생각을 했는지 되돌아보라. 순전하고 사랑스러우며 칭찬 받을 만한 것들을 생각했을지 매우 의심스럽다. 사탄은 우리가 생각의 세계에서 얼마나 쉽게 길을 잃는지 알며, 그래서 우리를 속이기가 아주 쉽다는 것을 안다.

사탄은 일단 당신의 마음에 들어가 그의 전매특허 같은 '만약에', '그러나', '이건 어때?' 같은 의문을 일으킬 수 있다면, 싸움을 반쯤 이겼다는 것을 안다. 이것들은 심각한 의심을 불러일으키는 물음이다. 하나님에게는 불확실한 게 없으며 오직 진리와 평안뿐이다. 하나님의 평안은 모든 지각에 뛰어나다(모든 이해를 초월한다).

너는 마음을 다하여 여호와를 신뢰하고 네 명철을 의지하지 말라 잠 3:5

전술을 익혀라

내면의 싸움에서 지면 결국 패배한다. 우리의 패배는 육체와 벌이는 싸움에서 비롯된다. 육체는 우리의 상황을 지배하려 한다. 원수를 더 잘 파악하면 싸움에서 승리할 준비를 더 잘 갖출 수 있다.

사탄의 목적은 단순하다. 사탄은 하나님의 백성을 무너뜨리고 그리스도의 크신 뜻을 불신하게 하려 한다. 사탄을 가볍게 여겨서는 안 된다. 사탄은 실재며 그의 능력은 우리의 삶을 무너뜨릴 만큼은 크다. 사탄을 두려워해서는 안 되지만 인정하기는 해야 한다.

그리스도인의 가장 안 좋은 행동은 사탄의 존재를 부정하고 사탄의 힘을 가볍게 여기는 것이다. 사탄의 힘은 하나님이 주신 것이다. 믿음의 싸움에서 하나님의 지시를 착실하고 부지런히 따르면, 사탄을 만나더라도 두려울 게 없다.

본격적인 싸움이 시작되기 전에 사탄을 어떻게 알아보고 그에게 어떻게 맞서는지 배워야 한다. 전형적으로 전쟁이 시작되기 전에 전략 회의가 열린다. 이 시기에는 대체로 적이 어디에 있고 아군과 적이 어느 지점에서 대치하는지 파악한다.

따라서 우리는 영적 싸움터로 진입하기 전에 몇몇 진리를 알아야 한다. 공격 전략을 세워야 한다. 상황을 파악하고, 우리가 승리를 위해 싸우고 있지 않다는 것을 분명히 알아야 한다. 우리는 이미 승리했다.

사망아 너의 승리가 어디 있느냐 사망아 네가 쏘는 것이 어디 있느냐 사망이 쏘는 것은 죄요 죄의 권능은 율법이라 우리 주 예수 그리스도로 말미암아 우리에게 승리를 주시는 하나님께 감사하노니 고전 15:55-57

이것이 진리다. 우리는 예수님을 통해 승리한다. 하나님나라에서, 또는 이 세상의 통치자들 내에서 싸움이 어떻게 끝나고 누가 승리하는지는 아주 분명하다. 그리스도의 죽음과 부활을 통해 이미 결정되었다.

그렇다고 우리가 이 세상에 있는 동안 반드시 싸워야 하는 일상의 싸움이 덜어지지는 않는다. 그러므로 우리는 욥이 앉아 있던 잿더미에서 일어나 싸움터의 중심부로 들어간다.

내면의 싸움

1813년, 올리버 해저드 페리(Oliver Hazard Perry) 사령관은 이리호 전투에서 미국 함대를 이끌고 영국 함대를 물리쳐 유명해졌다. 페리는 자신이 탄 지휘함 로렌스호가 심한 타격을 입고 못 쓰게 되자 전함을 버리고 작은 배를 이용해 나이아가라호로 옮겨 타면서 "배를 포기하지 말라"(미해군 전함 체서피크호의 함장 제임스 로렌스의 유언)라고 쓰인 깃발을 옮겨왔고 다시 돌아가 영국 함대를 무찔렀다. 전투가 끝난 후, 그가 윌리엄 헨리 해리슨(William Henry Harrison)에게 전한 메시지가 유명해졌다.

"우리는 적을 만났는데, 우리의 것이었습니다. 함선 두 척, 브리그(brig) 두 척, 스쿠너(schooner) 한 척, 슬루프(sloop) 한 척입니다."

베트남 전쟁 때, 페리의 말이 신문 연재만화에 이런 말로 다시 등장해 유명해졌다.

"우리는 적을 만났는데, 바로 우리였다."

우리는 자주 발견하듯이, 진짜 싸움은 안에서 벌어진다. 우리가 반드시 알아야 하듯이, 우리의 싸움은 영적 싸움이다. 많은 경우, 사탄이 우리의 마음에 들어와 묻고 따지고 의심하도록 부추긴다. 그러고는 우리를 내면의 싸움 가운데 둔다.

사탄은 자신의 일이 끝나면 아주 거만하게 앉아 우리가 희망을 잃고 절망으로 곤두박질치는 꼴을 지켜본다. 이제 사탄은 우리를 자신이 원하는 자리에 두었다.

그러나 제임스 로렌스 함장의 말에서 우리는 "배를 포기하지 말라!"는 내면의 외침을 들을 수 있다.

우리가 이 보배를 질그릇에 가졌으니 이는 심히 큰 능력은 하나님께 있고 우리에게 있지 아니함을 알게 하려 함이라 고후 4:7

물리적 세상에서 우리의 삶은 하나님이 그분의 목적을 성취하고 다가오는 하나님나라에 맞도록 우리를 준비시키는 데 사용하실 수 있는 그릇이다. 하나님은 우리가 우리의 힘과 지혜로 그분의 목적을 이루리라고 기대하지 않으신다.

하나님은 자신의 뜻을 하나님의 뜻에 복종시킬 자들을 찾으신다. 오직 그럴 때에야 하나님의 영광이 드러날 수 있으며 하나님의 손을 볼 것이다.

이 땅에서 우리의 목적은 단지 하루하루의 삶이 아니다. 이것을 알기 전에는 우리가 찾는 진정한 평안과 기쁨과 만족을 발견하지 못한다. 사탄은 당신과 하나님 사이가 멀어지게 하려고 이 세상의 느낌과 바람으로 당신을 채우려 한다.

자신에게 보내는 메모를 작성해보라. 당신이 갖고 있다고 생각하는 소원은 하나님께서 당신에게 이루시려는 소원에 비하면 그야말로 아무것도 아니다.

하나님의 뜻을 따라 행할 때, 세상적인 소원이 있고 당신이 태어나기도 전에 하나님이 당신 속에 두신 진정한 소원이 있음을 알게 된다. 하나님이 우리 각자에게 주신 소원은 삶의 모든 부분에서 그분을 예배하고 섬기려는 바람이다.

우리는 하나님께 속했다. 따라서 우리의 삶을 향한 하나님의 목적을 찾아 우리의 싸움을 싸워낼 때까지, 우리의 배는 바다에서 길을 잃고 헤맬 것이다.

원수가 있음을 알고 말씀으로 싸워라

원수가 있다는 사실을 아는 것이 영적 전투의 첫 단계다. 진짜 원수는 당신의 배우자, 상사, 반항하는 자녀, 정책, 질병, 환경, 일상의 어려움이 아니라는 것을 깨달으면, 싸움은 반쯤 이긴 셈이다. 이런 분투는 쉽게 눈에 띄며 틀림없이 의미가 있다. 그러나 이것들은 문제의 근원이나 핵심이 아니라 증세일 뿐일 때가 많다.

겉으로 보이는 많은 것의 배후에 우리의 삶을 파괴하려는 원수가 도사리고 있다. 그는 어떻게든 우리의 삶을 파괴하려 들며 절대 멈추지 않는다.

이런 싸움의 결과는 예수님이 목숨까지 버리며 당신에게 주신 풍성한 삶을 경험하느냐 그러지 못하느냐, 하나님나라에서 섬기느냐 그러지 못하느냐, 구원이 주는 기쁨을 맛보느냐 그러지 못하느냐와 밀접한 관련이 있다. 패배한 삶을 사는 신자만큼 사탄에게 큰 만족을 주는 것은 없다.

그리스도인들마저 이런 영적 세계를 진정으로 믿는 데 어려움을 겪는다. 에베소서 6장 12절은 영적 세계가 있으며 거기서 우리의 싸움이 벌어진다는 진리를 선포한다. 우리는 보이지 않는 세상에서 싸운다. 그곳은 보이지 않는 영역이지만 우리가 보는 세계만큼이나 실재다.

보이지 않는 영적 세계가 있음을 받아들이기란 그리 어렵지 않다. 우리는 보이지 않는 실체들을 늘 받아들인다. 예를 들면, 수세기 동안 사람들은 박테리아를 볼 수 없었지만 이것이 박테리아가 존재하지 않는다는 뜻은 아니었다. 전기는 어떤가? 전기가 존재한다는 증거는 보지만 전기 자체를 볼 수는 없다. 바람을 볼 수는 없지만 연을 날리며 바람의 힘에 놀랄 때 바람을 십분 경험한다!

일상생활에서 쉽게 받아들이지만 볼 수 없는 것들이 있다. 그런데 영적 세계가 있다고 받아들이는 것은 왜 그리 어려워하는가? 하나님의 말씀이 영적 세계가 있다고 말하며, 따라서 우리는 영적 세계가 있음을 확신해야 한다.

욥도 자신의 삶을 이해할 때 우리와 다르지 않았다. 그는 영적 영역에서 무슨 일이 일어났는지 전혀 몰랐으며 영적 영역에서 오가는 대화를 듣지 못했다. 그래서 하나님의 말씀, 곧 그분의 진리가 그토록 중요하다. 하나님의 말씀은 우리가 보이는 것을 따라 행하지 않고 믿음으로 행할 수 있게 한다.

이 세상에서 어떤 승리라도 얻고 싶다면 믿음으로 행하는 것이 유일한 방법이다. 물리적 세계에서 보는 것이 존재하는 전부라고 믿을 때 절망하고 낙담하며 환경에 짓눌리게 된다. 우리는 하나님이 선한 싸움을 싸우라고 주신 무기를 사용하지 못해 어떻게 이기는 줄도 모른다. 늘 하나님의 말씀에 초점을 맞춰야 하며, 그러지 못하면 무엇이 진정한 실재인지 알지 못한다.

사탄은 자신의 목적을 이루려고 무엇이든 누구든 가리지 않고 이용한다. 사탄은 우리가 가장 사랑하고 아끼는 사람들까지 이용해 우리의 마음에 하나님을 향한 의심의 씨를 뿌리려 한다. 당신은 묻기 시작한다.

"왜 하나님은 내가 상사에게 이런 취급을 받도록 허락하십니까? 왜 하나님은 부정적이고 무례한 배우자를 내게 주십니까? 나는 내 아이에게 그렇게 잘해주는데, 왜 아이는 내게 무례합니까?"

이것은 원수의 짓이며, 그는 사람들과 상황 속에 자신을 감춘다. 사탄은 우리의 일상생활에서 전투를 벌일 기회가 많다. 사탄은 당신이 살아가는 삶의 계절을 지켜보며 당신이 약해질 때를 기다린다. 그는 당신이 지칠 때를, 관계가 삐걱댈 때를, 경제적으로 타격을 입거나, 사랑하는 사람을 잃거나, 몸이 아플 때를 기다린다.

명심하라. 사탄은 당신이 쓰러져 있을 때 걷어찬다. 당신의 삶에서 어느 때라도 사탄은 하나님이 선하지 않다고 믿으라며 유혹할 수 있다. 사탄에 맞서기 위해 강해지고, 자신감을 가지며, 경계를 늦추지 않으려면 자신을 의지해서는 안 된다.

그러기가 가장 힘들 때 기꺼이 사탄에게 맞서 싸울 각오가 되어 있어야 한다. 이런 힘의 근원은 하나뿐이다. 하나님과 그분의 말씀이다. 우리의 삶에서 속임수를 알아챌 수 있어야 한다. 자신을 끊임없이 살피지 않으면 싸움에서 지고 원수에게 패배하기 십상이다.

사탄의 공격은 속임수로 시작된다

지금 다루는 내용을 더 잘 이해하기 위해 에덴동산으로 가보자. 에덴동산은 우리에게 너무나 친숙하다. 그때 세상은 완벽했다.

그러나 그 모든 아름다움과 광휘에도 하나님의 형상으로 창조된 자들은 만족하지 못했고 원수의 속임수에 넘어갔다. 하나님이 주신 모든 것으로는 충분하지 않았다. 유혹이 눈앞에 왔을 때 하와는 뿌리치지 못했다.

이를 보며 우리는 '왜 그리 약해! 한심하긴! 어째 그렇게 순진해 빠졌대!'라고 생각한다. 그러나 하와는 자신이 누구를 대면하는지 몰랐다. 일상의 싸움에서 우리도 다르지 않아서 쉽게 속는다. 그래서 돌을 던지기 전에 먼저 자신을 살펴야 한다. 우리가 던진 돌이 다시 우리에게 날아올 가능성이 크다!

하와는 금단의 열매를 베어 물었을 때, 그 결과가 해로울 것이라고 믿지 않았다. 하와는 자신이 바른 선택을 한다고 생각했다. 하와는 거짓말을 믿고 금단의 열매를 먹었다. 속임수를 알지 못했다. 사탄의 첫 공격은 언제나 속임수다.

하와가 첫 범죄 후에 보인 첫 반응은 은폐, 부정, 탓하기였다. 인간은 처음 타락했을 때부터 지금까지 별로 달라지지 않았다. 첫 모금의 술은 술술 넘어가고, 첫 모금의 마약 연기는 기분을 황홀하게 하며, 첫 혼외정사는 짜릿하고, 자신이 원하거나 필요한 것을 얻기 위한 도둑질은 잡히지만 않으면 괜찮은 듯 보인다. 그러나 모든 행동에는 결과가 따른다(민 32:23).

우리가 믿는 모든 거짓말, 자신을 만족시키려는 모든 걸음은 이래저래 열매를 거둘 수밖에 없다. 그 누구도 운전을 하다가 가족을 죽이려고 계획하지 않는다. 그 누구도 자신이 담배를 피운다고 암에

걸릴 거라 믿지 않는다. 그 누구도 열네 살에 임신하겠다고 계획하지 않는다. 그 누구도 법을 어기다가 붙잡혀 교도소에 가길 원치 않는다. 원수는 당신을 속이며 말한다.

"너는 예외야! 너는 그렇게 되지 않아!"

거짓말을 믿지 말라. 마귀는 간교하다.

사탄은 어떤 존재인가?

성경이 창세기 3장 1-6절에서 비극적인 타락을 어떻게 말하는지 살펴보자.

> 그런데 뱀은 여호와 하나님이 지으신 들짐승 중에 가장 간교하니라 뱀이 여자에게 물어 이르되 하나님이 참으로 너희에게 동산 모든 나무의 열매를 먹지 말라 하시더냐 창 3:1

오늘 자신의 삶에서처럼 우리는 아주 분명히 알아야 한다. 사탄은 매우 치밀하고 간교하다.

웹스터 사전에 따르면, 간교하다는 말은 '알아채기 어려움, 함정에 빠뜨릴 기회를 노림, 해를 끼침, 꾀, 점진적이고 누적된 영향을 끼침, 아주 천천히 드러나 분명해지기 전에 이미 확고히 자리를 잡음, 똑똑함, 특별한 자원을 사용함, 예리한 통찰력을 보임, 속임수가 특징임, 적잖게 매력적임'을 뜻한다.

성경은 이 모두가 사탄에게 해당하며 사탄은 자신의 일과 존재에서 아주 빼어난 전문가라고 말한다. 성경에서 그는 많은 이름으로 불린다.

그는 대적을 뜻하는 '사탄'으로 불린다(욥 1:6,7 ; 살전 2:18). 간단히 말해, 사탄은 하나님의 일을 반대하고 언제나 하나님의 계획을 거스른다. 하나님의 성품을 모독할 뿐 아니라 하나님의 백성을 무자비하게 공격한다. 우리들 하나하나로 하나님과 맞서게 하려고 혈안이다.

또한 사탄은 '마귀'라고도 불린다(벧전 5:8). 마귀는 비방하는 자란 뜻이다. 사탄은 거짓말쟁이이며 우리를 거짓으로 채우는데, 이것은 거짓 증언을 유발하고 험담을 일삼게 하기 위해서다.

이사야서 14장 12절은 사탄이 '루시퍼'(계명성)라고 불린다고 말하는데, 루시퍼란 '아침의 아들' 또는 '빛나는 자'라는 뜻이다. 이것은 사탄이 그의 역겨운 진짜 모습이 아니라 광명의 천사로 가장하고 우리에게 온다는 말이다. 사탄은 언제나 멋지고 매력적인 모습으로 나타난다.

사탄은 '악한 자'(요일 5:19)로도 불리는데, 그에게는 부패시키는 영향력이 있어서 하나님이 우리에게 주신 음식, 휴식, 성(性), 야망, 책임 같은 완벽히 좋은 것들을 악용할 수 있다. 사탄은 '이 세상의 임금'이다(요 12:31). 사탄은 '형제들을 참소하는 자'인데(계 12:10), 당신을 정죄하리라는 뜻이다. 사탄은 예수님이 그분의 피로 이미 값을 모두 치르신 죄를 당신에게 끊임없이 일깨우려 든다.

그는 다양한 사람에게 다양한 수법을 사용하며 분노, 교만, 염려, 자기의존, 절망, 거짓말, 부도덕, 세속성에서 큰 힘을 얻어 이 세상에서 활개 친다. 사탄이 당신의 삶에서 활개 치게 두지 말라.

사탄은 지금껏 자신의 방식을 바꾸지 않았다. 그의 방식은 예전 그대로다. 이는 우리가 사탄을 예전보다 한결 쉽게 알아차려야 한다는 뜻이다. 그러나 사탄은 우리 마음이 작동하는 방식과 우리의 약점을 아주 잘 안다. 그래서 우리의 성격 하나하나와 환경 하나하나에 특화된 전략을 구사한다.

달콤한 속임수

에덴동산에서 사탄은 첫째 무기인 속임수를 사용했는데, 우리에게도 똑같은 전략을 사용한다. 하와를 속여 하나님의 권위에 의문을 품게 했던 바로 그 속임수 말이다. 이런 이유로 사탄은 하늘에서 쫓겨났다.

사탄은 큰 속임수를 들고 하와에게 접근해 하나님이 뭐라고 말씀하셨느냐고 물었다. 우리도 같은 목소리를 매우 자주 듣지 않는가? 이 목소리는 우리가 알기로 틀린 정보를 조목조목 따지려 들며, 그래서 그 정보가 실제로는 틀린 게 아니며 따라서 틀림없이 옳다고 믿도록 우리를 설득하려 든다.

하나님의 말씀 몰아내기야말로 우리의 삶을 가장 크게 파괴한다.

하나님을 거부하고, 그분이 우리에게 명하신 바를 거부하면 대가를 치러야 한다.

> 여자가 뱀에게 말하되 동산 나무의 열매를 우리가 먹을 수 있으나 동산 중앙에 있는 나무의 열매는 하나님의 말씀에 너희는 먹지도 말고 만지지도 말라 너희가 죽을까 하노라 하셨느니라 뱀이 여자에게 이르되 너희가 결코 죽지 아니하리라 창 3:2-4

사탄은 하와에게 곧바로 물었을 뿐 아니라 하나님의 말씀에 대한 하와의 이해에 거듭 의문을 제기했다. 사탄은 기본적으로 이렇게 말한다.

"설마, 하나님은 실제로 그런 뜻으로 말씀하신 게 아냐!"

그런 후, 치명타를 날릴 기회를 엿본다.

우리의 삶에서도 다르지 않다. 사탄은 우리의 마음에서 판세를 뒤집고, 그가 우리를 속이고 있을지 모른다는 생각을 지워버리며, 오히려 하나님이 우리를 속이고 있다는 생각을 심는다. 사탄의 전략은 하와로 하나님이 그녀에게 뭔가 숨기고 있다고 믿게 하는 것이다. 사탄은 하와에게, 하나님은 그녀가 최고의 삶을 맛보고 삶을 진정으로 이해하게 될 것을 아신다고 말한다.

우리도 비슷한 상황을 만난다. 우리의 단기적 행위는 곧바로 즐거움을 주며 우리는 그 행동이 선하다고 믿는다. 속는다. 사실 우리의 단기적 즐거움이 가져오는 장기적 결과는 우리의 상상을 뛰어넘는 고통일 것이기 때문이다.

하와는 금단의 열매를 첫 입 베어 물 때, 그 결과가 영원히 세상에 미칠 아픔과 고통을 전혀 몰랐다. 선하고 적절하며 유쾌하고 즐거워 보였다. 전적으로 하나님에게서 비롯된, 하나님이 정말로 하와가 갖기를 바라시는 그 무엇으로 보였다! 익숙하게 들리는가?

> 너희가 그것을 먹는 날에는 너희 눈이 밝아져 하나님과 같이 되어 선악을 알 줄 하나님이 아심이니라 여자가 그 나무를 본즉 먹음직도 하고 보암직도 하고 지혜롭게 할 만큼 탐스럽기도 한 나무인지라 여자가 그 열매를 따먹고 자기와 함께 있는 남편에게도 주매 그도 먹은지라
>
> 창 3:5,6

지금 우리의 삶에서도 다르지 않다. 사탄은 민낯으로 우리에게 다가와 자신의 정체를 대놓고 밝히지 않는다. 모든 거짓의 아비인 사탄은 어떤 식으로든 속인다. 그래서 세상은 더 이상 죄 없는 세상이 아니다. 하나님의 완전한 세상이 훼손되었고, 그 결과가 무한정 영향을 미쳤다.

아담과 하와의 눈은 하나님이 전혀 의도하지 않으신 방향으로 열렸고, 세상은 구속받을 날까지 죄 때문에 고통 당한다. 하나님은 하나님께서 우리를 잘못이 없고 부끄러움이 없으며 흠이 없는 존재

로 보시듯이, 우리도 그렇게 서로를 보기를 원하셨다.

그런데 에덴동산에서 하나님은 아담과 하와가 죄를 짓고 부끄러움에 처한 것을 보셨다. 우리는 하나님께 불순종한 결과를 절대 피하지 못한다.

사탄의 정체를 일깨우시는 하나님

> 이르시되 누가 너의 벗었음을 네게 알렸느냐 내가 네게 먹지 말라 명한 그 나무 열매를 네가 먹었느냐 아담이 이르되 하나님이 주셔서 나와 함께 있게 하신 여자 그가 그 나무 열매를 내게 주므로 내가 먹었나이다 여호와 하나님이 여자에게 이르시되 네가 어찌하여 이렇게 하였느냐 여자가 이르되 뱀이 나를 꾀므로 내가 먹었나이다 창 3:11-13

"누가 네게 알렸느냐"라는 하나님의 물음에 주목하라. 하나님은 우리가 죄를 지을 때 대화하거나 의논한다고 말씀하신다. 우리가 자신이 옳다고 아는 것을 거슬러 행동하기로 추론했다는 것이다. 하나님은 도중에 어디선가 아담과 하와가 속았다는 사실을 암시하신다.

싸움은 우리가 죄를 짓기 오래전에 마음에서 벌어진다. 우리가 추론하기 시작할 때 시작된다. 여기서 사탄은 우리를 죄에 빠뜨리려고 간교한 속임수를 쓴다. 사탄은 마음이 바른 사람들의 삶에, 심지어

날마다 하나님과 동행하는 사람들의 삶에까지 교묘하게 파고들려 한다. 이들은 사탄의 전략에 면역되지 않았다. 하나님과 더 가까이 동행하려 노력하는 사람들이 실제로 더 많은 반대에 부딪힌다.

사탄은 자신이 원수라는 사실을 우리가 깨닫길 원치 않는다! 이것을 깨달으면 어떻게 싸울지 알게 되기 때문이다. 그래서 사람들과 상황을 세밀하게 조종해 자신의 방식으로 우리를 공격한다. 사탄은 확성기를 들고 "나 여기 있어. 나는 사탄이야! 이제부터 너를 시험할 거야! 자, 이제 간다. 준비해!"라고 소리치지 않는다.

우리는 하나님의 말씀을 온전히 알고 날마다, 순간마다 하나님의 음성을 알아들을 때, 사탄을 더 쉽게 알아차리고 그의 전략을 간파하게 된다. 사탄이 스스로 정체를 드러내는 게 아니라 당신이 그의 정체를 곧바로 알아채기 시작한다!

> 너희는 너희 아비 마귀에게서 났으니 너희 아비의 욕심대로 너희도 행하고자 하느니라 그는 처음부터 살인한 자요 진리가 그 속에 없으므로 진리에 서지 못하고 거짓을 말할 때마다 제 것으로 말하나니 이는 그가 거짓말쟁이요 거짓의 아비가 되었음이라 요 8:44

사탄의 전형적 패턴

성경에서 원수의 몇몇 수법을 세밀히 연구하면, 패턴 하나를 그리 어렵지 않게 볼 수 있다. 사탄은 처음에 변장술을 자주 사용한다.

속임수는 그 진원지를 알아채기 어려울 때가 많지만, 대체로 하나님이나 그분의 말씀에 의구심을 제기한다.

첫날부터, 사탄은 하나님의 말씀이 정말로 믿을 만한가에 대한 결론이 아직 나지 않았다고 했다. 기억하라. 사탄은 "하나님이 참으로 너희에게 동산 모든 나무의 열매를 먹지 말라 하시더냐"(창 3:1)라고 물었다. 사탄은 우리에게도 이와 같이 묻는다.

"하나님의 말씀이 정말 그런 뜻일까? 하나님이 널 사랑한다면, 어떻게 선하신 하나님이 그런 일이 일어나게 두실 수 있냐고?"

알다시피 사탄은 어떻게든 우리로 하나님은 우리를 사랑하지 않고, 돌보지도 않으며, 우리가 바라는 삶을 살지 못하게 하는 독재자라고 믿게 하려 한다. 사탄의 첫 단계는 언제나 우리를 하나님의 정체와 그분의 말씀에 의문을 제기하는 자리로 이끄는 것이다. 사탄은 우리가 하나님께 등 돌리기를 원한다.

그런 후, 사탄은 우리로 우리의 정체성이나 가치에 초점을 맞추게 한다. 사탄은 하와에게 "너희 눈이 밝아져 하나님과 같이 되어 선악을 알 줄"(창 3:5)이라고 말한다. 마태복음 4장 8,9절에서 사탄은 예수님에게 자신에게 엎드려 경배하면 천하만국을 주겠다고 약속했다. 사탄은 교만으로, 우리의 권리와 가치에 대한 교만으로 우리를 채우려 한다.

"네깟 놈이 그리스도인이라고? 너는 하는 일마다 끔찍하게 실패하고 자기가 누군지조차 모르잖아. 너는 정체성도 없고 목적도 없는 놈이잖아!"

사탄은 우리를 큰 속임수와 거짓된 생각의 위험한 길로 끌어간다. 그럴 때 기회의 창문을 만들고 육신의 정욕, 안목의 정욕, 이생의 자랑을 다뤄야 하는 즉각적이고 매력적인 대안을 제시한다(요일 2:15,16). 사탄은 당신으로 의심하게 만드는 데 성공하거나 약한 순간에 당신을 포착하면, 정조준하고 집중 사격을 퍼붓는다.

전투는 치열해진다. 오판하지 말라. 마귀는 순전히 악하다. 마귀는 우리를 유혹해 덫에 빠뜨리려고 우리 삶에 선해 보이는 것들을 가져다준다. 그의 목적은 우리를 무너뜨리고 우리의 영혼이 영원히 하나님과 멀어져 살게 하는 것이다. 그러지 못하면, 우리가 이 땅에 있는 동안 우리의 삶을 비참하게 만들려 한다.

도둑이 오는 것은 도둑질하고 죽이고 멸망시키려는 것뿐이요 요 10:10

사탄이 우리의 약점을 공격하기란 식은 죽 먹기다. 우리의 약점은 사탄에게 그대로 노출된다. 그러나 아주 의로운 사람 욥을 공격하기란 훨씬 더 어려웠다. 사탄은 욥의 가장 큰 장점, 곧 그의 믿음을 노려야 했다. 사탄은 욥과 하나님의 관계의 중심까지 들어가야 했다.

사탄은 하나님이 어떤 분이신가에 대한 욥의 믿음에 혼란이 일어나게 해야 했다. 사탄은 우리에게도 똑같이 하려 든다. 사탄은 옳은 것을 옳지 않다고 믿으며, 옳지 않은 것을 옳다고 믿으라고 당신을 설득하려 든다. 사탄은 당신을 감쪽같이 공격하는 법을 찾아낼 것이다. 사탄은 당신에게 다가와 이렇게 말하지 않는다.

"내가 직장 동료를 시켜 자네한테 술 몇 잔 사게 하겠네. 그러면 결국 자네는 알코올 중독에 빠지고, 가정은 파탄에 이르며, 자네는 음주 운전을 하다가 아이를 죽이게 될 걸세."

"내가 자네로 외도를 하게 하겠네. 그러면 결국 자네는 평판을 잃고, 희망과 꿈은 부서지며, 자네가 바라는 사랑도 물거품이 되고, 자녀들은 이혼의 아픔을 안고 살아갈 걸세."

"내가 자네에게 신용카드를 줄 테니, 자네가 필요하다고 생각되지만 지금은 돈이 없어 못 사는 것들을 모조리 다 사게. 그러면 결국 자네는 엄청난 빚을 지게 되고, 앞으로 2년간 갚을 길이 없기에 자살을 생각하게 될 걸세."

사탄이 다가와 이렇게 말한다면, 제정신이 박힌 사람치고 그의 미끼를 덥석 물 사람이 어디 있겠는가?

문제는 이것이다. 사탄은 우리가 우리 행동의 결과를 알기를 원치 않는다. 설령 결과에 관한 생각이 비집고 들어와도 사탄은 재빨리 이런 말로 막아버린다.

"아무도 모를 거야!"

"너한테 그런 일은 절대 없을 거야!"

"정말로 하나님과 사이가 틀어질 거라고 확신해?"

당신은 사탄의 거짓말에 아주 재빨리 넘어가 육체의 욕망들로 자신을 가득 채우는 나머지, 사탄이 준비한 고통에 빠져드는 것조차 알지 못하게 된다. 당신은 사탄의 덫에 빠지는 숱한 사람들과 똑같이 "이게 덫인 줄 전혀 몰랐어요"라고 말한다.

이런 까닭에 선한 사람들이 나쁜 짓을 하고, 나쁜 일이 선한 사람들에게 일어난다. 어디선가, 누군가 사탄의 거짓말을 믿고 속았다.

확신해도 좋다. 사탄은 절대 포기하지 않는다! 우리가 아무리 하나님과 가깝더라도, 아무리 기도를 많이 하고 말씀을 많이 읽더라도, 스스로 영적으로 아무리 성숙했다고 생각하더라도 우리는 사탄의 유혹에서 완전히 자유로울 수 없다.

따라서 우리는 예수님이 다시 오실 때까지 믿음의 싸움을 싸워야 한다.

원수의 목적은 무엇인가? 우리가 그리스도께 우리의 영혼을 내어맡기지 못하게 하고, 그리스도의 일을 하지 못하게 하며, 하나님의 나라를 상속하지 못하게 하고, 영생을 얻지 못하게 하는 것이다.

사탄은 당신이 낙담하고 절망하며 짓눌려 살기를 바란다. 사탄은 당신의 평안과 기쁨을 훔치려 한다. 사탄은 무슨 일이 있더라도 당신과 하나님의 관계를 무너뜨리려 한다. 사탄의 목적은 단순하다. 사탄은 당신의 마음이나 몸이나 영혼을, 빈번하게는 셋 모두를 무너뜨리려 한다.

그러나 욥기에서 보듯이, 우리는 언제나 명심해야 한다. 하나님이 언제나 다스리신다. 그 무엇도 우리를 하나님에게서 떼어놓지 못한다.

하나님을 의심하면 원수의 먹이가 된다

에덴동산에서 보았듯이 사탄은 영적 전투에서 숱한 전략을 구사하는데, 그중에 속임수가 가장 강력한 전략이다. 피조물의 타락은, 단순하지만 설득력이 강한 속임수 전략에서 시작되었다. 속임수는 지금도 인간을 공격할 때 가장 자주 사용되는 전략이다.

'그러나'와 '만약' 같은 단어가 난무하는 대화나 물음이나 주장이나 생각은 분명 사탄의 역사라는 것을 알아차려야 한다. 대화나 생각에 이런 단어들이 난무한다면, 자신이 영적 공격의 한복판에 있다고 확신해도 좋다. 하나님께는 '만약'이나 '그러나'가 없다. 하나님은 모든 말씀을 분명하게 하신다. 하나님은 본심을 말씀하신다.

많은 경우, 의심하고 따지는 유형의 단어들을 사용함으로써 속이는 생각을 품기 쉽다. 우호적인 대화 중에 선해 보이는 것이 실제는 악에 뿌리내리고 있다는 것을 깨닫지 못할 수도 있다. 사탄은 가족, 친구, 사람들 사이에서 분열과 부조화를 조장하려고 의심을 낳는 논쟁을 일으키려 한다. 사탄은 끊임없이 우리를 속여 우리로 사탄이 아니라 서로 맞서 싸우게 하려 한다!

예수께서 그들의 생각을 아시고 이르시되 스스로 분쟁하는 나라마다

황폐하여질 것이요 스스로 분쟁하는 동네나 집마다 서지 못하리라

마 12:25

욥기에서 보듯이, 사탄은 자주 친구들이나 심지어 당신의 생각까지 이용해 당신의 믿음에 의심을 불러일으킨다. 사탄은 당신이 하나님의 임재를 의심하고, 하나님의 사랑을 의심하며, 당신의 삶을 향한 하나님의 목적을 의심하길 원한다. 당신이 하나님의 말씀을 의심해 성경에는 정확히 사실이 아닐 법한 부분이 있으며, 이런 부분은 당신의 상황이나 이 시대에 적용되지 않는다고 믿게 하려고 애쓴다.

당신이 성경과 하나님의 계명을 죄, 의, 심판, 순종, 용서에 관한 의심할 여지없는 하나님의 시각으로 정확히 받아들이면, 사탄이 당신을 상대로 벌이는 전투는 갈수록 그에게 불리해진다. 사탄은 다음 사냥감을 찾아 떠날 가능성이 높다. 그러나 절대 잊지 말라. 설령 사탄은 도망치더라도 늘 다음 기회를 노린다.

마귀가 모든 시험을 다 한 후에 얼마 동안 떠나니라 눅 4:13

사탄이 우리를 죄에 빠뜨리려고 거짓말을 할 것이라는 데는 의심의 여지가 없다. “여기 죄가 있으니 이리로 들어와 벌과 고통과 고난을 받으라!”는 네온사인을 보고 그리로 들어갈 사람은 없다. 죄의 결과를 볼 수 있다면, 절대로 죄를 가까이하려 들지 않을 것이다.

사탄은 우리의 영혼을 악착같이 노리며, 그래서 각자에게 특화된 전략으로 우리를 유혹한다. 사탄은 당신의 필요에 딱 맞거나 당신이 삶에서 이런저런 것에 대해 느끼는 방식과 딱 맞아떨어지는 전략을 구사한다.

사탄은 당신의 삶을 파괴하려고 특화된 계획을 세워놓았다. 사탄은 당신의 대화와 약점, 당신의 생각을 파고든다.

그러나 하나님은 당신을 구속(救贖)하고 완전히 회복시키려고 놀랍도록 특화된 계획을 세워놓으셨다. 하나님이 안 계시면 당신은 원수의 먹이가 되고 만다.

싸움은 예수님이 다시 오실 때까지 계속된다. 삶에서 승리하려면 마음과 생각을 하나님께 줄곧 집중해야 한다. 한눈팔 새가 없다. 마음으로 들어오는 것을 제어하는 일이 아주 중요하다.

"마음으로 들어오는 것이 삶에서 나타난다."

더없이 정확한 말이다. 텔레비전 프로그램이 당장은 즐거워 보여도 가족 간의 무례, 살인, 술, 마약, 불륜 등을 우리의 머릿속에 심는다. 이것이 사탄이 우리의 마음에 침입하는 방식이다. 당신이 이런 프로그램을 보면, 사탄은 당신이 도덕적으로 세상과 타협했음을 알기에 당신 속으로 들어갈 길을 확보한 셈이다. 많은 경우, 당신의 타협이 당신에게는 직접 영향을 미치지 않을지 모른다. 그러나 당신으로 다른 사람들에게, 이를 테면 자녀들이나 하나님이 당신을 통해 그분께 인도하시려는 사람들에게 부정적 영향을 미친다.

> 또 누구든지 나를 믿는 이 작은 자들 중 하나라도 실족하게 하면 차라리 연자 맷돌이 그 목에 매여 바다에 던져지는 것이 나으리라 막 9:42

때로 사탄은 당신이 싫어하는 생각이나 질문을 물리기도 하지만,

그 생각이나 질문을 나중에 다시 들고 찾아온다. 당신이 사탄을 물리친 것처럼 보일 수도 있지만, 사탄은 단지 자신의 길이 바른 길이라고 설득할 더 나은 방법을 찾아내려고 작전상 후퇴했을 뿐이다.

가장 빈번하게, 사탄의 유혹은 우리의 감성에 완전히 자리를 잡는다. 사탄의 유혹은 우리의 가장 큰 필요, 가장 깊은 바람을 노린다. 사탄의 전술은 우리의 약점에 집중되지만, 때로 우리의 강점에 집중되기도 한다. 우리는 늘 생각을 조심해야 한다. 우리의 생각에서 1분 안에 평안이 사라지고 절망이나 두려움이 일어나기 때문이다.

재빨리 몰아내라

이 순간, 다시 초점을 맞춰야 한다. 사탄이 몰래 기어들어올 때 알아차리고 최대한 빨리 몰아내야 한다. 당신은 "사람이 정말로 그렇게 할 수 있을까요?"라고 물을는지 모른다. 하나님은 우리가 그렇게 할 수 있다고 말씀하셨다.

> 내가 오늘 하늘과 땅을 불러 너희에게 증거를 삼노라 내가 생명과 사망과 복과 저주를 네 앞에 두었은즉 너와 네 자손이 살기 위하여 생명을 택하고 신 30:19

특정한 생각에 지나치게 집중할 때 스스로 요새를 쌓고 있는 것이다. 요새란 거듭 나타나며 통제하기 힘든 사고 패턴을 말한다.

"너는 이럴 자격이 있어! 너는 그럴 자격이 없어! 너는 더 나은 대우를 받아야 해! 너는 이렇게 해야 해!"

이와 같은 음성이 당신의 생각을 강하게 짓누르기 시작하며 자신을 다잡지 못하게 된다. 당신은 자신이 알아채기도 전에 재빨리 통제력을 잃으며, 이런 생각들이 다시 당신의 마음에 기어든다.

사탄은 우리 마음에 가차 없이 요새를 지으려 한다. 요새는 삶에서 사탄의 발등상이 된다. 마음은 순식간에 원수에게 점령당하고, 그 결과는 평생 지속된다. 이런 까닭에 많은 사람이 절망에 빠져 허우적댄다. 사탄은 당신의 생각과 태도의 어느 부분을 장악하든, 그 부분을 지배한다. 사탄이 당신의 삶에서 어느 부분이든 지배한다면 당신은 사탄에게 사로잡혀 있는 것이다.

말씀이 무기다

이 모두에 맞서는 우리의 무기는 무엇인가? 사탄이 사방에서, 그것도 우리가 보지 못하거나 준비하지 못하게 공격한다면, 우리의 전략은 무엇인가? 우리는 마음에서 싸울 때 어떤 무기로 싸우는가? 무기는 오직 하나, '하나님의 말씀'뿐이다. 하나님의 말씀을 통해 우리는 올바른 삶에 대한 하나님의 법을 토대로 결정을 내려야 한다.

그러려면 우리는 생각 없이 살지 말고 목적을 갖고 살아야 한다. 우리의 하루하루는 선택으로 가득하며 우리의 삶은 오직 선택으로 구성된다. 우리가 하는 선택, 그리고 우리가 선택할 때 하나님의 말씀을 좇느냐 그러지 않느냐에 따라 우리 삶의 결과가 결정된다.

우리는 진리, 곧 하나님의 말씀을 활용해 부지런히 결정을 내려야 한다. 이렇게 할 때, 사탄이 에덴동산에서 하와를 혼란스럽게 했듯이 왜 그의 첫 공격은 언제나 우리로 하나님의 말씀에 대해 헷갈리게 만들려는 것인지 알게 된다. 하나님의 말씀을 통해 그리스도를 알게 되고 우리 삶을 향한 하나님의 목적도 알게 된다.

이것은 하나님이 우리와 소통하시는 가장 분명한 방법이다. 사탄의 가장 큰 바람 하나는 우리의 눈을 가려 진리를 보지 못하게 하는 것이다. 사탄은 하나님의 말씀을 믿는 믿음을 무너뜨리면 우리를 줄곧 그리스도에게서 떼어놓을 수 있고, 그러면 우리가 그리스도를 구주로 영접하는 데서 오는 승리를 요구하지 못한다는 것을 안다.

예수님은 우리에게 이렇게 말씀하셨다.

진리를 알지니 진리가 너희를 자유롭게 하리라 요 8:32

하나님의 말씀을 아는 과정에서, 그 말씀을 통해 어떻게 그분의 음성을 듣고, 또 무엇이 하나님에게서 비롯되고 무엇이 그렇지 않은지 분별하는 법을 배워야 한다. 우리는 이 싸움에서 한 걸음씩 나아갈 때, 싸움터에 당당하게 들어가 모든 생각을 사로잡아야 한다.

하나님 아는 것을 대적하여 높아진 것을 다 무너뜨리고 모든 생각을

사로잡아 그리스도에게 복종하게 하니 고후 10:5

하나님의 것을 생각하라

우리의 생각은 사전 예고도 없이, 걸러지지 않은 채 불쑥 나타날 때가 잦다. 당신은 무엇을 생각하는가? 빌립보서 4장 8절은 우리가 무엇을 마땅히 생각해야 하는지에 대해 분명한 방향을 제시한다.

끝으로 형제들아 무엇에든지 참되며 무엇에든지 경건하며 무엇에든지 옳으며 무엇에든지 정결하며 무엇에든지 사랑 받을 만하며 무엇에든지 칭찬 받을 만하며 무슨 덕이 있든지 무슨 기림이 있든지 이것들을 생각하라

어떤 생각이 사탄에게서 오는지 분명히 알아야 한다. 사탄의 생각은 '부정, 부정직, 속임, 조작, 험담, 불신, 자기의(독선), 자기 증오, 사랑이 없는 생각이나 행동, 비방, 판단, 비난, 신성모독, 분노, 악의, 배은망덕, 하나님의 존재와 공의를 믿지 않음' 같은 것들이다.

당신의 생각에 이 가운데 어느 하나라도 있다면, 그것은 하나님에게서 오지 않았고 진리가 아니라고 확신해도 좋다. 이런 것들은 하나님을 향한 믿음을 보여주지 못하며, 로마서 14장 23절은 "믿음을 따라 하지 아니하는 것은 다 죄니라"라고 말한다.

정상적인 마음은 평화롭고, 고요하며, 분명하고, 차분하며, 균형

이 잘 잡힌 마음이다. 위의 것에 고정된 마음이다.

그러므로 너희가 그리스도와 함께 다시 살리심을 받았으면 위의 것을 찾으라 거기는 그리스도께서 하나님 우편에 앉아 계시느니라 위의 것을 생각하고 땅의 것을 생각하지 말라 골 3:1,2

이런 마음은 '한마음'을 품는다.

오직 너희는 그리스도의 복음에 합당하게 생활하라 이는 내가 너희에게 가 보나 떠나 있으나 너희가 한마음으로 서서 한 뜻으로 복음의 신앙을 위하여 협력하는 것과 빌 1:27

이것은 하나님의 길과 그분의 말씀을 묵상하는 마음이다. 왜 우리의 생각이 그렇게 중요한가? 잠언 23장 7절이 말하듯이 "대저 그 마음의 생각이 어떠하면 그 위인도 그러하기" 때문이다. 그리고 야고보서 1장 13-15절은 "오직 각 사람이 시험을 받는 것은 자기 욕심에 끌려 미혹됨이니 욕심이 잉태한즉 죄를 낳고"라고 말한다.

마음은 우리가 싸워야 하는 자리다. 우리는 원수가 있는 자리에서 원수와 만나야 한다. 각자에게는 '생각의 문제'가 있다. 생각의 문제가 없다면 절대 부정적인 생각을 하지 않는다.

이 율법책을 네 입에서 떠나지 말게 하며 주야로 그것을 묵상하여 그 안에 기록된 대로 다 지켜 행하라 그리하면 네 길이 평탄하게 될 것이며 네가 형통하리라 수 1:8

복 있는 사람은 악인들의 꾀를 따르지 아니하며 죄인들의 길에 서지 아니하며 오만한 자들의 자리에 앉지 아니하고 오직 여호와의 율법을 즐거워하여 그의 율법을 주야로 묵상하는도다 시 1:1,2

번영하는 삶은 하나님의 길을 생각하는 데서 비롯된다! 당신의 마음은 자신의 문제로 가득한가, 하나님의 약속으로 가득한가? 당신의 삶은 엉망진창인가? 그렇다면 당신의 마음도 상처의 나라에 있다고 확신해도 좋다. 우리는 자주 사탄이 우리 마음을 쓰레기장으로 쓰도록, 우리가 많은 사람이 '악취 나는 생각'이라 부르는 것에 사로잡힐 때까지 추한 생각으로 우리를 채우도록 허락한다.

그리스도의 마음을 갖는 것

그렇다면 우리는 이 마음의 싸움을 어떻게 이해하고, 또 어떻게 이겨야 하는가? 고린도전서 2장 16절이 말하는 진리를 이해하는 데서 시작하면 된다.

누가 주의 마음을 알아서 주를 가르치겠느냐 그러나 우리가 그리스도

의 마음을 가졌느니라

우리는 그리스도를 주(Lord)와 구주(Savior)로 영접할 때 '그리스도의 마음'을 받는다. 알다시피, 우리가 성화(聖化)되는 전 과정은 그리스도의 마음을 갖는 것이다. 우리에게 그리스도가 드러나는 것이다. 그리스도의 마음을 갖는다는 말은 소란이나 염려나 질투나 혼란이 없이 평화의 마음을 갖는다는 뜻이다. 하나님의 위대함에 집중하고 모든 것에 대해, 모든 것을 통해 하나님을 향한 확고한 믿음의 태도를 갖는다는 뜻이다.

그렇다면 우리의 믿음을 어떻게 행동에 옮기고, 그리스도의 마음을 갖도록 어떻게 삶에서 실현하는가? 무엇보다도 먼저, 그리스도의 생각을 우리 마음의 맨 앞에 두어야 한다. 이를 위해서 하나님의 생각을 알아야 하는데, 하나님의 생각은 그분의 말씀에서 나온다. 하나님은 말씀에서 자신을 우리에게 계시하신다.

우리는 하나님의 말씀이 필요하다. 그래야 우리의 생각을 달아보고 무엇이 하나님에게 비롯되었고 무엇이 하나님에게 비롯되지 않았는지 판단할 수 있다. 당신이 싸우는 부분에서 하나님이 어떻게 말씀하시고 어떻게 생각하시는지 분명히 알 때, 당신의 생각이 선한지 악한지 알 수 있다. 이것을 가리켜 분별력이라고 한다.

단단한 음식은 장성한 자의 것이니 그들은 지각을 사용함으로 연단을

받아 선악을 분별하는 자들이니라 히 5:14

일단 하나님의 말씀을 분별했다면 하나님께 속하지 않은 생각을 몰아내고 하나님께 속한 생각에 계속 집중하며 묵상해야 한다. 나는 지금 당신의 마음에 들어오는 모든 생각을 사로잡는 일에 관해 말하고 있다.

많은 노력이 필요하다. 그러나 당신의 영혼을 구원하고 예수님이 당신에게 주신 승리를 땅에서 체험하기 위해서 그럴 만한 가치가 있다. 늘 선한 생각을 해야 한다! 생각은 느닷없이 튀어나오기도 하지만, 어느 생각이 우리 마음에 뿌리를 내리게 둘지 주의 깊게 선택해야 한다. 예수님은 이렇게 말씀하셨다.

또 이르시되 사람에게서 나오는 그것이 사람을 더럽게 하느니라 속에서 곧 사람의 마음에서 나오는 것은 악한 생각 곧 음란과 도둑질과 살인과 간음과 탐욕과 악독과 속임과 음탕과 질투와 비방과 교만과 우매함이니 이 모든 악한 것이 다 속에서 나와서 사람을 더럽게 하느니라 막 7:20-23

우리는 자신의 마음에 자리한 것과 반드시 대면해야 한다. 하나님께 나아가, 무엇이든지 우리로 그리스도의 마음을 온전히 갖지 못하도록 막는 게 있다면 드러내 달라고 구해야 한다. 그리스도께 속하지 않은 것은 반드시 버려야 하는데, 그게 무엇이든 하나님은 그 것을 극복할 힘을 우리에게 주신다.

사람들은 자기 마음에 자리한 것을 들여다보려 하지 않기 때문에 사로잡혀 지낼 때가 많다. 이들은 자신의 마음에 무엇이 있는지 아는 게 두렵다. 하지만 우리는 두려워해서는 안 된다. 담대하게 은혜의 보좌 앞에 나아가야 한다. 회개하고, 하나님의 용서를 받아들이며, 하나님의 뜻을 따라 행하는 법을 배우도록 도와달라고 하나님께 구해야 한다. 죄로 가득한 우리의 생각을 인정한다면 싸움은 반쯤 이긴 셈이다! 사탄도 이것을 안다.

간단히 말해, 우리는 잘못된 생각을 그쳐야 한다.

> 오직 주 예수 그리스도로 옷 입고 정욕을 위하여 육신의 일을 도모하지 말라 롬 13:14

우리는 날마다 마음을 새롭게 하는 법을 배워야 한다. 생각을 다스리지 못하면 생각이 우리를 다스린다.

하나님께 속하지 않은 것을 분명하게 분별할 줄 알면 하나님께 속한 것에 집중할 수 있다. 마음을 하나님께 집중하기 시작할 때, 우리 안에 계신 그리스도의 마음을 작동시킴으로써 우리는 믿음을 행동으로 옮긴다.

예수님이라면 어떻게 생각하실까?

> 너희는 유혹의 욕심을 따라 썩어져가는 구습을 따르는 옛 사람을 벗어 버리고 오직 너희의 심령이 새롭게 되어 엡 4:22,23

우리는 하나님께 초점을 맞춰야 한다. 우리의 마음을 진실하고, 찬양 받을 만하며, 존경할 만하며, 올바르고, 순수하며, 사랑스럽고, 친절하며, 자애롭고, 빼어난 것에 집중해야 한다. 전도서 5장 1절은 우리가 자기 마음을 살피는 훈련을 해야 한다고 말한다. 자신이 무엇을 하고 또한 무엇을 생각하는지 알아야 한다는 것이다.

> 너는 하나님의 집에 들어갈 때에 네 발을 삼갈지어다 가까이하여 말씀을 듣는 것이 우매한 자들이 제물 드리는 것보다 나으니 그들은 악을 행하면서도 깨닫지 못함이니라

주의하지 않으면 염려하고, 걱정하며, 불안해하고, 의심하며, 믿지 않고, 혼란스러워하며, 판단하고, 비판한다. 이것들은 그리스도의 생각이 아닌 게 분명하다. 성경은 예수님이라면 어떻게 생각하지 않으실지 정확히 가르쳐준다!

> 그러므로 내일 일을 위하여 염려하지 말라 내일 일은 내일이 염려할 것

이요 한 날의 괴로움은 그날로 족하니라 마 6:34

그리고 예수님이라면 어떻게 생각하실지도 가르쳐준다.

너희 중에 누구든지 지혜가 부족하거든 모든 사람에게 후히 주시고 꾸짖지 아니하시는 하나님께 구하라 그리하면 주시리라 약 1:5

하나님께 속하지 않은 것을 분명히 분별할 수 있으면 하나님께 속한 것에 우리의 마음을 집중하거나 고정할 수 있다. 그리고 하나님께 집중함으로써 우리의 믿음, 곧 우리 안에서 그리스도의 마음을 작동시키는 믿음을 행동으로 옮길 수 있다. 우리는 무슨 생각을 하든지 "예수님이라면 어떻게 생각하실까?"라고 물어야 한다. 예를 들면, 예수님이라면 자신의 마음을 비워두지 않으실 것이다.

말씀으로 빈 마음 채우기

마귀에게 틈을 주지 말라 엡 4:27

말씀으로 무장하지 않은 빈 마음은 취약하며 원수에게 손쉬운 사냥감이다. 앞서 보았듯이, 마음은 싸움이 시작되는 자리다. 그러나 우리가 모든 생각을 사로잡아 그 생각이 죄가 되기 전에 싸움에서 이겼다고 선언하지 않는다면 싸움은 마음에서 끝나지 않는다.

우리는 준비되어 있어야 한다. 싸움에 돌입하면 우리 안에 있는 모든 것이 포기하고 항복하려 하기 때문이다. 하나님의 진리가 당신을 향해 날아오는 불화살을 하나씩 막아낼 것이다.

우리는 죄를 지으라고 유혹받을 때, 고린도전서 10장 13절에 나오는 약속을 선포해야 한다.

> 사람이 감당할 시험밖에는 너희가 당한 것이 없나니 오직 하나님은 미쁘사 너희가 감당하지 못할 시험 당함을 허락하지 아니하시고 시험 당할 즈음에 또한 피할 길을 내사 너희로 능히 감당하게 하시느니라

우리는 경제적 필요에 짓눌릴 때, 빌립보서 4장 19절 말씀 위에 굳게 서야 한다.

> 나의 하나님이 그리스도 예수 안에서 영광 가운데 그 풍성한 대로 너희 모든 쓸 것을 채우시리라

우리는 역경에 짓눌릴 때, 야고보서 1장 2-4절 말씀을 확신해야 한다.

> 내 형제들아 너희가 여러 가지 시험을 당하거든 온전히 기쁘게 여기라

이는 너희 믿음의 시련이 인내를 만들어내는 줄 너희가 앎이라 인내를 온전히 이루라 이는 너희로 온전하고 구비하여 조금도 부족함이 없게 하려 함이라

우리는 미래가 불확실해 두려움에 짓눌릴 때, 시편 84편 11절을 통해 확신을 얻을 수 있다.

여호와 하나님은 해요 방패이시라 여호와께서 은혜와 영화를 주시며 정직하게 행하는 자에게 좋은 것을 아끼지 아니하실 것임이니이다

우리는 두려움에 꼼짝 못할 때, 이사야서 41장 10절에서 희망을 찾아야 한다.

두려워하지 말라 내가 너와 함께함이라 놀라지 말라 나는 네 하나님이 됨이라 내가 너를 굳세게 하리라 참으로 너를 도와주리라 참으로 나의 의로운 오른손으로 너를 붙들리라

우리는 근심에 짓눌릴 때, 빌립보서 4장 6,7절을 통해 평안을 찾을 수 있다.

아무것도 염려하지 말고 다만 모든 일에 기도와 간구로, 너희 구할 것

을 감사함으로 하나님께 아뢰라 그리하면 모든 지각에 뛰어난 하나님의 평강이 그리스도 예수 안에서 너희 마음과 생각을 지키시리라

하나님을 신뢰하라

성경은 영적 전쟁에 관해 가장 훌륭한 본보기를 제시하며, 우리는 여기서 배울 수 있다. 우리는 우리의 주님이요 구주께서 보이신 최고의 본보기를 배운다. 우리는 광야에서 유혹 받으시는 예수님과 동행하면서 하나님의 말씀에 담긴 능력을 배운다(마 4:1-11).

예수님은 육체적으로 가장 약한 순간에도 논쟁하거나 추론하거나 사탄의 유혹을 즐기지 않으셨다. 예수님은 그저 "기록되었으되"라고 외치며 사탄을 꾸짖으셨다. 마음의 싸움에서 하나님의 말씀보다 큰 무기는 없다. 당신이 무엇과 대면하고 있든 간에, 하나님의 말씀에 굳게 서서 믿음을 실행에 옮기는 것이야말로 승리하는 가장 빠른 길이다.

하나님의 말씀은 살아 있고 활력이 있어 좌우에 날선 어떤 검보다도 예리하여 혼과 영과 및 관절과 골수를 찔러 쪼개기까지 하며 또 마음의 생각과 뜻을 판단하나니 히 4:12

우리의 마음을 하나님의 진리로 부지런히 채우고 그분이 우리에게 가르치는 대로 부지런히 사용해야 한다. 그러지 않으면 싸움에서

진다. 위기에 처하거나 공격 받을 때 하나님의 말씀을 향해 달려가는 법을 배워야 한다. 하나님의 말씀을 단지 우리가 선택한 부분만이 아니라 삶의 모든 부분에 적용해야 한다. 우리의 마음을 하나님의 진리로 채워야 한다.

그러지 않으면 무기 없이 싸움에 돌입하는 꼴이다. 미식축구 선수가 헬멧을 쓰지 않고 경기에 나서거나, 권투 선수가 마우스피스를 끼지 않고 링에 오르거나, 프로 사이클 선수가 헬멧을 쓰지 않고 경주에 나서는 모습을 상상할 수 있겠는가?

하나님의 전투 무기 없이, 하나님의 말씀 없이 영적 전투에 돌입한다면 당신의 영혼을, 당신의 영생을, 당신이 땅에서 살아가는 삶을 위태롭게 하는 것이다. 그 결과는 가장 큰 의미의 죽음일 수 있다.

우리는 하나님의 말씀으로 무장하고 영적 전투에 나설 때, 치열한 전투의 한가운데서도 자신이 어디에 서 있는지 분명히 안다. 그러나 싸움에서 우리의 위치를 이해할 때, 하나님의 말씀이 능력이 있는 것은 우리의 권세 때문이 아니라는 것도 깨달아야 한다. 하나님의 말씀이 원수를 이길 수 있는 것은 전능하신 하나님의 권세 때문이다.

우리에게 주신 하나님의 은혜로 우리는 이 권세를 우리의 권세로 삼을 수 있다. 하나님의 은혜로 진리가 언제나 이긴다는 것을 알기에, 우리는 싸움터에서 흔들림 없이 굳게 설 수 있다. 하나님의 말씀이 선포되었을 때, 영적 전투는 단 한 번도 패배로 끝나지 않았다. 우리는 자신의 느낌이나 감정을 토대로 자신의 상황과 환경을 평가

해서는 안 된다. 그 무엇이 우리를 위협하든 간에 하나님을 신뢰해야 한다. 하나님의 성품을 그저 신뢰해야 한다. 하나님이 누구신지를 신뢰해야 한다.

우리가 로마서 8장 32절 같은 성경 구절을 통해 하나님을 신뢰할 때 어떻게 되는가?

> 자기 아들을 아끼지 아니하시고 우리 모든 사람을 위하여 내주신 이가 어찌 그 아들과 함께 모든 것을 우리에게 주시지 아니하겠느냐

하나님의 약속을 신뢰하면 빛이 나타나 어둠을 드러내고 몰아낸다. 우리는 확신한다. 하나님은 거짓말을 하거나 약속을 어기지 않으신다. 또한 반드시 정의를 행하신다.

> 하나님은 사람이 아니시니 거짓말을 하지 않으시고 인생이 아니시니 후회가 없으시도다 어찌 그 말씀하신 바를 행하지 않으시며 하신 말씀을 실행하지 않으시랴 민 23:19

하나님은 영원히 주권적이시며 당신의 삶을 구석구석 살피신다. 그분이 당신을 부르신다.

하나님이 다스리신다

사탄과 그의 수법을 이해할 때 사탄이 우리의 삶에서 갖는 한계도 분명히 이해해야 한다. 누가 당신의 삶을 다스린다고 믿는가? 현재 당신의 모습과 소유가 자신의 노력 덕분이라고 믿는가? 그럴지도 모른다. 이런 까닭에 세상의 숱한 사람이 끊임없이 시련과 싸우고 어려움과 싸운다.

> 나는 하나님의 은혜로 오늘의 내가 되었습니다. 고전 15:10, 새번역

당신이 자신의 삶을 비롯해 그 삶의 세세한 부분을 모두 다스린다고 믿는가? 그렇다면 정말로 큰 어려움에 처한 셈이다. 자신을 의지하고 자신의 주권을 선언하는가? 그렇다면 자신이 걷고 있는 파멸의 길을 상상조차 하지 못한다. '그분의 보좌는 둘이 앉기에는 너무 좁다'는 사실을 깨닫도록 당신의 삶에서 꼭 허락해야 하는 일이라면, 하나님은 무엇이든 허락하실 것이다.

매일 우리는 자신의 많은 복을 하나님께 돌리고 하나님이 어떤 분이신지를 찬양하며 하나님을 높일 기회를 얻는다. 전능하신 하나님이 알고 허락하신 일 외에는 아무것도 일어나지 않는다는 것을 이해할 때, 하나님의 안식에 들어갈 수 있다(욥 1:6-12 ; 마 1:19-21 ; 요 19:11).

하나님은 당신이 겪거나 겪을 모든 어려움과 좌절과 실패를 허락

하셨을 뿐 아니라 그 모두를 유익하게 사용하겠다고 약속하셨다. 욥이 알지 못했듯이, 우리도 하나님의 계획을 알지 못한다. 그래도 하나님은 우리를 격려하시고 우리가 가장 큰 시련들을 이겨내도록 하나님의 말씀을 주셨다. 선과 악을 통해, 우리의 승리와 비극을 통해 하나님은 우리의 모든 환경을 자신의 선하고 온전한 뜻에 맞게 바꾸신다. 확신해도 좋다. 하나님이 늘 다스리신다.

우리가 범하는 가장 큰 실수 하나는 시련이나 환난이나 비극을 겉모습대로 보는 것이다. 가장 큰 실패와 좌절도 하나님의 눈으로 보면 새로운 시작과 승리로 인도하는 길로 보일 수 있다. 예를 들면, 그리스도의 죽음이 그렇다. 당신이라면 그리스도의 무죄한 죽음이 선한 일이라고 말하겠는가? 우리는 그 상황의 이편에 있기에 그리스도의 죽음이 선한 일이었다는 것을 확실히 안다. 그러나 당시에 예수님과 가장 가까운 사람들은 그분의 죽음이 역사에서 가장 끔찍하고 비극적인 사건이라고 믿었다. 이들은 그리스도의 죽음을 하나님의 시각에서 보지 못했다. 이런 일이 하나님의 뜻일 수 있으리라고는 상상도 하지 못했다(요 14:29 ; 16:19-22 ; 마 16:23).

그리스도의 죽음은 우리를 끝없이 사랑하시는 하나님이 지불하셔야 하는 값이었다. 그렇다면 하나님이 그저 일이 잘되기를 바라셨다고 생각하는가? 아무것도 온 인류를 구원하려는 하나님의 계획을 망치지 않았으니 하나님은 그저 운이 좋았던 것인가? 하나님은 우리를 구원에 이르게 하는 모든 환경을 다스리신다. 그렇다면 그분이 우리의 일상적인 환경도 모두 다스리신다고 믿어야 하지 않겠는가?

하나님의 약속이 우리들 각자의 삶에 적용된다고 믿는다면 무슨 일을 만나든지 평안을 잃지 말아야 한다. 시련이 일어나고 비극이 닥칠 때, 그 모두를 회복하시는 하나님의 손길을 기대해야 한다.

우리는 하나님의 말씀을 매일, 매 순간 적용할 때 진정한 평안을 얻고 언뜻이나마 하나님의 눈으로 본다. 그러므로 의심하는 생각이 기어들고 자신이 삶을 겉모습 그대로 받아들인다고 느낄 때, 이것을 기억하라. 노아가 방주를 지을 때 비가 오지 않았다. 노아는 그저 운이 좋았을 뿐인가?

우리는 사람일 뿐이며, 우리의 지식과 능력은 한계가 있고, 우리는 각 상황을 완전히 이해하지는 못한다. 자신의 지혜를 의지하면, 그 지혜는 기껏해야 흠이 있을 터이므로 우리는 사탄이 공격을 개시하도록 문을 열어주는 셈이다. 당신이 늘 환경의 희생자거나 그저 운이 좋거나 나쁘다고 믿는가? 그렇다면 절대로 그 무엇도 믿지 못하고 아무런 안정도 얻지 못할 것이다. 노력할수록 문제만 커지고 해답 없는 의문만 늘어갈 때 절대로 위로를 얻지 못한다.

하나님이 다스리신다는 것을 알 만한 믿음을 갖게 되면 만유 위에 뛰어나신 분에게서 평안과 안정을 찾을 수 있다. 고통과 혼란 속에서 욥은 하나님이 다스리신다는 것을 알았기에 자신의 영혼이 걸린 싸움에서 흔들리지 않았다.

여호와의 말씀이니라 너희를 향한 나의 생각을 내가 아나니 평안이요 재앙이 아니니라 너희에게 미래와 희망을 주는 것이니라 렘 29:11

질병, 비극적인 사고, 성폭행, 가정 폭력, 실직, 부정(不貞), 배우자의 중독, 자연재해, 테러 등 무수한 외부의 힘이 우리를 공격할 때, 하나님을 신뢰하기가 특히 힘들어진다. 이 가운데 많은 비극은 피할 수 없다. 그러나 문제는 어떻게 하면 이런 비극을 피할 수 있느냐가 아니라 이런 비극이 일어날 때 어떻게 반응하느냐이다.

하나님의 깊은 목적이 있다

하나님이 우리를 그저 여러 비극에서 구해주시는 대신에 그 비극들을 '통과하게'(through) 하시는 데는 큰 목적이 있다는 것도 깨달아야 한다. 욥의 삶은 믿음의 이런 중요한 면을 분명하게 보여준다.

우리가 외부 환경에 고통 당할 때 사탄이 준비하고 기다린다고 확신해도 좋다. 분노하고 의심하는 생각이 당신을 겨냥하고 당신은 의문이 들기 시작한다.

'하나님은 어디 계신거야? 사랑의 하나님이라면 어떻게 이런 일을 허락하실 수 있어?'

이럴 때, 이런 생각이 사탄의 공격임을 깨닫고 하나님이 다스리신다는 확고한 믿음을 가져야 한다. 공격은 그 기간이 언제나 한계가 있으며, 하나님은 우리에게 복을 주고 자신의 이름을 영화롭게 할 계획을 늘 세워두신다.

욥기에서 하나님은 사탄의 행동에 한계를 정하셨고, 욥이 고난 당하는 기간도 제한하셨으며, 상황을 유익한 쪽으로 돌리셨고, 그 후로 지금껏 영광을 받으신다. 우리가 받는 공격에는 우리가 이해조차 못하는 하나님의 깊은 목적이 숨어 있다.

우리는 잠시도 잊지 말아야 한다. 우리가 무슨 시련이나 환난을 겪든 간에, 하나님이 다스리신다. 당신이 지금 앉아 있거나 나중에 앉을 잿더미에 무슨 일이 일어나든 간에, 하나님은 그 일을 막으실 수도 있었으나 그러지 않으셨다. 어떻게든 하나님은 당신의 환경을 평가하셨고, 그것이 무엇이든 간에 당신이 겪고 있거나 겪을 일에서 목적을 발견하셨다.

가끔 하나님은 사람들을 그 자신들도 모르게 사용해 하나님의 목적을 이루신다. 우리는 자주 확신해도 좋다. 우리의 시련은 온통 우리 자신에 관한 일이지만, 하나님은 우리의 삶을 이용해 다른 누군가에게 영향을 미치신다! 우리의 아픔이 다른 누군가의 유익이 될 수 있다. 어쨌든, 우리의 환경에서 나올 수 있지만 우리가 보지 못하는 것을 하나님은 보신다. 하나님을 믿는다는 말은 하나님이 당신을 도우시리라고 언제든 기대해도 좋다는 뜻이다.

여호와의 손이 짧아 구원하지 못하심도 아니요 귀가 둔하여 듣지 못하심도 아니라 사 59:1

공격은 하나님의 말씀을 믿음으로 끝난다고 전적으로 확신할 수 있다. 그런데 가장 중요한 부분은 따로 있다. 당신이 원수에 맞서 흔들리지 않고 견고하게 믿음을 지키고 나면 당신의 영혼은 더 강해지고, 당신의 믿음은 더 커지며, 하나님의 복을 받는다. 절대 잊지 말라. 사탄은 전지전능하지 않다. 사탄은 절대 무한하지 않다. 이런 사실만으로도 당신이 그리스도를 통해 모든 싸움에서 믿음으로 굳게 서고 승리할 수 있다고 확신하기에 충분하다.

하나님의 말씀과 그 능력

삶에서 하나님의 말씀을 선포할 때 일어나는 기적을 아직 체험하지 못했다면, 강력하고 충만한 승리의 삶을 살고 있지 못한 것이다. 하나님의 말씀을 사랑하고 그 말씀에 헌신했기에 말로 표현 못 할 고통을 겪는 사람들이 있다. 성경 한 권을 가지려고 어떤 사람들은 자신의 모든 소유를 내어주려 했고, 많은 사람이 실제로 그렇게 했다. 또 어떤 사람들은 온 삶을 바쳐 하나님의 말씀을 연구한다. 전 세계에서 수많은 사람이 성경을 자신의 가장 귀한 보물로 여긴다.

왜? 성경, 곧 하나님의 말씀은 전능하신 하나님의 권세와 능력으로 기록되었기 때문이다! 기록된 지 2천 년이 넘었지만, 지금도 사람들의 삶을 가장 심오하고 극적으로 바꿔놓는다.

하나님의 말씀은 잃은 죄인을 회심시키는 능력이 있고 하나님나라의 씨가 되는 능력이 있다. 하나님의 말씀은 우리를 지탱하는 힘이 있으며 우리의 모든 필요를 너끈히 채우고도 남는다. 하나님의 말씀은 우리에게 힘을 줄 뿐 아니라 우리를 보호하고, 우리의 구원에 필요한 모든 것을 준다.

하나님이 말씀하실 때, 그분이 결정하신 대로 이뤄진다.

그가 말씀하시매 이루어졌으며 명령하시매 견고히 섰도다 시 33:9

하나님의 말씀은 늘 효과적이고 하나님의 목적을 확실히 성취하는 계시의 장(場)이다.

이러므로 우리가 하나님께 끊임없이 감사함은 너희가 우리에게 들은 바 하나님의 말씀을 받을 때에 사람의 말로 받지 아니하고 하나님의 말씀으로 받음이니 진실로 그러하도다 이 말씀이 또한 너희 믿는 자 가운데에서 역사하느니라 살전 2:13

우리는 하나님의 말씀과 그 능력을 믿어야 하며, 이해하거나 설명하지 못할 때라도 믿어야 한다. 이것이 믿음이다. 하나님을 믿는 믿음은 "나의 인간적 경험으로는 이해되지 않지만, 그래도 당신을 믿고 신뢰합니다"라고 말한다. 영적 전투의 한가운데서 하나님의 말씀을 믿고 신뢰한다면, 그 말씀의 권세를 의지하는 것이다. 로마서 13장 1절은 오직 하나님께만 궁극적 권세가 있다고 단언한다.

각 사람은 위에 있는 권세들에게 복종하라 권세는 하나님으로부터 나지 않음이 없나니 모든 권세는 다 하나님께서 정하신 바라

하나님은 고유한 권세가 있기에 자신을 경외하지 않는 자들을 지옥에 던지실 능력이 있다(눅 12:5). 하나님은 우리가 그리스도를 주와 구주로 영접할 때 우리의 모든 죄를 사하고 우리를 의롭다고 선포하실 놀랍고 은혜로운 능력이 있다(롬 3:26).

하나님은 친히 이렇게 말씀하셨다.

내가 나를 두고 맹세하기를 내 입에서 공의로운 말이 나갔은즉 돌아오지 아니하나니 내게 모든 무릎이 꿇겠고 모든 혀가 맹세하리라 하였노라 사 45:23

예수님, 곧 육체를 입으신 하나님은 아버지 하나님을 대신해 행동하시면서 언제나 자신의 권세(권위)에 대해 말씀하셨다. 자신이 받은 능력으로 예수님은 죄를 용서하셨고(막 2:5-8), 병자들을 고치셨으며(막 1:34), 귀신들을 쫓아내셨고(막 1:27), 자연을 제어하셨으며(눅 8:24,25), 죽은 자를 살리셨고(눅 7:11-17 ; 요 11:38-44), 권세 있게 가르치셨다(마 5:21-48 ; 7:28,29). 하나님의 아들로서 예수님은 아버지의 말씀을 따르시고, 그 말씀을 최종 권위로 선포하신다(마 4:1-10 ; 요 10:33-36). 하나님의 말씀이 궁극적 권세(권위)를 갖는 까닭은 그

말씀이 모든 능력과 권세를 가지신 하나님에게서 나오기 때문이다. 우리는 하나님이 궁극적으로 참되고 신실하시며(시 117:2), 따라서 그분의 말씀도 참되고 신실하다는 것을 안다.

여호와여 주의 말씀은 영원히 하늘에 굳게 섰사오며 시 119:89

그들을 진리로 거룩하게 하옵소서 아버지의 말씀은 진리니이다 요 17:17

하나님의 말씀이란 어떤 것인가?

- 영원하다(시 119:89).
- 하나님의 율법이며 진리다(시 119:142,151,160).
- 신뢰할 만하다(시 119:86 ; 138).
- 의로우며 영원히 의롭다(시 119:144).
- 빛을 주고 깨닫게 한다(시 119:105,130).
- 우리를 인도한다(시 119:133).
- 우리로 원수보다 지혜롭게 한다(시 119:98).
- 우리에게 힘을 준다(시 119:28).
- 우리를 살린다(시 119:175).
- 우리에게 위로를 준다(시 119:50,52).

• 우리의 길을 깨끗하게 한다(시 119:9).
• 우리로 하나님의 선하심을 맛보게 하며, 그분의 말씀에 기록된 하나님의 약속을 따라 우리의 생명을 보존한다(시 119:25,37,38,65,107,116,149,154,156,170).

말씀이 이루어지도록 요구하라

하나님의 말씀은 당신의 삶에서 산을 옮기는 권세가 있다. 가장 놀라운 방법으로 당신을 바꿔놓을 능력이 있다. 그러나 당신이 자신의 삶에서 말씀의 권세를 받아들이고, 말씀 위에 굳게 서며, 말씀의 권세를 요구해야 한다.

하나님의 약속이 당신의 삶에서 이루어지도록 요구하기 전에는 성경을 암송해봐야 아무 힘이 없으며, 천상에서 주어진 명령도 아무런 힘이 없다. 당신의 삶은 하나님의 말씀이 능력을 나타내는 자리다. 하나님의 말씀이 자신의 삶에서 이루어지기를 요구한다는 말은 하나님의 언어로 하나님과 온전히 소통한다는 뜻이다. 당신의 믿음을 실행에 옮긴다는 뜻이다.

하나님의 말씀으로 기도하고 그분의 약속이 당신의 삶에서 이루어지도록 요구한다는 말은 다음과 같은 의미로 보인다.

그러나 여호와께서 기다리시나니 이는 너희에게 은혜를 베풀려 하심이요 일어나시리니 이는 너희를 긍휼히 여기려 하심이라 대저 여호와는

정의의 하나님이심이라 그를 기다리는 자마다 복이 있도다 사 30:18

하나님이 그분의 말씀을 통해 우리에게 말씀하시듯이, 하나님은 소통이란 양방향 도로라는 것을 아신다. 그래서 자신의 은혜와 자비로, 무엇보다도 우리를 향한 자신의 큰 사랑을 통해 우리에게 기도를 주셨다. 욥은 삶의 잿더미 가운데 기도로 하나님께 아뢰었다. 그리고 그의 기도 가운데서 하나님은 욥에게 말씀하셨다.

PART

2

그때가
믿음을 붙들 때란다

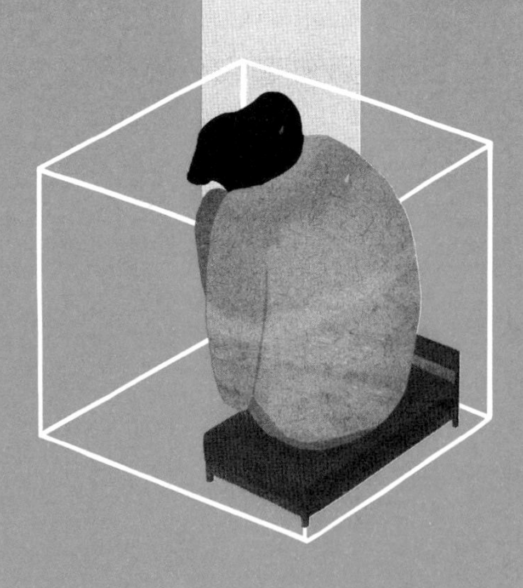

CHAPTER 3

하나님은 분명히 응답하신다

그때에 여호와께서 폭풍우 가운데에서 욥에게 말씀하여 이르시되 욥 38:1

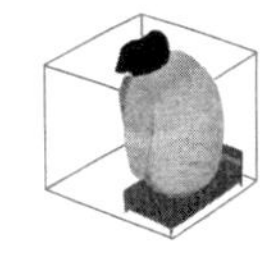

기도는 우리의 믿음과 관련해 가장 크게 오해되는 부분 가운데 하나다. 저마다 기도의 목적을 다르게 생각하는 것 같다. 믿든 말든 간에, 대부분이 이런저런 방식으로 기도하지만 기도하는 사람의 85퍼센트 이상이 자신의 기도 노력에 만족하지 못한다고 한다. 안타깝게도 기도에서 유익을 얻는 사람은 아주 드물고, 대부분은 자신의 기도가 마치 쓸모없다고 느낀다. 하지만 이는 실제로 쓸모없기 때문이 아니라 기도의 진정한 의미와 목적을 오해하기 때문이다.

당신의 기도가 자신의 삶과 타인들의 삶을 바꿔놓는다고 믿는가? 당신이 기도할 때 하나님이 들으신다고 믿는가? 십중팔구, 하나님께서 실제로 들으시는지 확신하지 못하지 않을까 싶다.

왜 당신의 기도가 응답되지 않는지, 자신이 바르게 기도하고 있는지 궁금하지 않은가? 원수가 계속해서 당신의 귀에 "하나님은 네 기도를 듣지 않아. 신경도 안 쓰신다니까. 그분은 네 기도에 응답하지 않는다고!"라고 속삭일 때, 당신의 믿음은 중심까지 흔들릴 위험이 있다. 이럴 때, 진리를 통해 확신을 가져라.

여호와의 손이 짧아 구원하지 못하심도 아니요 귀가 둔하여 듣지 못하심도 아니라 사 59:1

하나님의 침묵

우리의 기도가 우리가 믿는 타이밍이나 우리가 생각하는 방식으로 응답되지 않을 때 하나님을 향한 확신과 신뢰가 바싹 오그라들기 쉽다. 아무것도 느껴지지 않고, 아무것도 보이지 않으며, 그저 "하나님이 계시기나 한 걸까?"라는 의문이 고개를 쳐든다. 찾고 또 찾지만 찾아내지 못하며, 두드리고 또 두드리지만 대답이 없다.

이럴 때 우리는 우리가 하나님의 문을 두드리고 있는 게 아니라는 것을 깨닫지 못한다. 하나님의 문은 이미 열려 있다. 하나님을 찾기 위해 열려야 하는 문은 우리의 마음 문이다. 하나님은 언제나 우리에게 말씀하신다. 그분의 음성을 들을 열쇠는 우리 손에 있다.

기도가 응답되지 않는 듯 보일 때 우리는 더 깊이 들어감으로써 자신의 믿음을 보여주려고 애쓴다. 더 많이 기도하고, 더 열심히 기도하며, 자신이 아는 모든 것을 다 한다. 하나님이 틀림없이 응답하시리라 믿고 섬기며 예배한다.

그러나 여전히 아무 일도 일어나지 않는다(또는 그렇게 보인다). 우리는 고통 가운데 살아가는 욥 곁에 서 있다. 하나님은 아무런 응답도 하지 않으신다. 죽은 듯한 침묵은 정말이지 견디기 어렵다.

그런데 내가 앞으로 가도 그가 아니 계시고 뒤로 가도 보이지 아니하며 그가 왼쪽에서 일하시나 내가 만날 수 없고 그가 오른쪽으로 돌이키시나 뵈올 수 없구나 욥 23:8,9

우리도 똑같이 느끼지 않는가? 우리는 하나님께서 우리의 기도를 들으신다는 것을 꼭 알고 싶다. 그래서 우리에게 말씀해달라고 하나님께 간구하거나 심지어 요구하기까지 한다. 우리는 하나님이 공의로우시다고 믿지만 계속해서 불의를 겪는다.

우리는 하나님이 계시다는 것을 알지만 그분을 볼 수는 없다. 하나님이 그분의 뜻대로 하시리라는 것을 깨달을 때, 우리는 환상에서 깨어난다. 결국 하나님의 계획대로 될 것이다. 우리는 하나님의 손바닥 안에 있다. 우리가 하나님께 끊임없이 "제발 도와주세요. 제발 어떻게든 해주세요!"라고 부르짖을 때, 내면에서 우리의 영혼은 자신과 분투를 벌인다.

내가 폭행을 당한다고 부르짖으나 응답이 없고 도움을 간구하였으나 정의가 없구나 욥 19:7

마치 우리가 천국 문을 두드리고 또 두드려도 아무 대답이 없는 것 같다. 우리는 절망하며 돌아서서 "도대체 하나님이 어디 계신 거야?"라고 묻는다. 하나님은 너무 멀리 계시고 접근이 불가능해 보인다. 우리는 버림받았다고 느낀다. 눈앞에서 우리의 희망이 사라지고 우리의 꿈이 죽는 것 같다. 우리는 희망과 꿈을 잃었을 뿐 아니라 이제 땅에서 지옥의 삶을 산다고 느낀다. 우리는 묻고 의심하며 대답을 들으려 애쓴다. 그러나 그 무엇도 위로나 해결책을 주지 못한다.

우리의 기도는 공허해 보이고, 우리가 진정한 하나님을 믿는 유일한 믿음의 준거인 성경도 의미 없고 쓸모없어 보이기 시작한다. 혼자 침묵하며 앉아 있는 우리는 하나님 앞에 있음을 깨닫지 못한다.

하나님은 늘 우리와 함께하신다

하나님이 부재하신다는 경험은 실재가 아니라 느낌일 뿐이다. 우리가 하나님께 부르짖을 때도 하나님은 거기 계시며, 우리가 하나님께 부르짖지 않을 때도 하나님은 거기 계신다. 하나님은 절대 부재하지 않으신다. 때로 우리가 하나님의 임재를 깨닫지 못할 뿐이다 (시 13:1).

우리는 침묵 가운데서 하나님은 말씀하고 계신다는 것을 깨닫는다. 침묵을 통해 하나님은 우리를 그분께 더 바싹 끌어당기고 계신다. 다시 말해, 하나님은 우리의 믿음을 키우며 우리를 영적으로 성장시키고 계신다. 하나님은 우리의 믿음에 도전을 주시고 우리의 믿음을 무너뜨리겠다고 위협하심으로써 우리의 믿음을 제련하고 계신다. 하나님은 우리가 체질을 당하도록 허락하신 후에 우리의 믿음이 떨어지지 않도록 기도하신다.

> 시몬아, 시몬아, 보라 사탄이 너희를 밀 까부르듯 하려고 요구하였으나 그러나 내가 너를 위하여 네 믿음이 떨어지지 않기를 기도하였노니
>
> 눅 22:31,32

하나님은 욥이 체질을 당하도록 허락하셨으나 그를 순금같이 나오게 할 계획을 세워두셨다. 하나님은 당신의 삶을 위한 계획도 세워두셨다. 당신은 그분을 신뢰하면 된다. 그러면 하나님은 당신도 순금같이 나오게 하신다.

욥은 하나님께 충성하는 종이었지만 믿음이 중심까지 흔들렸다. 고통과 절망의 한가운데서 욥은 어떻게 했을까? 그는 너무나 고통스러워 숨쉬기조차 쉽지 않았다. 그런데도 기도했다. 대부분은 욥의 불평과 분노를 '기도'라고 말하지 않을 테지만, 하나님의 눈에 그것은 우리가 하나님과 나눌 수 있는 가장 친밀한 기도의 표본이었다.

나의 끝에서 하나님이 시작하신다

우리는 자기 나름대로 하나님의 이미지를 만들어 놓았으나, 하나님은 이런 거짓 이미지를 의지하지 못하게 하신다. 하나님은 기도에

서 우리의 모든 종교 의식과 스스로 어떻게 해보려는 노력을 제거하려 하신다. 우리가 믿는 이런 것들이 결국에는 한 줌 재에 지나지 않는다고 힘주어 말씀하신다.

당신의 믿음을 제련하실 때, 하나님의 목적은 당신이 하나님과 함께 이 세상을 헤쳐나갈 수 있도록 자신의 끝에 이름으로써 그분과 친밀한 관계에 들어가는 것이다.

세상이 우리를 향해 돌진할 때, 하나님은 우리가 하나님을 향한 믿음이 흔들리지 않고 하나님의 임재를 확신하며 당당하게 하나님께 부르짖기를 원하신다. 하나님은 우리의 믿음이 떨어지지 않기를 바라신다. 당신은 오직 믿음만 원한다고 외칠 수 있고, 삶에서 믿음만 붙잡고 나아갈 준비가 되었다고 하나님께 외칠 수 있다.

하나님은 당신의 마음을 아신다. 하나님은 당신에게 무엇이 필요한지, 언제 그것이 필요한지 아신다. 하나님은 당신을 얼마나 오래 불에 제련해야 하는지 아신다. 불이 없는 제련이란 없으며, 싸움이 없는 승리도 없다.

하나님의 침묵은 우리가 아직 들을 준비가 되지 않았다는 증거다. 욥이 하나님 앞에서 침묵했을 때에야 비로소 하나님께서 말씀하셨다. 하나님의 침묵은 우리의 침묵을 요구하고 있다. 침묵은 초대다. 하나님은 우리를 영적으로 성장시키고 계신다. 하나님은 우리를 의(義)로 훈련시키셔야 한다. 변화시키는 하나님의 능력이 우리를 하나님과의 더 깊은 친밀감으로 이끈다.

하나님의 침묵은 우리의 삶을 보는 편협한 시각을 걷어낸다. 그래야 하나님이 우리를 위해 준비해두신 더 큰 것을 주실 수 있기 때문이다. 하나님은 우리가 우리의 꿈과 희망을 하나님이 우리를 위해 준비해두신 꿈과 희망으로 맞바꾸길 바라신다. 우리를 위한 하나님의 바람은 우리가 마음에 품은 그 무엇보다 훨씬 크고, 훨씬 만족스러우며, 훨씬 귀하다.

하나님은 우리가 자신에 대해 죽도록 우리의 육체(육신적 필요와 바람)를 십자가에 못 박음으로써 우리를 변화시키신다. 솔직하게 말하자면, 이런 까닭에 뭔가 죽어가고 있다는 느낌이 든다. 하나님은 우리를 '끝'으로 데려가신다. 그래야 하나님이 '시작'하실 수 있기 때문이다.

> 너희는 유혹의 욕심을 따라 썩어져가는 구습을 따르는 옛 사람을 벗어버리고 엡 4:22

우리가 하나님이 원하시는 모습 그대로가 되려면, 하나님이 우리에게 주기를 원하시는 전부를 받으려면, 하나님이 먼저 우리를 아무것도 아니게 낮추셔야 한다. 욥의 삶에서 보듯이 말이다.

그리스도의 삶에서든 욥의 삶에서든 우리 자신의 삶에서든 간에, 하나님이 다스리실 때 모든 십자가 죽음에는 '부활'이 있다. 당신의 영혼이든 희망이든 꿈이든 간에 그 무엇이라도 당신의 삶에서 죽어 있다면, 하나님께는 그것을 되살려내실 계획이 있다.

> 자기 목숨을 얻는 자는 잃을 것이요 나를 위하여 자기 목숨을 잃는 자는 얻으리라 마 10:39

우리가 하나님의 임재를 갈망하는 만큼 하나님도 우리가 하나님께 나아오길 갈망하신다.

> 그러나 여호와께서 기다리시나니 이는 너희에게 은혜를 베풀려 하심이요 일어나시리니 이는 너희를 긍휼히 여기려 하심이라 대저 여호와는 정의의 하나님이심이라 그를 기다리는 자마다 복이 있도다 사 30:18

기도는 하나님의 마음을 드러내고 우리를 하나님께 더 가까이 이끈다. 기도는 변화를 일으키는데, 더 중요하게도 먼저 우리를 변화시킨다. 기도의 주된 목적은 우리가 하늘에 계신 우리 아버지와 교제하게 하는 것이다. 하나님이 우리에게 기도를 주신 목적은 하나님의 뜻을 빙자해 우리의 뜻을 이루는 데 있지 않다. 기도는 삶에서 하나님의 뜻을 구하는 통로다. 다시 말해, 기도는 우리가 하나님의 음성을 듣게 해주는 선물이며 우리는 순종을 통해 그리스도의 형상으로 변화될 수 있다.

> "두 종류의 사람들이 있다. 하나님에게 '당신의 뜻이 이루어지이다'라고 말하는 사람들이 있고, 하나님이 '그래, 그러면 네 마음대로 해라'라고 말씀하시는 사람들이 있다."
>
> _C. S. 루이스

기도의 본질과 목적을 알아야 한다

기도는 우주의 하나님과 인격적 관계를 나누는 친밀한 경험이다. 기도는 우리를 하나님 앞에 데려간다. 우리의 모든 결점과 약점, 모든 부족함을 숨기지 않으면서 우리를 있는 그대로 하나님 앞에 데려간다. 우리가 기도로 하나님 앞에 나올 때 하나님은 우리를 폭 안아주신다. 하나님은 우리를 겉모습 그대로 보지 않으신다. 하나님은 그리스도처럼 될 우리의 잠재력을 보신다.

기도의 초점은 우리의 마음 상태여야 한다. 기도를 통해 하나님은 우리가 깨끗한 마음과 바른 동기를 갖기를 원하신다. 우리가 기도하며 구하는 육적인 것을 하나님께서는 얼마든지 쉽게 주실 수 있다. 그러나 하나님은 우리의 마음을 원하신다.

하나님은 당신의 영적 성장에 관심을 쏟으시고 하나님과 그분의 길이 더 잘 이해되는 자리로 당신을 데려가려 하신다. 욥처럼 우리는 자신의 장점뿐 아니라 약점까지 들고 담대하게, 기탄없이, 주저 없이 하나님께 나아가는 법을 배워야 한다.

> 하나님이여 나를 살피사 내 마음을 아시며 나를 시험하사 내 뜻을 아옵소서 내게 무슨 악한 행위가 있나 보시고 나를 영원한 길로 인도하소서 시 139:23,24

기도의 본질과 목적을 제대로 알지 못하면 기도는 쓸모없고 무의미하다. 기도하는 많은 사람처럼 우리도 기도가 효과가 없다고 믿기 쉽다. 너무나 자주 우리는 하나님을 일종의 '현금 인출기'로 보고 인출하러 다가가지만, 한도 초과의 기분으로 돌아선다. 때로는 하나님께 우리가 주문한 것을 곧장 받아야 한다고 믿는다. 지체되면 기분이 상해 화내는 고객으로 돌변해 "서비스가 엉망이야!"라고 판단하며 한동안 다시 오지 않겠다고 결심한다.

우리의 뜻과 하나님의 뜻이 싸운다. 우리는 애원하고 요구하며 성질을 부리고는 하나님이 반응하시기를 기대한다. 그러나 너무나 감사하게도, 하나님은 반응하지 않으신다.

"내가 살면서 드리는 멍청한 기도를 하나님이 다 들어주셨다면, 나는 지금쯤 어떻게 되었을까?"

_C. S. 루이스

하나님은 조종하려는 우리의 기도에 반응하지 않으신다. 우리는 무엇과 씨름하든 간에, 하나님께서 이렇게 침묵하시는 순간에 절대로 분개해서는 안 된다. 하나님의 침묵은 우리를 성장시키고 우리와 하나님의 관계에 깊이를 더하는 시간이다. 하나님의 침묵은 우리로 내면의 싸움에서 돌이켜 하나님께 향하게 한다.

응답 되지 않은 기도?

그리스도께서 잔혹한 죽음을 내다보실 때, 그분의 내면에서 어떤 싸움이 벌어졌을까? 그리스도께서는 자신을 기다리는 고통과 괴로움을 너무나 잘 아셨다. 우리는 그리스도께서 육체로 겪으신 일은 말할 것도 없고 영혼으로 겪으신 일을 상상조차 할 수 없다. 성경은 그리스도께서 "마음이 심히 고민하여 죽게 되었으니"라고 말한다.

그런데 이 깊은 절망의 순간에 그리스도께서는 무엇을 하셨는가? 기도하셨다. 기도하신 후, 또 기도하셨다. 기도하신 후, 세 번째로 또다시 기도하셨다. 하나님의 아들이 눈물과 절망으로 기도했으나 바라는 응답을 받지 못했다. 그리스도께서는 자신의 잔이 지나가기를 원하셨다.

예수님은 하나님께 다른 길이 있는지 물으셨다. 이것이 정말로 하나님의 뜻인지 물으셨다. 우리도 똑같이 묻지 않는가? 어떻게 우리가 당하는 아픔과 고난이 하나님의 뜻일 수 있단 말인가? 예수님은 마음 깊은 곳에서 부르짖으셨다.

"다른 길이 있습니까?"

그러나 침묵 속에서 예수님은 선언하셨다.

"아버지의 원대로 하옵소서."

우리는 그리스도인으로 살아가면서 어느 순간 더 높은 권위에 복종하는 법을 배워야 한다. 우리가 겪어야 할 아픔과 상관없이 하나님께 모두 맡기는 법을 배워야 한다. 하나님의 길이 언제나 가장 좋다는 것을 확실히 알아야 한다. 예수님은 자신의 힘이 아니라 아버지의 힘으로 하나님의 뜻에 순종해 나아가실 수 있었다. 예수님은 하나님의 뜻이 자신의 뜻보다 훨씬 크다는 사실을 받아들이셨다.

기도가 응답되지 않은 것처럼 보일 수 있다. 우리는 하나님의 길을 온전히 이해하지는 못하며, 기도를 보는 우리의 시각은 좁고 뒤틀려 있다. 사탄은 이것을 이용해 우리의 믿음을 흔든다. 사탄은 옆에 앉아 말한다.

"거봐, 기도해봐야 소용없잖아! 시간만 허비하잖아! 하나님은 네 기도를 듣지 않으신다니까. 들으신다면, 왜 네가 이런 고통을 당하도록 줄곧 내버려두시고, 왜 네가 도와달라고 그렇게 부르짖는데도 응답하지 않으실까?"

또다시 우리는 싸움터 한가운데 놓인다. 우리의 믿음은 구석에 몰리고, 우리는 무엇이 하나님께 비롯되었고 무엇이 그렇지 않은지 판단하려고 애쓴다. 우리는 내면에서 싸우고 거짓말을 체질한다.

하지만 하나님이 듣지 못하시는 기도나 부르짖음은 없다. 하나님은 우리의 모든 토로를 다 들으신다. 하나님이 듣고 계시며 우리에게 말씀하시리라는 것을 반드시 알아야 한다.

> 항상 내 말을 들으시는 줄을 내가 알았나이다 그러나 이 말씀 하옵는 것은 둘러선 무리를 위함이니 곧 아버지께서 나를 보내신 것을 그들로 믿게 하려 함이니이다 요 11:42

하나님은 우리의 기도를 들으신다

하나님은 우리에게 언제, 무엇이 필요한지 정확히 아신다. 우리는 도움이 오는 중이라는 것을 확실히 알아야 한다. 설령 우리의 삶이 난파되고 우리가 무인도에 있다는 느낌이 들더라도 말이다.

배가 난파되어 어떤 사람이 혼자 무인도에 이르렀다. 그는 간신히 움막을 짓고 가라앉는 배에서 건져낸 것들을 모조리 그 움막으로 옮겼다. 그는 자신을 구해달라고 날마다 하나님께 기도했고, 행여 지나가는 배라도 있을까 싶어 수평선만 바라보았다.

그러던 어느 날, 움막에 불이 났고 그는 어쩔 줄 몰랐다. 그가 가진 전부가 사라졌다. 제한된 그의 눈으로 볼 때 그야말로 최악의 상황이 일어나고 말았다. 그는 너무나 화가 나 하나님께 삿대질을 해대기 시작했다.

그런데 바로 다음 날, 배 한 척이 도착했다.

"저를 어떻게 찾아내셨습니까?"

그가 환호성을 올리며 물었다. 선장은 이렇게 대답했다.

"당신이 피운 연기 신호를 보았습니다."

의심할 여지 없이 하나님은 우리의 기도를 들으신다. 하나님께는 당신을 구해낼 계획이 있다. 그러니 주변에 보이는 광경에 속지 말라. 절망에 빠지지 말라. 당신의 가장 큰 비극이 당신의 가장 큰 승리로 바뀔 수 있다. 하나님은 언제나 기도를 들으신다(요일 5:14,15).

문제는 우리가 하나님께 부르짖을 때 '그분에게 귀를 기울이느냐?'이다. 하나님의 말씀과 그분의 약속에 따르면 하나님이 우리의 기도를 들으신다고 확신해도 좋다. 하지만 우리는 하나님의 음성에 귀를 기울이고 있는가? 하나님이 응답하시리라고 기대하고 있는가? 기도가 이미 응답되었거나 하나님이 이미 방향을 제시하셨는데 우리가 놓쳤을 수도 있다. 우리는 주문하는 데 정신이 팔려 주문한 것을 찾아가는 것을 깜빡 잊는다!

하나님께 귀를 기울이라

우리는 정말로 귀를 기울이는가? 아니면 그저 아뢰기만 하는가? 하나님께서 우리에게 말씀하셨을 법하지만 우리가 귀를 기울이지 않았던 숱한 순간을 생각하면 마음이 편하지 않다. 우리가 다른 것들에 정신이 팔렸거나 그저 아뢰기만 하느라 바쁜 나머지, 하나님이 주시는 중요한 메시지를 놓치거나 하나님의 중요한 방향 제시나 인도를 간과한 적이 얼마나 많은가?

우리가 삶에서 배울 수 있는 가장 귀중한 일 중에 하나는 '진정으로 하나님께 귀를 기울이는 것'이다. 하나님의 말씀에 귀를 기울이는 일보다 삶에서 유익한 일은 없으며, 더 큰 보상이 따르는 일도 없다. 우리는 하나님이 구약 시대처럼 말씀하지 않으신다고 믿고 싶은 유혹을 느낄는지 모른다. 그러나 진실은 하나님이 언제나 말씀하신다는 것이다. 하나님은 우리가 귀를 기울이기를 기다리신다.

하나님이 우리에게 말씀하신 까닭은 우리를 사랑하시기 때문이다. 하나님은 우리의 삶에 하나님의 주권적 인도가 필요하다는 것을 아신다. 우리가 하나님을 부르면, 하나님은 절대로 등 돌리지 않으신다. 오직 하나님만이 우리의 상황을 완벽하게 아신다. 그리고 하나님은 우리의 삶을 위해 자신이 준비해놓으신 가장 좋은 길로 우리를 인도하려 하신다.

하나님은 이 믿음의 여정에서 우리에게 그분의 위로와 확신이 필요하리라는 것을 아신다. 모세와 이스라엘을 위해 홍해를 가르신 하나님은 우리의 삶에도 갈라져야 할 홍해들이 있고, 쓰러뜨려야 할 거인들이 있으며, 우리를 잡아먹지 못하게 막아야 할 사자들이 있다는 것을 아신다.

하나님은 우리가 어느 길로 가야 할지 모를 때 우리에게 그분의 능력, 그분의 임재, 그분의 인도, 그분의 힘이 필요하다는 것을 아신다. 우리가 하나님을 알기를 원하는 만큼 하나님도 우리가 그분을 알기를 원하신다. 우리가 하나님을 갈망하는 만큼이나 하나님도 우리를 더 갈망하신다.

하나님을 알려면 하나님의 말씀을 통해 하나님께 귀를 기울여야 한다. 하나님은 대부분 말씀을 통해 우리에게 말씀하신다. 우리는 삶에서 온갖 어려움과 불확실을 마주할 때, 언제나 성경을 펼쳐야 한다. 하나님께 나아가 그분의 말씀을 통해 우리가 처한 상황에 맞는 조언을 달라고 구해야 한다.

먼저 여호와의 말씀이 어떠하신지 물어보소서 왕상 22:5

하나님은 말씀을 통해 우리를 인도하시고, 우리에게 힘을 주시며, 우리를 변화시키신다.

또한 말씀이 부족하기라도 한 듯, 하나님은 성령을 보내 우리 안에 거하게 하셨다. 우리가 그리스도를 주와 구주로 영접할 때 하나님의 성령께서 우리 안에 거하면서 우리에게 말씀하시며, 그래서 우리는 일생 동안 하나님의 공급과 능력과 인도를 경험할 수 있다.

하나님이 성령을 통해 하시는 말씀은 귀에 들리지 않을지 모르지만 당신에게 매우 깊은 감동을 주기에, 당신은 내적 자아를 통해 그분의 소리를 듣고 마치 그분이 육체로 앞에 계신 것처럼 감동을 받는다.

하나님이 삶의 환경으로 우리에게 말씀하시는 듯 보일 때가 얼마나 많은지 모른다. 실패나 성공을 통해 말씀하실 수도 있다. 실망이나 심지어 비극을 통해 말씀하실 수도 있다. 당신이 삶에서 무슨 일을 겪고 있든 간에, 하나님은 그 일로 당신에게 말씀하시는 게 분명하다.

우리가 삶에서 만나는 상황들은 순전히 우리를 하나님께 더 가까이 이끄는 데 목적이 있을 때가 많다. 욥의 삶이 이것을 분명하게 보여준다. 욥이 겪은 시련과 환난은 그에게 계시된 것보다 큰 목적에서 하나님이 허락하신 것이다.

욥처럼 우리는 하나님의 길을 몰라 당황한다. 욥의 삶을 처음부터 끝까지 보는데도 여전히 "왜?"라고 묻는다. 틀림없이, 이 물음은 하나님이 욥의 삶에서 하신 일보다는 당신이 이 메시지를 이해할 때 하나님이 당신의 삶에서 하실 수 있는 일에 관한 것이다. 우리의 삶을 보면 알듯이, 하나님이 우리의 삶을 다루고 계신다. 하나님은 우리의 무릎을 꿇리실 것이다. 그래야 우리가 들을 준비와 자세를 갖추고 하나님께 돌아갈 터이기 때문이다.

> 주의 약속은 어떤 이들이 더디다고 생각하는 것같이 더딘 것이 아니라 오직 주께서는 너희를 대하여 오래 참으사 아무도 멸망하지 아니하고 다 회개하기에 이르기를 원하시느니라 벧후 3:9

하나님이 그분의 말씀을 통해 우리에게 말씀하시거나 그분의 성령을 통해 우리를 특정 방향으로 인도하시리라고 기대해야 한다.

아무것도 아님을 알게 하시다

우리는 기대하며 기다릴 때, 믿고 하나님께 부르짖을 때, 하나님을 만날 무대를 세우고 있다. 당신은 하나님을 만나길 갈망하는가? 정말인가? 구원이나 구원자를 더 애타게 기다리고 있지 않은가?

욥은 하나님과의 만남을 조심스럽게 바랐으며 믿기 어려울 만큼 충성되고 신실한 하나님의 사람이었다. 욥은 비극을 당하는 내내 하나님께 부르짖었으며 하나님을 만나리라고 기대했던 게 분명하다. 그러나 욥은 하나님을 만나는 것이 자신이 감당하기에 너무 엄청난 일이라는 것을 알았다.

> 오직 내게 이 두 가지 일을 행하지 마옵소서 그리하시면 내가 주의 얼굴을 피하여 숨지 아니하오리니 곧 주의 손을 내게 대지 마시오며 주의 위엄으로 나를 두렵게 하지 마실 것이니이다 그리하시고 주는 나를 부르소서 내가 대답하리이다 혹 내가 말씀하게 하옵시고 주는 내게 대답하옵소서 욥 13:20-22

하나님이 말씀하실 때, 우리는 하나님이 해야 하실 중요한 말씀이 있다고 확신해야 한다. 하나님은 대개 에둘러 말씀하지 않으신다. 하나님은 대화를 길게 끌지 않으신다. 하나님의 말씀과 의중은 매우 직설적이고 정확하며 간결하다.

하나님은 오해의 여지를 남기지 않으시며 구체적인 목적과 계획을 염두에 두신다. 하나님은 우리 삶의 모든 부분에서 진리가 드러나며, 우리가 그분에 관한 진리와 우리 자신 그리고 타인들에 관한 진리를 분명하게 이해하기를 원하신다.

하나님의 길이 욥이 겪는 시련에서 분명하게 드러난다. 욥이 하나님께 끊임없이 응답을 요구할 때, 하나님이 마침내 응답하신다. 하나님은 욥에게 아주 직접적으로 말씀하시기에 욥이 자신을 낮출 틈이 없다. 그래서 하나님이 직접 욥을 낮추신다. 우리도 우리가 자신을 낮추지 않으면 하나님이 우리를 낮추실 것이다.

그때에 여호와께서 폭풍우 가운데에서 욥에게 말씀하여 이르시되 무지한 말로 생각을 어둡게 하는 자가 누구냐 너는 대장부처럼 허리를 묶고 내가 네게 묻는 것을 대답할지니라 욥 38:1-3

이 시점에서 욥은 정말 큰 어려움에 빠져 있다. 우리는 전능하신 하나님께서 이제 뭐라고 말씀하실지 기대하며 기다린다! 네 장(章)에 걸쳐 하나님은 욥에게 계속 이런 질문들을 퍼부으신다.

내가 땅의 기초를 놓을 때에 네가 어디 있었느냐 … 네가 너의 날에 아침에게 명령하였느냐 새벽에게 그 자리를 일러주었느냐 … 어느 것이 광명이 있는 곳으로 가는 길이냐 어느 것이 흑암이 있는 곳으로 가는 길이냐 … 너는 별자리들을 각각 제때에 이끌어낼 수 있으며 북두성을 다른 별들에게로 이끌어갈 수 있겠느냐 … 네가 목소리를 구름에까지 높여 넘치는 물이 네게 덮이게 하겠느냐 욥 38:4,12,19,32,34

하나님은 계속해서 물으신다. 욥이 속으로 하나님께 그만하라고 애원하는 게 느껴진다. 하나님이 잠시 멈추었다가 말씀하실 때, 우리는 심호흡을 한다.

트집 잡는 자가 전능자와 다투겠느냐 하나님을 탓하는 자는 대답할지니라 욥 40:2

하나님은 하나도 남기지 않으신다. 하나님은 욥의 기도에 직접 응답하시며, 교만이 가득한 불평을 쏟아내는 욥의 마음을 다루신다. 34장에 나오는 욥의 기도와 40장에 나오는 하나님의 응답을 보라. 하나님은 욥의 기도를 들으시며 욥의 마음을 아신다. 그리고 자신의 말로 응답하신다.

> 욥 : 내가 의로우나 하나님이 내 의를 부인하셨고 욥 34:5
>
> 하나님 : 네가 내 공의를 부인하려느냐 네 의를 세우려고 나를 악하다 하겠느냐 욥 40:8

우리의 잿더미를 살펴보면 알듯이 우리의 처지도 욥과 다르지 않다. 하나님이 우리를 낮추시고 우리가 아무것도 아님을 깨닫게 하신다. 우리가 누구기에 하나님께 따지겠는가?

> 욥이 여호와께 대답하여 이르되 보소서 나는 비천하오니 무엇이라 주께 대답하리이까 손으로 내 입을 가릴 뿐이로소이다 내가 한 번 말하였사온즉 다시는 더 대답하지 아니하겠나이다 욥 40:3-5

욥은 한바탕 절규와 열변과 불평과 주장을 쏟아낸 후, 죽은 듯이 조용히 앉아 자신이 전능하신 하나님 앞에서는 아무것도 아님을 깨달았다.

우리도 하나님께 말할 때, 우리 곁에 누군가 있어야 한다. 우리가 표현하지 못하는 것을 표현할 수 있는 누군가가 필요하다. 우리는 '예수님'이 필요하다.

중재자가 오셨다

우리는 십자가의 이편에 자리하는 큰 선물을 받아서 그리스도를 통해 구원받는다. 이것은 욥이 그저 갈망하기만 했던 선물이다.

> 하나님이 나와 같은 사람이기만 하여도 내가 그분께 말을 할 수 있으련만, 함께 법정에 서서 이 논쟁을 끝낼 수 있으련만, 우리 둘 사이를 중재할 사람(mediator)이 없고, 하나님과 나 사이를 판결해줄 이가 없구나! 내게 소원이 있다면, 내가 더 두려워 떨지 않도록, 하나님이 채찍을 거두시는 것. 그렇게 되면 나는 두려움 없이 말하겠다. 그러나 나 스스로는, 그럴 수가 없는 줄을 알고 있다. 욥 9:32-35, 새번역

아주 감동적인 말이다. 큰 믿음의 사람이 구원자를 간구하는 외침이기 때문이다. 욥은 하나님이 자신의 기도를 들으셨다는 것을 거의 몰랐으나 그의 기도는 응답되었고, 이 사실은 우리에게 유익하다. 중보자, 구원자께서 오실 것이었다.

따라서 우리가 십자가의 이편에 서 있을 때 하나님의 바람은 우리가 그리스도 안에서 누구며, 그리스도는 우리 안에서 누구신지 분명

하게 아는 것이다.

우리는 진리를 통해 다음과 같은 사실을 알아야 한다.

- 하나님이 우리를 그리스도와 함께 살리셨다(엡 2:5).
- 우리가 그리스도의 마음을 품었다(빌 2:5).
- 우리 안에 계신 이가 세상에 있는 자보다 크시다(요일 4:4).
- 우리는 의(義)의 선물을 받았다(롬 5:17).
- 우리는 지혜와 계시의 영을 받았다(엡 1:17,18).
- 우리는 그리스도를 통해 모든 것을 할 수 있다(빌 4:13).
- 우리는 그리스도보다 큰 일을 할 것이다(요 14:12).
- 우리는 말씀을 행하는 자이고 우리의 행위로 복을 받는다(약 1:22,25).
- 우리는 그리스도를 통해 넉넉히 이긴다(롬 8:37).
- 우리는 그분의 신성한 성품에 참여하는 자다(벧후 1:3,4).
- 우리는 그리스도의 사신(使臣)이다(고후 5:20).
- 우리는 세상의 빛이다(마 5:14).
- 이제는 내가 사는 것이 아니라 오직 내 안에 그리스도께서 사신다(갈 2:20).

그리스도와의 관계를 통해 우리는 중보자를 갖게 되었는데, 이 중보자는 하나님 오른편에 앉아 우리를 위해 간구하신다. 그리스도를 믿기 때문에, 우리는 예수님의 이름으로 기도할 때 하나님께서 우리의 기도를 들으신다는 것을 확실히 안다. 하늘에 계신 하나님과 소통하기를 바란다면 반드시 그리스도라는 문을 통해야 한다.

잠잠히 하나님을 찾고 기다려라

하나님은 우리의 기도를 들으실 때, 주의 깊게 듣는 일이 우리의 몫이라고도 말씀하신다. 당신은 자신이 듣고 있다고 믿을지 모른다. 그러나 자신의 마음이 하나님께서 하시는 모든 말씀에 열려 있는지 자문해보아야 한다.

하나님이 당신을 두셔야 하는 자리가 있는데, 당신이 바로 그 자리에 있다고 말씀하신다면 어떻게 되는가? 온전히 이해하지 못할 더 큰 목적을 위해 당신이 고난의 자리에 더 머물러야 한다고 말씀하신다면 어떻게 되는가? 그리스도께서 겟세마네 동산에서 기도 응답을 받지 못하셨듯이 당신도 기도 응답을 못 받는다고 말씀하시면 어떻게 되는가? 당신의 기도가 응답되려면 당신에게 깊은 상처를 준 누군가를 용서해야 한다고 말씀하신다면 어떻게 되는가?

하나님께 귀를 기울인다는 말은 당신의 삶에서 깨우칠 여지를 둔다는 뜻이다. 하나님을 향한 믿음은 이렇게 말한다.

"나를 잿더미에 두신 목적을 이루실 때까지 나를 그곳에서 건지지 마옵소서."

때로 당신이 하나님의 뜻 한가운데 있기에 하나님이 기도에 곧바로 응답하시는 데 아무 문제가 없을 수도 있다. 그러나 자주, 우리는 하나님의 타이밍 밖에 있으며 가장 자주, 우리는 하나님을 기다려야 한다. 하나님은 좀체 일찍 나타나지 않으시지만 절대로 늦지도 않으신다. 하나님은 언제나 정각에 나타나신다.

> 나의 영혼아 잠잠히 하나님만 바라라 무릇 나의 소망이 그로부터 나오는도다 시 62:5

우리는 기다리는 동안 하나님의 응답을 고대해야 한다. 모퉁이마다 하나님을 바라야 한다. 우리는 하나님이 우리에게 응답하시리라는 기대를 품고 믿어야 한다. 하나님은 나타나실 것이며, 완벽한 순간에 나타나실 것이다. 우리는 조용히 기다려야 한다. 그래야 하나님이 우리에게 말씀하실 때 그분의 음성을 들을 수 있다.

하나님과 조용히 보낼 시간을 찾아보라. 방해받지 않고 하나님과 함께할 시간을 찾아보라. 당신이 드릴 수 있는 가장 좋은 양질의 시간을 하나님께 드려라. 하나님은 당신의 온전한 집중을 원하신다. 당신이 하루를 끝낼 무렵 간신히 깨어 있을 때 당신의 집중을 원하시는 게 아니다.

먼저 하나님을 찾고 주의 깊게 귀 기울여라. 하나님을 찬양하고 그분 앞에 당신의 간구를 쏟아놓아라. 그리고는 조용히 앉아 있어라. 하나님의 음성은 조용하고 고요하기에, 당신이 가만히 있을 때 더 자주 들린다.

하나님은 때로 우리에게 말씀을 보류하신다. 자신이 해야 하는 모든 말씀을 우리가 들을 준비가 되길 기다리시는 중이다. 우리의 마음이 바르지 않고 동기가 옳지 않다면 하나님이 우리 안에서 일해 우리를 그분이 두셔야 하는 자리로 데려가셔야 한다고, 영적으로 그렇게 하셔야 한다고 확신해도 좋다.

하나님은 그분의 말씀을 들을 수 있도록 우리를 변화시키며, 자신이 하실 일에 대해 우리를 준비시키고 계신다. 하나님의 응답을 기다리려면 행동을 취해야 한다. 하나님의 말씀을 신뢰해야 한다. 우리의 믿음이 행동할 때 하나님의 손이 움직인다.

주님의 말씀 묵상하다가, 뜬눈으로 밤을 지새웁니다. 시 119:148, 새번역

하나님은 우리에게 자신의 말씀을 약속과 교훈으로 주셨다. 우리는 하나님의 말씀을 묵상하고 기다리며 그분의 인도를 구함으로써 하나님의 음성을 들을 수 있다.

하나님의 말씀은 불순물을 거르는 우리의 가장 훌륭한 도구여야 한다. 삶의 모든 것을 하나님의 말씀으로 걸러야 한다.

하나님의 말씀은 살아 있고 활력이 있어 좌우에 날선 어떤 검보다도 예리하여 혼과 영과 및 관절과 골수를 찔러 쪼개기까지 하며 또 마음의

생각과 뜻을 판단하나니 히 4:12

하나님이 기도에 응답하시길 기다릴 때 우리는 확신을 갖고 기다려야 한다. 욥의 경우처럼, 하나님의 응답은 우리가 듣고 싶은 응답이 아닐는지 모른다. 하나님은 우리에게 전혀 응답하지 않으시거나 응답을 한동안 미루시는지도 모른다. 그러나 우리는 하나님이 응답하시리라는 것을 반드시 알아야 한다.

누구든지 내게 들으며 날마다 내 문 곁에서 기다리며 문설주 옆에서 기다리는 자는 복이 있나니 잠 8:34

날마다 하나님의 문 곁에서 기다리며 그분의 문설주 옆에서 기다린다는 말은 하나님이 하실 말씀이 무엇인지 알기 위해 그분의 말씀으로 향한다는 뜻이다. 기도가 당신을 전능하신 하나님을 만나는 자리로 데려간다는 사실을 깨닫고 하나님께 귀를 기울이면 당신의 삶에 가장 큰 복이 온다. 만남 그 자체만으로도 우리 영혼의 부르짖음을 너끈히 만족시킨다.

솔직하고 열린 마음으로 나아가라

욥과 같이 솔직하고 열린 마음으로 하나님께 나아가 아뢰어야 한다. 우리는 절대로 하나님을 속이지 못한다. 하나님은 우리의 분노,

비통함, 육신을 만족시키려는 욕망을 다 아신다. 하나님은 우리가 있는 바로 그 자리에서, 우리의 죄 가운데서 우리를 만나주신다. 그곳이 우리를 만나실 수 있는 유일한 자리이기 때문이다!

우리는 겸손하게 하나님 앞에 나아가야 한다. 겸손하면 자신과 자신의 상황, 그리고 타인들에 관한 진리에 가깝게 살기 때문이다. 우리는 진리를 받아들이는 자리에 나와야 하며, 진리는 우리의 육신과 부딪칠 게 분명하다. 우리는 모든 것을 하나님 앞에 내어놓을 때 우리의 고민, 분노, 좌절, 실망, 불만, 아픔, 슬픔을 꼭 내어놓아야 하며, 그 모두를 하나님의 손에 맡기고 걸어 나와야 한다.

자신의 전부를 하나님의 손에 맡길 때 당신의 삶과 거기 포함된 전부가 가능한 최고수의 손에 있다고 확신해도 좋다. 하나님이 돌보실 것이다. 그러니 그저 그분을 신뢰하라. 당신에게 자기 삶의 여러 부분을 되살릴 능력이 있다는 확신이 들더라도, 하나님은 되살리시는 데 대가다. 하나님이 되살림을 창조하셨다. 하나님께 귀 기울이기의 핵심은 바로 이것이다. 처음부터 끝까지 핵심은 '마음'이다.

우리가 기도를 통해 하는 가장 큰 일은 우리의 메시지를 적절한 방식으로 전달하거나 깔끔하고 멋지게 포장하려 애쓰는 게 아니다. 정직하고 열린 마음으로 우리의 속마음을 하나님께 토로하고 가만히 귀를 기울이는 것이다. 응답을 듣기 위해서가 아니라 그저 그분과 함께 있기 위해서 계속 하나님을 찾고 두드려라. 이것이 당신을 향한 하나님의 뜻이다. 우리는 기도할 때, 찬양하고 감사하며 하나님 앞에 나와야 한다. 하나님이 주시는 것 때문이 아니라 하나님 그분 때문에 하나님 앞에 나와야 한다.

> 쉬지 말고 기도하라 범사에 감사하라 이것이 그리스도 예수 안에서 너희를 향하신 하나님의 뜻이니라 살전 5:17,18

언제라도 하나님의 부재를 경험한다면, 해야 할 일은 하나뿐이다. 기다려라. 흔들리지 말고 조용히 기다려라. 하나님이 오셔서 당신에게 말씀하시리라 기대하며 기다려라. 알다시피, 우리가 기도하는 방식이나 기도 자체가 하나님의 손을 움직이는 게 아니다. 기도를 통해 표현되는 우리의 믿음이 하나님의 마음을 움직인다.

우리의 삶을 향한 하나님의 약속을 믿고 그분의 손을 움직여 그분의 말씀을 수행하게 하는 것은 우리의 믿음이다. 절대로 실패하지 않는 믿음이다. 예수님은 기도가 산을 움직인다고 말씀하지 않으셨다. 산을 움직이는 것은 '우리의 믿음'이다.

CHAPTER 4

흔들리지 않는 믿음 붙들기

내가 알기에는 나의 대속자가 살아 계시니 마침내 그가 땅 위에 서실 것이라

내 가죽이 벗김을 당한 뒤에도 내가 육체 밖에서 하나님을 보리라 욥 19:25,26

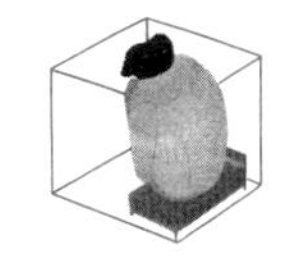

믿음. 우리는 믿음이 우리를 치유하고, 산을 움직이며, 우리로 물 위를 걸을 수 있게 해준다고 배웠다. 예수님은 사역 내내 이렇게 외치셨다.

"너희 믿음대로 돼라. 네 믿음이 너를 구원하였느니라. 이만한 믿음을 보지 못하였노라. 너희 믿음이 어디 있느냐."

믿음이 무엇인지 명쾌하게 알지 못하면 하나님을 믿는 대신 우리의 믿음을 믿게 된다. 예수님이 주신 가르침의 핵심을 들여다보면 알듯이, 하나님이 거듭 주셨을 뿐더러 늘 주실 메시지는 '하나님을 향한 믿음'에 관한 것이다. 우리는 능력이 우리의 믿음에 있지 않고 하나님께 있다는 것을 분명히 알아야 한다.

그들이 묻되 우리가 어떻게 하여야 하나님의 일을 하오리이까 예수께

서 대답하여 이르시되 하나님께서 보내신 이를 믿는 것이 하나님의 일이니라 하시니 요 6:28,29

웹스터 사전에 따르면, 믿음(faith)이란 '증거가 없는 그 무엇을 강한 확신이나 확고한 신념을 갖고 믿는 것'이다. 이 사전은 또한 믿음을 '하나님에 대한 신앙과 신뢰와 충성'이라고 정의한다. 우리는 믿음의 정의를 믿음이라는 단어가 사용된 문맥에서 이해해야 하고, 가장 적절한 번역을 찾아야 한다. 신약 성경에서 믿음이란 '신뢰하다'(to trust)라는 뜻이다.

그리스도인들에게 믿음이 무엇이냐고 물으면, 절대다수는 "보이지 않는 것을 믿는 것, 하나님을 믿는 것"이라고 대답한다. 당신은 어떻게 대답하겠는가? 기억하라. 야고보서 2장 19절은 이렇게 말한다.

"네가 하나님은 한 분이신 줄을 믿느냐 잘하는도다 귀신들도 믿고 떠느니라."

신약 성경이 말하는 믿음은 단지 하나님의 존재를 믿는 것을 초월한다. 하나님의 존재를 믿는 데는 믿음이 전혀 필요치 않다! 하나님이 실재한다고 당신이 믿든 말든, 하나님은 실재하신다. 믿음이 하나님을 실재하게 하는 게 아니다. 하나님은 실재하신다.

믿음이란 역사 내내 자신을 우리에게 알리시는 실재하는 하나님께 우리가 보이는 신뢰와 충성의 반응이다. 믿음은 신뢰를 요구한다. 믿음은 우리가 무엇을 보거나 상황이 어떻게 보이든 상관없이,

의심의 한가운데서 신뢰를 요구한다.

하나님을 향한 신뢰

하나님을 신뢰한다는 게 무슨 뜻인가? 당신의 삶을 향한 하나님의 뜻을 신뢰한다는 게 무슨 뜻인가? 우리가 볼 수 없을뿐더러 육체적으로 대화를 나눌 수도 없는 하나님이 우리의 삶을 다스리시게 하려면 어떻게 해야 하는가? 우리의 모든 필요에 대해 어떻게 하나님을 의지해야 하는가? 하나님을 신뢰하려면 완전히 내어 맡겨야 한다. 하나님의 길이 언제나 우리의 길보다 낫다고 믿는 것이다.

아주 흥미롭게도, '신뢰'(trust)라는 단어의 스칸디나비아 어원은 '신실하다'(faithful)라는 단어에서 나왔다. 웹스터 사전은 신뢰를 '어떤 사람이나 사물의 성격, 능력, 힘에 대한 확실한 의존 ; 미래의 무엇에 대한 의지'라고 정의한다. 믿음은 '의무나 사람에 대한 충성, 증거가 없는 무엇인가에 대한 확고한 신념, 신뢰'라고 정의한다. 믿음과 신뢰의 정의에서 보듯이, 의미상 이 둘은 하나다.

만사가 형통할 때나 삶의 폭풍이 그저 지나갈 때 "나는 하나님을 신뢰합니다!"라고 외치기란 그리 어렵지 않다. 태양이 폭풍 구름을 뚫고 비칠 때 신뢰는 더 쉬워 보인다. 그러나 아픔과 고통이 지속될 때는 어떤가? 온통 어둠밖에 보이지 않을 때, 우리는 우리를 붙드시는 하나님의 은혜를 신뢰하는가?

욥은 일상에서 하나님을 찬양하고 하나님께 제사를 드렸다. 그러나 비극이 닥치고 하나님을 믿는 그의 믿음이 중심까지 흔들릴 때 상황이 달라졌다. 이런 상황에서 하나님을 신뢰하기란 쉽지 않다. 하나님의 존재를 믿는 것조차 보통 때보다 훨씬 어렵다. 삶의 폭풍이 눈을 가려 우리의 구주를 보기가 어렵다. 하나님의 계획을 보고 그분의 길을 신뢰하기가 갈수록 어려워진다.

우리는 하나님이 정말로 주권적이고 모든 것을 아시는지 묻기 시작한다. 하나님이 모든 것을 돌보시는지 심각하게 의심하기 시작한다. 욥처럼 주변을 둘러보며 "도대체 하나님이 어디 계신 거야? 이럴 때 하나님은 어디 가신 거야?"라고 묻는다. 그러나 더 끈질긴 물음은 따로 있다.

"이럴 때 우리는 어디로 가는가?"

욥은 믿음의 싸움을 싸웠다. 욥은 하나님께 갔다. 욥은 하나님의 존재를 믿었을 뿐 아니라 하나님께 모든 해답이 있다고 믿었다. 욥은 하나님이 주권적이라고 믿었다. 욥은 자신의 의심, 불확실, 아픔, 고통 가운데서 하나님을 신뢰했다. 자신의 모든 분노와 불평 가운데서도 여전히 하나님을 신뢰했다.

> 그분이 나를 죽이실지라도, 나는 그분을 신뢰하리라
>
> 욥 13:15, NKJV 역자 직역

욥에게는 해답이 없었다. 그러나 해답이 있는 분에게 갔다. 욥은 진정한 믿음, 곧 하나님을 믿는 놀라운 믿음을 보였다. 욥은 상함과 분노와 아픔과 슬픔과 절망 가운데서 "내가 알기에는 나의 대속자가 살아 계시니"(욥 19:25)라고 외쳤다. 삶의 큰 비극 가운데서, 잃어버린 전부를 하나님이 회복시켜주실 것이라고 외쳤다. 욥은 자신이 언제, 어떻게 회복될지 알지 못했지만, 하나님이 자신을 실망시키지 않으시리라는 것을 알았다.

그들이 주께 부르짖어 구원을 얻고 주께 의뢰하여 수치를 당하지 아니하였나이다 시 22:5

욥이 옳았다. 그의 믿음대로 그에게 이뤄졌다.

너희 믿음대로 되라 마 9:29

여전히 하나님을 신뢰할 수 있는가?

하나님을 믿는 진정한 믿음의 가장 훌륭한 본보기를 겟세마네 동산에서 볼 수 있다. 여기서 예수님은 하나님이 '그분의 잔을 거두어 가시도록' 세 차례 기도하셨다.

"내 아버지여 만일 할 만하시거든 이 잔을 내게서 지나가게 하옵소서 그러나 나의 원대로 마시옵고 아버지의 원대로 하옵소서."

예수님은 자신의 기도에 응답해달라고, 자신이 생각할 수도 없는 고난을 겪지 않게 해달라고 하나님께 간청하셨다. 그러나 예수님은 진정한 믿음으로 기도하셨고, 결국 마지막에 하나님의 뜻이 이루어지길 바란다고 하셨다. 하나님이 자신의 기도에 자신이 바라는 대로 응답하지 않으시자, 예수님은 믿음을 행동으로 옮기셨고 제자들을 불러 하나님의 계획을 따르게 하셨다.

예수님은 자원해서 하나님의 뜻을 성실히 따르셨다. 우리도 똑같이 할 수 있지 않은가? 하나님이 우리가 살면서 겪을 아픔이나 고난을 제거해주지 않기로 하실 때, 우리는 하나님이 우리를 위하신다고 확신하며 믿음으로 전진할 수 있는가?

자신에게 물어라.

"내가 고난 당할 때 하나님이 나와 함께 계시고, 나를 붙드시며, 단지 나를 거기서 건지시는 게 아니라 내게 힘을 주신다고 믿는가?"

우리가 앉아 있는 잿더미가 정확히 하나님이 우리를 두시려는 자리라면, 우리가 지금 하나님의 뜻 안에 있다면 어떻게 되는가? 그래도 여전히 하나님을 신뢰하는가?

우리가 잿더미에 앉아 하나님의 음성을 들으려고 기다릴 때 의문이 일어난다. 갈릴리 호수에서 예수님이 폭풍을 잠잠하게 하신 후 "너희 믿음이 어디 있느냐"라고 물으셨을 때처럼 말이다. 당신은 무슨 일이 있어도 하나님을 믿는가? 하나님이 끝내 나타나실 것이라고 믿는가? 어느 순간은 그렇게 믿을지 모르지만, 다음 순간 다시 의심에 휩싸인다.

그러나 무엇을 하실 수 있거든 우리를 불쌍히 여기사 도와주옵소서 예수께서 이르시되 할 수 있거든이 무슨 말이냐 믿는 자에게는 능히 하지 못할 일이 없느니라 하시니 곧 그 아이의 아버지가 소리를 질러 이르되 내가 믿나이다 나의 믿음 없는 것을 도와주소서 하더라 막 9:22-24

사탄이 자신의 거짓말을 우리 속에 두어, 우리가 하루를 버텨내려고 발버둥 칠 때 우리의 믿음이 떨어지려 한다. 그러나 예수님이 우리를 위해 기도하셨다.

그러나 내가 너를 위하여 네 믿음이 떨어지지 않기를 기도하였노니 눅 22:32

우리의 잿더미에서 벗어나는 비결은 '믿음'이다. 믿음은 우리의 새로운 '시작'에 이르는 길이다. 믿음은 불가능을 가능하게 한다. 놀랍고 초자연적인 하나님의 능력을 믿는 믿음 말이다.

산을 두신 목적이 있다

삶에서 하나님께 부르짖을 때, 거기 누구라도 있기는 한지 의문스러울 때가 있다. 하나님을 믿는 믿음은 구속자가 살아 계시다고 믿으며, 이것을 보지 않은 채 선포한다. 대부분, 당신의 삶에 산이 있다. 당신 앞에 그저 산 하나가 버티고 서 있을 수도 있고, 아예 산맥

이 버티고 서 있을 수도 있다. 살아가는 삶의 풍경이 어떻든 당신은 하나님께 "이 산들을 옮겨주십시오"라며 부르짖고 있을 것 같다.

산은 오랫동안 문제, 장애물, 짐을 상징했다. 이런 정의에 따르면, 삶이 산으로 가득하다고 자신 있게 말할 수 있다. 우리는 삶의 산들이 기쁨, 평안, 행복을 경험하지 못하게 막는다고 확신하며 "산들이 옮겨지기만 하면 삶에서 성취와 평안을 경험할 수 있다"라고 말한다.

그러나 여기 계시가 있다. 우리의 삶에 자리한 산은 실수로 거기 있는 게 아니다. 우리가 이런저런 실수를 해서 그 산들이 우리의 삶에 자리하고 있을 수도 있다. 그러나 우리 앞에 버티고 서 있는 산은 하나님께 전혀 놀라운 게 아니며 하나님을 위협하지도 못하는 게 분명하다. 하나님께 산은 두더지가 파놓은 흙 두둑처럼 보인다. 설령 우리에게는 에베레스트 산처럼 보이더라도 말이다. 당신의 하나님은 당신의 삶에 우뚝 선 산들을 올려다보지 않으신다. 하나님은 그 산 꼭대기에서 당신에게 말씀하신다.

당신이 밟는 믿음의 여정에서 이것만은 꼭 알아야 한다. 당신의 삶에 자리한 산들은 당신이 밟은 믿음의 여정에서 큰 목적을 위한 풍경의 일부이다. 당신이 자리한 골짜기에서 산들을 올려다볼 때 하나님을 신뢰한다면, 어느 날 그 산들의 목적을 어느 정도 이해하게 될 것이다. 완전히 이해하지는 못하고, 설령 하나님이 그 목적을 절대 계시해주지 않으시더라도, 그분이 당신의 믿음을 키우고 당신과 얼굴을 맞대기 위해 그 산들을 어떻게 사용하시는지 알게 될 것이다.

우리의 삶에 자리한 산들은 저마다 구체적인 목적이 있지만, 모두에게 공통된 핵심 목적이 있다. 하나님은 우리를 더 높이, 더 가까이 이끌고 계신다는 것이다. 하나님은 우리를 한 걸음씩 인도해 골짜기를 지나게 하려 하신다. 골짜기가 우리의 믿음이 자랄 수 있는 자리이며 하나님의 영광을 온전히 경험할 수 있는 자리다. 골짜기에서만 찾을 수 있는 복이 있다.

우리는 산을 만날 때 그저 '올려다보려' 한다. 우리 앞에 버티고 서 있는 산에 압도되어 걸음을 멈추고 자신이 지금 어디에 있는지 확인할 여유조차 없을 때가 많다. 하나님은 당신이 자리한 그곳에서, 당신의 절망과 체념 가운데서 당신에게 복을 주길 원하신다.

당신의 골짜기, 당신의 잿더미, 거기 하나님이 계신다. 하나님이 계신 곳에 평안과 사랑과 기쁨이 있다. 하나님은 당신이 지금 하나님과 함께 있는 그 자리에 집중하길 원하신다. 하나님은 당신이 산이 아니라 하나님께 집중하길 원하신다.

우리는 산에 초점을 맞추고 그 산이 '옮겨지면', 그 산이 '바다에 던져지면', 또는 그 산이 그저 '이곳에서 저곳으로 옮겨지면' 마침내 기쁨과 평안과 행복을 얻게 될 것이라고 믿는 경향이 있다. 그러나 하나님은 당신 안에서 일하길 원하신다. 그래서 당신이 살아가는 삶의 풍경이 어떻든 간에, 어느 때라도 당신이 평안을 맛보고 그분의 기쁨으로 충만해지기를 원하신다.

하나님이 당신 속에서 일하면서 당신의 믿음을 한 단계씩 성장시키실 때, 하나님은 당신이 자신의 산을 힘 있게, 기쁨으로 바라보길 원하신다. 하나님은 당신이 믿음의 여정에서 만나는 단기적인 고난보다 당신의 장기적인 믿음 성장에 더 관심을 두신다.

너희 안에서 착한 일을 시작하신 이가 그리스도 예수의 날까지 이루실 줄을 우리는 확신하노라 빌 1:6

하나님께는 당신의 삶을 향한 크신 계획이 있으며, 당신이 진정으로 그분을 신뢰하는 법을 배울 때 당신을 잿더미에서 건져내실 계획이 있다.

당신의 삶에서 마주칠 가장 큰 산은 두려움과 의심이다. 두려움과 의심은 우리의 삶에서 옮겨져야 하는 가장 큰 산이다. 하나님을 믿는 믿음을 통해, 이 산들뿐만 아니라 당신이 삶에서 마주치는 다른 모든 산도 옮겨질 수 있다. 속지 말라. 산을 옮기는 능력은 당신의 믿음에 있지 않다. 당신의 믿음 자체가 능력인 것이 아니다.

당신의 산을 옮기는 능력은 그 산을 옮길 수 있는 분은 당신의 하나님이시라는 것을 믿는 데서 온다. 이 능력, 이 초자연적 힘은 전능하신 하나님에게서 온다.

산을 옮기는 믿음

예수님은 믿음에 관해 숱하게 말씀하셨는데, 특히 두 경우에 가장 강하게 말씀하셨다. 첫째는 '산 옮기기'와 관련이 있다.

> 내가 진실로 너희에게 이르노니 누구든지 이 산더러 들리어 바다에 던져지라 하며 그 말하는 것이 이루어질 줄 믿고 마음에 의심하지 아니하면 그대로 되리라 그러므로 내가 너희에게 말하노니 무엇이든지 기도하고 구하는 것은 받은 줄로 믿으라 그리하면 너희에게 그대로 되리라
>
> 막 11:23,24

믿음의 분투 중에 믿음을 온전히 이해하려면 예수님이 무슨 말씀을 하시는지 반드시 알아야 한다. 마가복음 11장 23,24절은 "너희가 기도할 때에 무엇이든지 믿고 구하는 것은 다 받으리라"는 마태복음 21장 22절 말씀과 함께 매우 자주 사용된다. 우리는 믿음을 말하고 우리의 믿음이 무엇을 할 수 있는지 말할 때 조심해야 한다.

많은 사람이 두 구절을 오해해 믿음이 충분하고 믿음으로 말하기만 하면 기적을 행할 수 있다는 뜻으로 받아들인다. 기본적으로 우리 안에 있는 능력을 사용해 우리의 가장 큰 희망과 바람을 되살려내야 한다는 것이다. 예수님이 우리에게, 우리가 물리적인 것들을 그분의 이름으로 명령하면 그것들이 우리의 말에 복종하리라고 말씀하신다는 것이다. 우리는 두 구절을 우리가 원하는 무엇이든 얻는

공짜표로 본다. 믿음이 충분하면 우리 삶의 산을 옮길 수 있다고 가르친다.

하나님의 말씀은 그것이 기록된 문맥에서 보아야 한다. 그러지 않으면 우리의 믿음이 떨어질 것이다.

우리는 믿음을 이해하려고 분투할 때, 시편 37편 4,5절의 진리를 덧붙이며 이렇게 외친다.

"여호와를 기뻐하라 그가 네 마음의 소원을 네게 이루어주시리로다 네 길을 여호와께 맡기라 그를 의지하면 그가 이루시고"

우리가 알기도 전에, 우리의 믿음이 하나님의 일이 아니라 우리의 일에 이용되고 있다. 예수님은 산 옮기기에 대해 말씀하셨으나, 이 경우 당신이 하나님나라에서 하나님의 종으로서 역할을 수행하는 일을 말씀하신 것이다.

너무나 많은 사람이 거짓 가르침에 기초한 믿음을 붙든다. 믿음을 우리가 하나님의 뜻을 신뢰할 때 나타나는 하나님의 능력으로 보지 않고, 하나님이 우리에게 주시는 능력으로 본다. 믿음이란 우리의 뜻이 아니라 하나님의 뜻에 관한 것이다. 믿음이란 당신에 관한 게 아니라 전적으로 하나님에 관한 것이다.

어떤 사람들은 이렇게 물을지도 모른다.

"그래서 핵심이 뭔데요? 도대체 왜 내가 믿음을 가져야 하는데요?"

인생 여정을 밟다보면 자기 삶의 잿더미를, 자신에게 아무것도 남지 않는 순간을 만나기 마련이다. 희망도 없고 행복도 없으며, 기쁨도 없고 느낌도 없다. 텅 빈 자리, 당신을 삼키겠다고 위협하는 자리, 당신이 하나님을 신뢰할 필요를 발견하는 자리에 이르게 된다.

당신은 주위를 돌아보며 깨닫는다. 당신의 영혼이 부르짖고 있으며, 그 부르짖음은 자연히 당신의 창조자를 향한다. 당신이 하나님의 뜻대로 고난을 겪고 있다면, 하나님을 신뢰하고 또한 선을 이루겠다는 그분의 약속을 신뢰하겠다고 선택해야 한다.

> 그러므로 하나님의 뜻대로 고난을 받는 자들은 또한 선을 행하는 가운데에 그 영혼을 미쁘신 창조주께 의탁할지어다 벧전 4:19

그리스도께서 돌아서지 않으신 것이 오늘은 물론이고 영원히 우리에게 얼마나 큰 기쁨인지 모른다. 그리스도께서는 땀이 피가 될 만큼 참을 수 없는 고통을 겪는 내내 하나님을 신뢰하셨다. 오직 믿음으로 우리는 하나님의 영광을 볼 것이다. 우리는 반드시 하나님을 신뢰해야 한다.

하나님은 다른 길을 내실 수 있다

우리는 "지금 당장은요? 지금 내가 겪고 있는 일은요? 믿음이 산을 옮길 수 있나요, 없나요?"라고 묻는다.

믿음은 분명히 산을 옮길 수 있다. 그러나 진정한 믿음은 산 옮기기를 자신의 시각이 아니라 하나님의 시각에서 이해한다. 삶이 옮겨지는 현장은 항상 우리 삶의 외부 환경에 있는 것은 아니다. 내면의 삶에 더 자주 있다. '하나님을 믿는 떨어지지 않는 믿음'은 당신의 삶에 자리한 산이 하나님의 뜻과 계획 가운데 일부라면, 하나님의 일이 이루어질 때까지 그 자리에 그대로 있어야 한다는 것을 안다.

우리가 살아가는 삶의 바깥 풍경이 어떻든 간에, 우리가 하나님을 신뢰할 때 바뀌는 것은 우리의 안 풍경이다. 삶의 풍경이 달리지면 삶도 달라보인다. 자신의 시각이 아니라 하나님의 시각으로 상황을 볼 때 그렇게 된다.

우리의 시각은 유한하지만, 하나님의 시각은 무한하다. 우리는 하나님을 신뢰할 때 전에 없던 가능성을 열고 있다. 해결책이 보이지 않는 문제에 봉착할 때, 우리의 삶에 자리한 산이 커지는 것처럼 보이기까지 한다. 그러나 하나님을 신뢰할 때 전에 볼 수 없던 길이 있다는 가능성이 보인다.

애굽에서 노예들은 자유롭지 못했고 희망도 없었다. 그러나 하나님은 다른 가능성을 제시하셨다. 하나님은 이들에게 모세를 보내셨고, 모세는 이들을 이끌고 애굽을 나왔다. 하나님은 다른 길을 내셨다. 그러나 이들은 적군이 추격해오고 홍해를 만나자 희망을 잃었다.

하나님은 다시 다른 길을 내셨다. 홍해를 가르셨다. 당신이 하나님을 신뢰하면 하나님도 당신을 위해 길을 내신다. 믿음이 산을 옮길 수 있는 까닭은 믿음이 불가능을 가능으로 바꾸기 때문이다. 믿음은 무엇이든 하실 수 있는 주권적인 하나님을 신뢰한다. 하나님은 그 어느 문제나 어려움이나 역경보다 크신 분이다. 하나님은 당신의 삶에 자리한 산을 옮기실 수 있다. 당신의 믿음은 말한다.

"믿어! 그분은 하실 수 있어!"

겨자씨만 한 믿음

둘째로 믿음이 무엇인지 정확히 이해하려고 끊임없이 애쓰다보면 예수님이 들려주시는 겨자씨 비유를 만나게 된다.

> 주께서 이르시되 너희에게 겨자씨 한 알만 한 믿음이 있었더라면 이 뽕나무더러 뿌리가 뽑혀 바다에 심기어라 하였을 것이요 그것이 너희에게 순종하였으리라 눅 17:6

우리의 믿음과 관련한 두 예화는 강력하고 의미심장하다. 눈에 보이는 진짜 산은 절대 옮길 수 없다. 예수님은 하나님을 믿는 믿음, 곧 하나님의 능력이 나타나게 하는 믿음을 통해 우리 삶에 자리한 산을 옮길 수 있다고 말씀하셨다. 우리는 눈에 무엇이 보이든 간에, 큰 믿음을 갖고 하나님을 신뢰하며 발걸음을 내딛기로 선택해야 한다. 믿음은 눈에 보이는 것을 따라 행하지 않는다.

'뽕나무'는 우리의 믿음을 훨씬 잘 설명해준다. 나무를 옮기려면 뿌리를 처리해야 하기 때문이다. 뿌리는 땅 밑에서 깊이 자란다. 뿌리는 잘못된 생각, 중독, 비꼼, 용서하지 않음같이 삶에서 우리를 옭아매는 숱한 문제를 상징할 수 있다. 뿌리는 반드시 처리해 완전히 제거해야 한다. 뿌리를 완전히 제거하지 않으면, 무엇이든 다시 자란다.

예수님은 나무에게 구체적으로 말씀하셨다.

"뿌리가 뽑혀 바다에 심기어라."

단지 나무가 아니라 뿌리를 반드시 뽑아야 한다.

예수님은 나무를 더 잘 자랄 만한 곳에 옮겨 심어야 한다고도 하셨다.

> 더러는 좋은 땅에 떨어지매 나서 백 배의 결실을 하였느니라 이 말씀을 하시고 외치시되 들을 귀 있는 자는 들을지어다 눅 8:8

하나는 분명하다. 예수님은 믿음이 있으면, 다시 말해 우리의 믿음이 하나님 안에 뿌리를 내렸다면 모든 것이 가능하다고 말씀하셨다. 또한 예수님은 '많은' 믿음이 필요치 않다고 분명하게 말씀하셨다. 우리의 믿음이 문제에 비례할 필요는 없다. 산을 옮기려면 그 산만 한 믿음이 있어야 하는 게 아니다. 겨자씨만 한 믿음만 있으면 된다. 이것을 알면 위안이 된다.

중요한 것은 우리 믿음의 크기가 아니며, 예수님은 우리가 이 사실을 알기를 원하셨다. 예수님은 힘주어 말씀하신다. 중요한 것은 우리 믿음의 질이다. '의심하지 않는 믿음'이다. 이런 믿음은 좀체 찾아보기 어렵다.

그분의 뜻을 진정으로 믿는 믿음

가장 중요한 게 남았다. 우리는 예수님이 이 문맥에서 무엇을 말씀하셨는지 분명하게 알아야 한다. 예수님은 하나님의 뜻 이루기에 대해 말씀하신 것이다. 우리의 산을 옮겨달라고 외칠 때처럼 기쁨과 평안을 얻으려고 자기 마음의 소원을 구할 때, 우리는 시편 37편 4, 5절에서 하나님의 말씀과 다시금 맞닥뜨린다.

"여호와를 기뻐하라 그가 네 마음의 소원을 네게 이루어주시리로다"

그런데 우리가 때로 빼먹는 구절이 있다. 5절이다.

"네 길을 여호와께 맡기라 그를 의지하면 그가 이루시고"

'기뻐하다'라는 말은 어떤 것에서 즐거움을 얻거나 기쁨을 발견한다는 뜻이다. 이 정의와 이 성경 구절을 연결할 때, 잠시 멈춰 자신에게 물어야 한다. "하나님께 마음의 소원을 이루어달라고 간구할 때, 산을 옮겨달라고 부르짖을 때, 잿더미에서 건져달라고 필사적으로 기도할 때 나는 하나님을 기뻐하고 있는가?"

우리가 절망에 빠져 있다면, 안으로든 밖으로든 불평하고 있다면 하나님을 기뻐하고 있는 게 아니다. 우리가 하나님의 뜻보다 앞서 움직이려 하고, 하나님의 타이밍과 하나님의 계획을 스스로 실행하려 하고 있다면 하나님을 기뻐하고 있는 게 아니다. 그렇다면 우리가 하나님께 순종하지 않고 있다는 문제와 갑자기 맞닥뜨리게 된다. 4절에 순종하지 않고 있음을 깨닫고 5절을 마주할 때, 우리의 문제는 더 깊어진다.

하나님의 말씀이 우리에게 말할 때, 우리는 자신에게 물어야 한다. 우리의 길을 하나님께 맡기고 있는가? 우리의 짐을 하나님께 맡기고 있는가? 진정으로 하나님을 신뢰하고 있는가? 하나님을 의지하며, 하나님을 확신하고 있는가? 대부분의 경우, 우리는 그러지 못한다. 겉으로 그렇게 보일는지 몰라도 하나님은 우리의 마음을 아신다.

예수님은 믿음이 산을 옮기리라고 말씀하셨다. 그렇다면 그 믿음이란 하나님 신뢰하기라는 것을 분명히 알아야 한다!

우리는 어떤 일에서는 하나님을 신뢰하고, 어떤 일에서는 그러지 않은 경향이 있다. 좋을 때는 하나님을 신뢰하고, 나쁠 때는 그러지 않는 경향이 있다. 예수님이 산 옮기기를 말씀하실 때 의미하셨던 믿음이란 하나님과 그분의 뜻을 진정으로 신뢰하는 믿음이다.

주신 이도 여호와시요 거두신 이도 여호와시오니 여호와의 이름이 찬송을 받으실지니이다 욥 1:21

이것이 무슨 일을 당하더라도 하나님을 지속적으로 신뢰하는 믿음이다. 예수님이 산 옮기기를 말씀하시면서 의미하신 믿음은 하나님의 가능성을 믿는 믿음이었다. 우리의 상황이 어떻든 간에 하나님이 개입하실 수 있다고 믿는 믿음이었다. 예수님은 의심하지 않는 믿음을 말씀하셨다. 의심하지 않는 믿음은 하나님의 말씀을 신뢰하는 것에서만 나올 수 있다.

행동하는 믿음은 하나님이 하시는 말씀을 신뢰하고, 말씀하시는 하나님을 신뢰한다. 하나님을 신뢰할 때 우리는 하나님의 말씀을, 하나님의 진리를 삶에서 선포하는 것이다.

하나님을 향한 믿음은 목소리가 있으며, 우리는 하나님의 말씀을 통해 그 목소리를 듣는다. 예수님이 유혹(시험)을 받으실 때 그렇게 하셨듯이, 우리도 하나님의 말씀을 따라야 하며 "기록되었으되"라고 선포해야 한다.

우리는 말한다 : "불가능해!"

하나님은 말씀하신다 : 모든 것이 다 가능해. 눅 18:27

우리는 말한다 : "나는 너무 지쳤어!"

하나님은 말씀하신다 : 내가 너에게 쉼을 주리라. 마 11:28-30

우리는 말한다 : "아무도 날 사랑하지 않아!"

하나님은 말씀하신다 : 내가 너를 사랑한다. 요 3:16,34

우리는 말한다 : "못 참겠어요!"

하나님은 말씀하신다 : 내 은혜가 충만하다. 고후 12:9 ; 시 91:15

우리는 말한다 : "도무지 모르겠어요!"

하나님은 말씀하신다 : 내가 네 걸음을 인도하겠다. 잠 3:5,6

우리는 말한다 : "나는 할 수 없어요!"

하나님은 말씀하신다 : 너는 모든 것을 다 할 수 있다. 빌 4:13

우리는 말한다 : "나는 불가능해요!"

하나님은 말씀하신다 : 나는 가능하다. 고후 9:8

우리는 말한다 : "그럴 가치가 없어요."

하나님은 말씀하신다 : 그럴 가치가 있을 것이다. 롬 8:28

우리는 말한다 : "나 자신을 용서하지 못하겠어요!"

하나님은 말씀하신다 : 내가 너를 용서한다. 요일 1:9 ; 롬 8:1

우리는 말한다 : "어떻게 꾸려가야 할지 모르겠어요."

하나님은 말씀하신다 : 내가 네 모든 필요를 채우겠다. 빌 4:19

우리는 말한다 : "무서워요!"

하나님은 말씀하신다 : 내가 네게 준 것은 두려워하는 마음이 아니다. 딤후 1:7

우리는 말한다 : "늘 걱정하고 좌절해요."

하나님은 말씀하신다 : 네 모든 염려를 내게 맡겨라. 벧전 5:7

우리는 말한다 : "나는 별로 똑똑하지 못해요!"

하나님은 말씀하신다 : 내가 네게 지혜를 주겠다. 고전 1:30

우리는 말한다 : "늘 혼자인 것 같아요."

하나님은 말씀하신다 : 내가 절대로 너를 떠나지 않으며 버리지 않겠다. 히 13:5

말의 힘

하나님을 향한 우리의 믿음을 하나님이 보실 때, 하나님의 능력이 나타난다. 하나님은 우리에게 그분의 말씀은 능력이 있다고 하셨고, 그분의 말씀을 성실하게 말하라고 하셨다.

내 말을 받은 자는 성실함으로 내 말을 말할 것이라 겨가 어찌 알곡과 같겠느냐 여호와의 말씀이니라 내 말이 불같지 아니하냐 바위를 쳐서

부스러뜨리는 방망이 같지 아니하냐 렘 23:28,29

방망이(hammer), 망치를 생각하면 힘을 쓰는 물체가 떠오른다. 망치는 한 사물을 다른 사물에 박아 넣어 하나를 다른 하나에 고정시키는 힘이 있다. 이처럼 하나님의 말씀이 우리를 하나님께 붙인다.

또한 방망이, 곧 하나님의 말씀은 장애물을 부순다. 우리 삶에서 가장 큰 적들을 단 한 방으로 산산조각 내버린다. 말씀에는 능력이 있다. 하나님이 우리에게 그렇다고 말씀하셨고, 성경뿐 아니라 평범한 우리의 일상도 이것을 증언한다.

우리가 하나님을 기다리고 있다고 외칠 때, 사실은 하나님이 우리를 기다리고 계시는 경우가 많다! 우리는 우리의 산을 향해 외쳐야 한다. 우리의 말은 우리의 믿음을 보여주는 증거다. 우리가 하나님께 집중하고 있다는 분명한 표시다.

마가복음 11장 23절은 우리가 무엇을 말하든지 그대로 되리라고 말한다. 우리가 말하면, 우리에게 없는 것이 생기고 우리에게 있는 것이 없어진다. 우리에게 어떤 힘이나 특별한 능력이 있는 게 아니다. 우리가 하나님을 믿고 내는 믿음의 목소리가 하나님의 초자연적 능력을 부른다. 하나님을 믿음으로써, 하나님이 우리 안에서 우리를 통해 일하실 수 있다는 믿음을 가짐으로써 우리는 하나님의 능력을 부른다. 하나님을 의지하고 신뢰하면서 하나님의 말씀을 선포하는 우리의 소리를 들으실 때, 하나님은 우리의 믿음을 들으신다.

믿음은 들을 수 있고 또한 볼 수 있다. 하나님은 우리의 믿음을 찾고 계시지만, 또한 우리의 믿음을 듣기를 원하신다.

> 내가 환난 중에서 여호와께 아뢰며 나의 하나님께 부르짖었더니 그가 그의 성전에서 내 소리를 들으심이여 그의 앞에서 나의 부르짖음이 그의 귀에 들렸도다 이에 땅이 진동하고 산들의 터도 요동하였으니 그의 진노로 말미암음이로다 시 18:6,7

하나님은 우리의 소리를 들으신다. 욥이 격한 불평을 쏟아내며 끝없이 부르짖을 때, 하나님은 그의 소리를 들으셨다. 믿음은 소리가 있으며, 당신의 소리가 하늘에 이르고 전능하신 하나님의 귀에 닿는 데는 그리 오래 걸리지 않는다. 우리는 하나님을 믿고 기대하며 하나님의 능력을 의심하기를 거부하는 믿음의 소리를 활용해야 한다.

> "하나님을 기쁘게 하는 믿음은 단순히 하나님의 말씀이 말하는 바를 믿는 게 아니라 하나님의 말씀이 의미하는 바를 믿는 믿음이다."
>
> _밥 조지(Bob George)

"믿음은 모든 '만약'을 배제하고 하나님을 받아들이는 것이다. 하나님이 무엇이든 말씀하시면, 믿음은 '내가 믿습니다'라고 말한다. 믿음은 여기에 '아멘'이라고 말한다."

_D. L. 무디

"나는 밤새 하나님께 부르짖을 때보다 1분간 하나님을 믿을 때 하나님께 더 많이 얻을 수 있다."

_스미스 위글스워스(Smith Wigglesworth)

정말로 우리의 '소리'(voice)가 이렇게 중요하다고 말할 수 있는가? 우리는 하나님이 말씀으로 천지를 창조하셨다는 것을 안다. 창세기 1장 3절은 "하나님이 이르시되 빛이 있으라 하시니 빛이 있었고"라고 말한다. 하나님은 무슨 일이 일어나기 전에 그것을 말씀하셔야 했다. 하나님은 모든 것을 자신의 소리로 창조하셨고, 말씀으로 우주를 창조하셨다.

우리는 우리가 하는 말로 일이 일어나게 할 수 있으며, 우리가 하지 않는 말로 일이 일어나지 않게 할 수 있다. 우리의 말은 세울 수도 있고 무너뜨릴 수도 있으며, 치료할 수도 있고 해칠 수도 있다. 우리의 말에는 힘이 있다. 혀에는 힘이 있다.

우리가 다 실수가 많으니 만일 말에 실수가 없는 자라면 곧 온전한 사람이라 능히 온몸도 굴레 씌우리라 우리가 말들의 입에 재갈 물리는 것은 우리에게 순종하게 하려고 그 온몸을 제어하는 것이라 또 배를 보라 그렇게 크고 광풍에 밀려가는 것들을 지극히 작은 키로써 사공의 뜻대로 운행하나니 이와 같이 혀도 작은 지체로되 큰 것을 자랑하도다 보라 얼마나 작은 불이 얼마나 많은 나무를 태우는가 약 3:2-5

못된 열매 맺는 좋은 나무가 없고 또 좋은 열매 맺는 못된 나무가 없느니라 나무는 각각 그 열매로 아나니 가시나무에서 무화과를, 또는 찔레에서 포도를 따지 못하느니라 선한 사람은 마음에 쌓은 선에서 선을 내고 악한 자는 그 쌓은 악에서 악을 내나니 이는 마음에 가득한 것을 입으로 말함이니라 눅 6:43-45

보이지 않아도 믿음으로 행하라

우리들 대부분은 매일같이 내면의 소리에 무너진다. 우리는 자신과의 싸움에서 패배한다. 욥은 싸움을 싸우기로 결심했다. 그는 혼란의 한가운데서 소리 내어 외쳤다. "내가 알기에는 나의 대속자가 살아 계시니"(욥 19:25). 하나님은 우리의 믿음이 우리를 구속(救贖)으로 인도하는 결정적 요인이 되게 하셨다.

하나님은 하나님께 자신을 증명하는 사람이 아니라 하나님을 믿는 사람을 찾고 계신다. 하나님은 진정한 믿음, 즉 보이지 않는 것을 향한 믿음, '하나님류의 믿음'(God-kind of faith)을 가진 사람들을 찾고 계신다.

믿음은 바라는 것들의 실상이요 보이지 않는 것들의 증거니 히 11:1

보이지 않는 것들을 향한 우리의 믿음은 보이는 것들을 향한 믿음보다 훨씬 강하다. 우리가 사랑하는 사람들이 무서운 병에 걸렸을 때, 하나님의 치유하시는 손길이 그들을 고칠 수 있다고 믿기보다 그들이 그 병으로 죽으리라고 믿기가 훨씬 쉽다. 하나님이 우리의 결혼 생활 속에서 일하셔서 그것을 경건한 관계로 바꾸실 수 있다고 믿기보다 우리의 결혼이 그저 실수였다고 믿기가 더 쉽다. 하나님이 우리 편이라고 믿기보다 세상이 우리를 대적한다고 믿기가 훨씬 쉽다.

따라서 우리는 보이는 것을 따라 행하지 말고 믿음으로 행해야 한다. 우리가 눈에 보이는 것을 따라 행한다면, 계속 나아가야 할 이유를 찾을 수 없을 것이다.

이는 우리가 믿음으로 행하고 보는 것으로 행하지 아니함이로라
고후 5:7

예수님은 우리에게 말씀하신다. 하나님의 능력이 산을 움직일 수 있도록, 하나님은 당신이 산을 향해 말하고 하나님을 믿는 믿음을 보여주길 기다리신다는 것이다. 하나님은 그분의 놀라운 일에 참여하라며 우리를 초대하신다. 하나님의 은혜와 능력으로 옮기지 못할

산은 없다. 예수님은 믿음은 행동을 요구한다고 가르치셨다.

천국은 우리가 쓰는 언어로 소통하고 말하지 않는다. 물론, 우리가 하나님이 이미 말씀하신 것을 말함으로써 하나님의 언어로 말하고 있지 않다면 그렇다는 말이다. 우리가 하나님의 말씀을 듣고 말하고 있다면, 모든 하늘과 땅이 그것을 수행하려고 움직일 것이다.

> 내 입에서 나가는 말도 이와 같이 헛되이 내게로 되돌아오지 아니하고 나의 기뻐하는 뜻을 이루며 내가 보낸 일에 형통함이니라 사 55:11

당신이 하나님의 말씀을 말할 때, 당신의 모든 필요에 대해 하나님의 말씀이 분명하게 드러날 것이다.

> 그러면 무엇을 말하느냐 말씀이 네게 가까워 네 입에 있으며 네 마음에 있다 하였으니 곧 우리가 전파하는 믿음의 말씀이라 네가 만일 네 입으로 예수를 주로 시인하며 또 하나님께서 그를 죽은 자 가운데서 살리신 것을 네 마음에 믿으면 구원을 받으리라 사람이 마음으로 믿어 의에 이르고 입으로 시인하여 구원에 이르느니라 롬 10:8-10

하나님은 우리에게 삶이냐 죽음이냐, 성공이냐 실패냐, 기쁨이냐 슬픔이냐를 선택할 능력을 주셨고, 영생을 선택할 능력을 주셨다.

내가 오늘 하늘과 땅을 불러 너희에게 증거를 삼노라 내가 생명과 사망과 복과 저주를 네 앞에 두었은즉 너와 네 자손이 살기 위하여 생명을 택하고 신 30:19

이것은 하나님의 존재를 믿겠다는 선택일 뿐 아니라 하나님과 하나님의 말씀을 믿겠다는 선택이다. 행동하는 믿음은 말과 행위로 드러난다. 우리의 말과 행위는 믿음을 보여주는 증거이며 우리의 믿음이 진짜인지 아닌지를 증명한다.

믿음의 말을 하라

성경에는 우리의 말에 힘이 있다는 큰 증거가 있다. 우주 창조부터 창세기 전체에서 "하나님이 이르시되"라는 표현이 반복된다. 시편 33편 6-9절에서 하나님 음성의 힘을 볼 수 있다.

여호와의 말씀으로 하늘이 지음이 되었으며 그 만상을 그의 입 기운으로 이루었도다 그가 바닷물을 모아 무더기 같이 쌓으시며 깊은 물을 곳간에 두시도다 온 땅은 여호와를 두려워하며 세상의 모든 거민들은 그를 경외할지어다 그가 말씀하시매 이루어졌으며 명령하시매 견고히 섰도다

우리는 분명히 안다. 존재하는 모든 것은 하나님의 소리를 통해

생겨났다. 하나님의 말씀이 우주를 창조하는 능력이 있었듯이, 우리의 말은 우리의 삶에서 경계와 한계를 결정할 수 있다. 왜냐하면 결국 이렇게 함으로써 우리는 하나님의 능력에 경계와 한계를 정하고 있기 때문이다.

믿음이 충만한 사람은 내내 불평하고 투덜대며 패배의 말을 하고 다니지 않는다. 이런 것들을 말할 뿐 아니라 생각할 때, 원수에게 나 잡아먹으라고 광고하는 셈이다. 사탄은 불평하는 자들, 자신을 측은하게 여기는 자들, 두려움과 실패를 입에 달고 사는 자들을 삼킬 것이다. 앞서 배웠듯이, 원수가 당신으로 그가 생각하는 방식으로 생각하게 하려면 먼저 당신을 속이지 않으면 안 된다. 원수는 당신이 그에게 동의하도록 만들어야 한다.

우리가 이미 진리와 상충하는 파괴적인 생각을 함으로써 마음이 부패하도록 허용했다면, 원수가 문을 두드리는 소리에 "들어와 잠시 앉았다 가세요!"라고 말한 셈이다.

반면에 우리가 그리스도 안에서 누구이고, 그리스도가 우리 안에서 누구이며, 우리가 그분을 통해 무엇을 가졌는지 담대하게 선포한다면, 우리는 하나님과 생각을 같이하고 마귀에게 문을 꽝 닫는 셈이다. 하나님의 말씀을 믿는 믿음을 통해 당신의 믿음을 선포하면, 하나님이 주시는 가장 큰 복, 곧 하나님의 평안과 기쁨에 바싹 다가서게 된다. 하나님은 믿음을 찾고 계신다.

내가 항상 내 하나님께 감사하고 기도할 때에 너를 말함은 주 예수와 및 모든 성도에 대한 네 사랑과 믿음이 있음을 들음이니 이로써 네 믿음의 교제가 우리 가운데 있는 선을 알게 하고 그리스도께 이르도록 역사하느니라 몬 1:4-6

우리는 우리의 말과 생각과 행동으로 선포해야 한다. 하나님은 그분이 말씀하신 그대로이며, 그분이 하겠다고 말씀하시는 일을 하신다는 것을 말이다. 우리가 내딛는 믿음의 발걸음은 우리와 그리스도가 하나라는 것을 인정하고, 우리가 삶의 모든 부분에서 그리스도를 통해 승리한다는 진리를 선포하기 시작한다.

하나님을 믿는 우리의 믿음에는 한계가 없다. 이런 까닭에 하나님을 믿는 우리의 믿음이 산을 옮길 수 있다고 하셨다. 하나님께는 불가능한 것이 없기에 하나님을 믿는 믿음에 불가능이란 없다. 삶에서 지속적으로 승리하려면 우리가 하는 모든 말과 생각이 하나님의 말씀과 일치해야 한다(막 10:27).

마가복음 11장 20-24절에서 예수님은 "하나님을 믿으라"(Have faith in God)라고 말씀하시지만, 이것을 헬라어 그대로 번역하면 "하나님의 믿음을 가져라"(Have faith of God)이다. 예수님은 우리에게 "하나님을 신뢰하라"고 말씀하셨고 그러려면 겨자씨만 한 믿음만 있으면 된다고 하셨다! 예수님은 결코 우리에게 불가능한 일을 하라고 가르치시는 게 아니다.

그러므로 우리는 예수님과 같은 믿음을 가질 능력이 있다. 예수님을 십자가로 인도했던 그 믿음 말이다. 예수님이 하나님께 '그분의 잔을 옮기시기를' 세 차례 기도했으나 그렇게 하지 않으셨을 때, 하나님의 계획에 순종했던 믿음 말이다. 예수님의 지·정·의가 십자가에, 곧 하나님의 뜻에 집중되었고, 예수님은 기꺼이 하나님을 신뢰하셨다.

예수님은 하나님께 순종하는 대가를 기꺼이 치르셨다. 예수님을 십자가로 인도한 믿음은 하나님과 그분의 뜻을 신뢰하는 믿음이었다. 그것은 느낌과 감정에 이끌리기보다 하나님과 그분의 뜻을 신뢰하며 행하려고 선택하는 믿음이다.

늘 구조되는 것이 하나님의 뜻은 아니다

예수님은 어떤 병도 고칠 능력과 권세가 있으셨던 게 분명하다. 예수님은 이런 능력을 제자들에게 주기까지 하셨다.

> 예수께서 열두 제자를 불러 모으사 모든 귀신을 제어하며 병을 고치는 능력과 권위를 주시고 하나님의 나라를 전파하며 앓는 자를 고치게 하려고 내보내시며 눅 9:1,2

그런데 예수님이 이적을 행하지 않으신 경우가 많았다. 믿음을 보신 곳에서만 이적을 행하셨기 때문이다.

> 그들이 믿지 않음으로 말미암아 거기서 많은 능력을 행하지 아니하시니라 마 13:58

예수님의 제자들이 병자를 고치지 못하는 경우도 있었다.

> 이때에 제자들이 조용히 예수께 나아와 이르되 우리는 어찌하여 쫓아내지 못하였나이까 이르시되 너희 믿음이 작은 까닭이니라 진실로 너희에게 이르노니 만일 너희에게 믿음이 겨자씨 한 알 만큼만 있어도 이 산을 명하여 여기서 저기로 옮겨지라 하면 옮겨질 것이요 또 너희가 못할 것이 없으리라 마 17:19,20

여기서도 원인은 '믿음 부족'이다. 치유하는 자나 치유를 받는 자에게 하나님을 향한 믿음이 없으면 치유는 일어나지 못할 수 있다.

그러나 이것이 치유 받지 못한 자, 말할 수 없는 환경에서 고통을 당하는 자들이 모두 믿음이 없다는 뜻은 결코 아니다! 모두가 낫는 것이 늘 하나님의 뜻은 아니다. 우리가 고난에서 구조되는 것이 늘 하나님의 뜻은 아니다. 우리의 산이 옮겨지거나 바다에 심기는 것이 늘 하나님의 뜻은 아니다. 성경은 이 부분을 아주 분명하게 말한다.

성경에서 많은 그리스도인과 비그리스도인이 전혀 치유를 받지 못했다. 심지어 헌신된 하나님의 종 대부분이 평생 고난을 당해야 했다. 많은 사람은 잔인한 죽음을 맞기까지 했다. 그러나 하나님은 여전히 신실하시다. 하나님의 선한 목적이 늘 이긴다. 하나님은 공의로우시다.

> 어떤 자들이 믿지 아니하였으면 어찌하리요 그 믿지 아니함이 하나님의 미쁘심을 폐하겠느냐 그럴 수 없느니라 롬 3:3,4

치유 받는 것보다 신뢰가 중요하다

잠시 본론에서 벗어나 이 문제를 조금 다뤄보자. 이 논의와 관련된 가장 좋은 예는 '세례 요한의 생애'다. 요한은 대부분이 그리스도라고 믿을 만큼 아주 특별한 사람이었다. 그러나 그는 그리스도가 아니었다.

하나님은 예수님의 길을 준비하라고 요한을 부르셨다. 그래서 요한은 사람들에게 회개하고 주님이 오실 것을 고대하라고 외쳤다. 그는 하나님을 믿고 하나님께 지속적으로 순종했기 때문에 감옥에 갇혔다. 이것이 끝의 시작이었다. 하나님은 요한을 이용해 구주의 길을 준비하셨다. 요한은 예수님에게 세례를 주기까지 했다. 그런 후, 하나님은 요한이 옥에 갇히고 끝내 잔혹하게 죽도록 허락하셨다.

중요한 것은 요한이 옥에 갇혀 있는 동안 일어난 일이다. 이 부분을 잘 살펴보라. 요한이 옥에 갇혀 있을 때, 그의 제자들이 그에게 바깥소식을 전해주었다. 하루는 예수님이 하고 계시는 놀라운 일들을 빠짐없이 전해주었다. 자신들이 직접 목격한 이적과 치유를 들려주고 예수님이 그리스도가 틀림없다며 흥분했다. 요한도 예수님이 그리스도이심을 믿었다(요 1:29). 그러나 이 소식을 듣고 그가 보인 반응은 충격적이다.

> 요한의 제자들이 이 모든 일을 그에게 알리니 요한이 그 제자 중 둘을 불러 주께 보내어 이르되 오실 그이가 당신이오니이까 우리가 다른 이를 기다리오리이까 하라 하매 눅 7:18,19

제자들의 충격과 혼란스런 반응이 상상된다. 요한은 처음에 예수님이 그리스도라고 선포했던 인물이었다. 그런 그가 예수님이 행하신 이적들을 들은 후 그분이 누군지 의문을 품는다. 우리의 믿음이

요한의 믿음과 같은 상태에 처할 때가 많다.

우리는 자신이 믿음 위에 굳게 서 있다고 느끼며, 산을 향해 옮겨지라고 외쳤으며, 하나님을 찬양하고 예배했고, 심지어 하나님께 완전히 순종하며 살았는지도 모른다. 그런데 고난을 당한다. 설상가상으로, 요한처럼 아무런 논리적 설명 없이 고난을 당한다. 다른 사람들의 삶에서는 하나님의 이적이 일어나는 게 보이는데, 정작 우리 자신의 삶은 건조하기 이를 데 없다. 우리는 혼자이며 우리에게 큰 일을 약속하신 하나님이 우리를 버리셨다는 느낌이 든다.

그러나 이 사건에서 가장 중요한 부분은 예수님의 반응이다.

> 예수께서 대답하여 이르시되 너희가 가서 보고 들은 것을 요한에게 알리되 맹인이 보며 못 걷는 사람이 걸으며 나병환자가 깨끗함을 받으며 귀먹은 사람이 들으며 죽은 자가 살아나며 가난한 자에게 복음이 전파된다 하라 누구든지 나로 말미암아 실족하지 아니하는 자는 복이 있도다 하시니라 눅 7:22,23

요한은 예수님이 하나님의 아들이라고 선포했으나 고난과 절망 가운데 그리스도를 향한 그의 믿음은 중심까지 흔들렸다. 요한은 예수님이 그리스도가 아닐지 모른다고, 계속 지켜보아야 할는지 모른다고 생각했다. 어쨌든, 예수님은 옥에 갇힌 요한을 돕기 위해 아무것도 하지 않으셨다. 요한은 더 나은 대우를 받아야 했지 않는가? 그는 하나님께 순종했고 그리스도의 길을 준비했다. 그러니 마땅히 구출되어야 했지 않는가?

따라서 믿음이 흔들릴 때, 그렇게 마음 상해하거나 심하게 자책해서는 안 된다. 하나님의 백성에게 일어나는 일이다. 이런 말이 있다.

"당신은 하나님께 소중해질 때 사탄에게 의미 있는 존재가 된다."

우리는 믿음에 발을 들여놓을 때 싸움에 발을 들여놓은 것이다. 그러기에 원수가 우리의 환경에서 일하고 우리로 의심하게 만든다. 원수는 우리로 상황을 살피고 백기를 들게 하려 한다.

그러나 예수님은 그러지 말라고, 그분의 힘을 의지하라고 강권하신다. 기억하라. 믿음은 눈에 보이는 것을 따라 행하지 않는다. 우리는 보이는 것이 아니라 보이지 않는 것에 초점을 맞춰야 한다.

하나님이 사랑하시는 많은 사람이 끝없는 고난을 당하면서도 상(賞)에서 눈을 떼지 않았다. 놀라운 하나님의 종 사도 바울처럼 말이다. 바울은 육체의 가시 때문에 괴로웠으나, 자신의 치유보다 하나님을 신뢰하는 법을 배우는 것이 더 중요했다고 말한다.

> 그러므로 도리어 크게 기뻐함으로 나의 여러 약한 것들에 대하여 자랑하리니 이는 그리스도의 능력이 내게 머물게 하려 함이라 그러므로 내가 그리스도를 위하여 약한 것들과 능욕과 궁핍과 박해와 곤고를 기뻐하노니 이는 내가 약한 그때에 강함이라 고후 12:9,10

우리는 저마다 삶에 없어지길 바라는 '가시'가 있다. 우리는 이것들을 없애달라고 하나님께 간청하며, 대개 바울보다 더 많이 간청한다. 틀림없이 세 번보다 더 여러 번 간청한다! 만약 이것이나 저것만 없다면, 만약 이것이나 저것만 있다면 기쁨을 맛보고 하나님을 믿을 수 있을 텐데…. 그러나 하나님은 먼저 우리의 믿음을 원하신다.

믿음은 하나님의 능력이 작동하게 하며, 믿는 것이 곧 보는 것이라는 걸 안다. 때로 하나님은 우리에게 고난을 허락하시되, 우리가 이런 믿음의 메시지를 분명하고 확실히 알 때까지 허락하신다. 이것은 우리가 무엇을 행하거나 말하느냐와 아무 상관이 없다. 전적으로 마음과 관계가 있다. 전적으로 우리 믿음의 진정한 상태와 관련이 있다.

삶이 흔들릴 때 하나님께 온전히 집중하라

대답하여 이르시되 너희는 이 갈릴리 사람들이 이같이 해 받으므로 다른 모든 갈릴리 사람보다 죄가 더 있는 줄 아느냐 너희에게 이르노니 아니라 너희도 만일 회개하지 아니하면 다 이와 같이 망하리라

눅 13:2,3

예수님은 사람들이 알길 원하셨다. 어떤 사람들이 고난을 겪는 까닭은 다른 사람들보다 죄가 더 있기 때문이 아니다. 고난은 죄로

가득하고 타락한 세상에 사는 누구에게나 닥칠 수 있다. 예수님은 고난의 원인에 대해서도 결코 완전하게 대답하지 않으셨다.

우리 가운데 아무도 남들보다 조금이라도 유리한 위치에 있지 않다. 우리는 모두 죄로 가득한 세상에 살며 세상의 재앙을 겪을 수 있다. 사실, 우리는 모두 이생의 궁극적 운명 앞에 있다. 회개하고 하나님을 삶에 받아들이지 않으면 멸망한다!

비극을 당하면 정신 차리고 자신의 현재 상태를 살펴야 한다. 세상이나 우리의 삶에 닥치는 재앙은 회개하라는 요청이다. 사회 전체로서 또는 개개인으로서 우리를 향한 요청이다. 이럴 때 우리는 자신의 인생이 얼마나 짧은지 되새겨야 한다. 우리는 고난이 닥칠 때, 곧바로 하나님께로 돌이켜야 한다. 우리가 하나님께 가까이 나아갈 때, 하나님은 우리에게 가까이 다가오신다. 이런 일이 마지막으로 일어난 지 한참 되었거나 전혀 없었을지도 모른다.

하나님을 가까이하라 그리하면 너희를 가까이하시리라 약 4:8

우리의 주의를 하나님께 집중시키고 싶을 때 하나님은 다양한 방법으로 우리의 세상을 흔드실 것이다. 하나님은 우리가 그분께 주의를 집중하도록, 해야 한다면 무엇이든 하시고 허락해야 한다면 무엇이든 허락하신다. 하나님이 당신을 흔드실 때까지 기다리지 말라. 많은 경우, 우리는 마치 삶에서 지진이 끊이지 않으며 자신이 흔들린다고 느낀다. 욥은 그저 흔들린다고 느끼는 데 그치지 않은 것 같지만, 우리는 도대체 무슨 일이 벌어지는지 궁금하다. 하나님이 우리 안에서 일하고 계시는지 묻는 것조차 잊어버리기도 한다.

성경 전체에서 하나님은 지진을 이용해 하늘과 땅을 움직이는 능력을 보여주신다. 모세가 십계명을 받을 때 땅이 그의 앞에서 흔들렸다. 하나님은 유다에게, 자신이 군대들과 민족들을 침으로써 세상을 흔들 것이라고 하셨다. 그리스도께서 십자가에 돌아가실 때 지진이 일어났는데, 이것은 옛 생활 방식의 종식과 새로운 언약의 선포를 상징했다. 신자들이 성령 충만을 받았을 때 땅이 또다시 흔들렸다.

히브리서 12장 28절은 이것을 이렇게 말한다.

> 그러므로 우리가 흔들리지 않는 나라를 받았은즉 은혜를 받자 이로 말미암아 경건함과 두려움으로 하나님을 기쁘시게 섬길지니

하나님은 우리의 주의를 하나님께 집중시키기 위해 이 땅에서 우리의 세상을 흔드실 것이다. 하나님은 우리가 다스리는 게 아니라 하나님께서 다스리신다는 메시지를 주신다. 하나님은 우리를 사랑하신다. 그래서 우리가 완전히 하나님께 돌이킬 때까지, 하나님 대신에 신뢰하는 것은 무엇이든 끊임없이 제거하실 것이다.

당신의 세계가 중심까지 흔들린다고 느껴진다면 하나님께로 돌

이키고 그분께 계속 집중하라. 잘 모르겠다면 당신이 하나님께 주의를 집중하고 있는지 스스로 물어라. 하나님께서 당신이 그분께 집중하도록 당신의 세계를 흔들고 극단적인 방법을 사용하실 때까지 기다리지 말라.

하나님을 당신의 삶에서 최우선 순위에 두고 그분께 온전히 집중해야 한다는 것을 기억하라. 당신이 하나님께 온전히 집중하지 않으면, 하나님이 그렇게 하실 방법을 틀림없이 찾아내실 것이다. 하나님은 당신을 그만큼 사랑하신다.

끊을 수 없는 하나님의 사랑

때로 하나님의 방법은 고난의 시간을 동반한다. 하나님의 바람은 모두 회개의 자리에 이르는 것이다. 하나님의 바람은 세상을 자신과 화해시키는 것이다(고후 5:19).

고난은 우리로 우리의 세상이 뭔가 끔찍하게 잘못되었다는 것을 깨닫게 한다. 시련을 겪을 때 우리는 도움을 구할 수 있으며, 해답은 자신을 믿는 자는 누구든지 영생을 얻게 하려고 십자가에서 돌아가신 예수님에게 있다. 그리스도를 발견하면, 바울이 로마서 8장 18절에서 발견한 믿음이 당신을 채울 것이다.

예수님은 고난에 대해 어떻게 느끼셨는가? 친구 나사로가 죽었다는 소식을 듣고, 또 사람들이 그를 위해 우는 광경을 보았을 때 "예수께서는 마음이 비통하여 괴로워하셨고 눈물을 흘리셨다"(요

11:33,35, 새번역).

당신이 고난 당할 때 예수님도 고난 당하신다. 당신이 울 때 예수님도 우신다. 예수님은 당신을 버리지 않으셨다. 사실 그분은 당신이 깨닫지 못할 만큼 당신 곁에 가까이 계신다. 예수님은 마태복음 28장 20절에서 이렇게 약속하셨다.

"내가 세상 끝 날까지 너희와 항상 함께 있으리라."

그러나 예수님은 또한 우리의 믿음 없음을 보고 우시며 깊이 괴로워하신다. 예수님은 하나님을 향한 우리의 믿음에서 나오는 능력을 아신다. 예수님은 하나님이 절대 우리를 버리지 않으신다는 것을 아시며, 죽음이 문 앞에 있더라도 우리가 하나님을 신뢰하고 하나님과 소통하길 원하신다.

하나님께서는 죽음을 이기신다. 그렇다면 그 하나님이 우리의 확연한 연약함과 실패와 어려움을 어떻게 하실 수 있을지 생각해보라. 그 무엇도 우리를 하나님의 사랑에서 떼어놓지 못한다.

> 내가 확신하노니 사망이나 생명이나 천사들이나 권세자들이나 현재 일이나 장래 일이나 능력이나 높음이나 깊음이나 다른 어떤 피조물이라도 우리를 우리 주 그리스도 예수 안에 있는 하나님의 사랑에서 끊을 수 없으리라 롬 8:38,39

지금 하나님을 기대하는 믿음

믿음은 현재 상황에서 평안과 만족을 찾고, 모든 것에 넘치는 하나님의 은혜에서 힘을 얻으면서 흔들리지 않는 소망과 하나님에 대한 확신을 품고 전진한다.

히브리서 11장 1절은 “믿음은 바라는 것들의 실상이요 보이지 않는 것들의 증거니”라고 말한다. 보이는 것을 믿는 데는 그리 큰 믿음이 필요하지 않다. 사실, 믿음이 전혀 필요치 않다. 우리 앞에 서 있는 산을 보는 데는 믿음이 필요 없다. 그 산을 옮기는 데 믿음이 필요하다. 산이 옮겨지면 믿겠다고 해서는 안 된다. 하나님은 우리의 믿음을 먼저 요구하신다.

하나님은 지금 우리의 믿음을 찾고 계신다. 지금이란 ‘하나님의 약속이 우리의 삶에서 분명하게 드러나는 것을 보기 전’을 말한다. 하나님은 내일, 모레, 또는 먼 미래의 어느 때에 우리의 믿음을 찾고 계시는 게 아니다.

예수님은 요청을 받는 즉시 이적을 행하셨고, 절대로 “다음에 다시 오세요”라고 하지 않으셨다. 예수님은 즉석에서 믿음을 가지셨다. 예수님은 자신에게는 바로 그 순간에 필요한 믿음이 있음을 확신하셨다. 하나님은 지금 이 순간에 당신의 믿음을 찾고 계신다. 지금이 그분의 은혜가 충만한 유일한 시간이다. 하나님은 내일 우리에게 필요한 은혜를 주시지 않았다. 하나님이 요구하시는 믿음은 지금 그분을 기대하는 믿음이다.

[내가 어떻게 되었을까?] 내가 산 자들의 땅에서 주님의 선하심을 보리라고 믿지 않았다면! 주님을 기다리고 소망하며 기대하라. 담대하고 매우 용감하되, 네 마음을 튼튼히 하고 견뎌라. 주님을 기다리고 소망하며 기대하라. 시 27:13,14, AMP 역자 직역

우리는 "여호와를 기다리고 소망하며 기대해야 한다." 이 순서대로 해야 한다. 시편 27편 14절에 따르면, 우리는 '기다리는' 동안 주님을 '소망'해야 한다. 웹스터 사전의 정의에 따르면, 소망(hope, 희망)은 확실성이 거의 없음을 암시하지만, 자신이 바라거나 갈망하는 일이 일어날 가능성에 대한 확신을 말한다.

하나님은 우리에게 자신의 말씀을 우리의 소망으로 주셨다. 우리가 하나님을 기다릴 때 필요한 흔들리지 않는 확신을 갖도록 약속을 주셨다. 우리 자신의 것이라고 주장할 수 있는 무한한 약속을 주셨다.

우리는 '소망'한 후, '기대'해야 한다. 우리의 기도가 우리가 행하는 믿음의 행위를 통해 응답되는 것을 보는 가장 강력한 도구가 여기 있다. '하나님 기대하기!' 메리엄-웹스터 사전은 기대하기(expecting)를 '어떤 것의 도래나 발생을 내다보거나 고대하기'라고 정의한다.

그렇다면 당신의 삶에서 자신이 씨름하는 것들, 당신이 하나님께 소망과 믿음을 두고 바라는 것들을 생각해보라. 당신의 믿음은 하

나님이 행동하시리라 기대하는가? 당신의 믿음은 당신이 믿는 바가 도래하거나 일어나리라고 고대하는가? 아니면 "보면 믿을 게요!"라고 외치는가?

웹스터 사전은 '기대하다'라는 말은 높은 수준의 확실성을 암시하며, 대체로 준비하거나 마음에 그려보는 개념을 포함한다고 말한다. 당신은 어느 정도나 확신하는가? 날마다, 때마다 다를지도 모르겠다. 지금, 당신의 믿음은 어디 있는가?

> 오직 믿음으로 구하고 조금도 의심하지 말라 의심하는 자는 마치 바람에 밀려 요동하는 바다 물결 같으니 이런 사람은 무엇이든지 주께 얻기를 생각하지 말라 두 마음을 품어 모든 일에 정함이 없는 자로다
>
> 약 1:6-8

우리 대부분은 이런 수준 높은 확신을 유지하지 못한다. 고대하던 타이밍에 하나님의 응답을 받지 못할 때, 우리는 포기한다.

우리는 우리의 믿음이 헛되다고 믿는 경향이 있다. 우리는 "두 마음을 품어 정함이 없다." 이런 믿음으로는 주님께 아무것도 받을 생각을 해서는 안 된다.

상황을 예수님께 내어놓은 백부장

하나님은 우리의 믿음을 찾으실 때, 하나를 찾고 계신다. 하나님

을 향한 신뢰, 곧 하나님을 소망하고 기다리며 기대하는 신뢰다. 하나님과 그분의 능력에 대한 큰 확신을 보여주는 성경의 한 이야기가 믿음에 관해 우리에게 많은 것을 가르쳐준다. 이야기는 가버나움에서 펼쳐지며, 우리의 믿음뿐 아니라 기도에 관해 강력한 메시지를 제시한다.

예수께서 가버나움에 들어가시니 한 백부장이 나아와 간구하여 이르되 주여 내 하인이 중풍병으로 집에 누워 몹시 괴로워하나이다 이르시되 내가 가서 고쳐주리라 백부장이 대답하여 이르되 주여 내 집에 들어오심을 나는 감당하지 못하겠사오니 다만 말씀으로만 하옵소서 그러면 내 하인이 낫겠사옵나이다 나도 남의 수하에 있는 사람이요 내 아래에도 군사가 있으니 이더러 가라 하면 가고 저더러 오라 하면 오고 내 종더러 이것을 하라 하면 하나이다 예수께서 들으시고 놀랍게 여겨 따르는 자들에게 이르시되 내가 진실로 너희에게 이르노니 이스라엘 중 아무에게서도 이만한 믿음을 보지 못하였노라 또 너희에게 이르노니 동서로부터 많은 사람이 이르러 아브라함과 이삭과 야곱과 함께 천국에 앉으려니와 그 나라의 본 자손들은 바깥 어두운 데 쫓겨나 거기서 울며 이를 갈게 되리라 예수께서 백부장에게 이르시되 가라 네 믿은 대로 될지어다 하시니 그 즉시 하인이 나으니라 마 8:5-13

예수님의 권위를 인정하라

이 이야기는 중요한 메시지를 많이 담고 있다. 첫째, 백부장은 진실한 믿음이 있었다. 그가 예수님을 찾았고 그분께 나왔다는 사실에서 그의 진실한 믿음을 볼 수 있다. 백부장의 권세라면 능히 예수님을 찾아 데려오라고 명령할 수도 있었다. 그러나 백부장은 직접 예수님을 찾는다. 마침내 예수님을 찾아내자 "주여"라고 부르며 즉시 도움을 구한다. 그는 예수님께 아무것도 명령하지 않는다. 오히려 예수님이 자신을 주관할 권세가 있다는 생각을 보여준다.

백부장은 예수님 앞에 우리가 나아가야 하는 방식으로 나아갔다. 우리는 도움이 필요할 때 그 상황을 하나님 앞에 가져가는가, 아니면 하나님께 우리의 명령에 대답해달라고 요구하면서 기도 가운데 그저 부르짖을 뿐인가? 백부장이 예수님 앞에 그의 필요를 어떻게 내어놓았는지 살피는 게 중요하다.

그는 자신의 상황을 그저 예수님께 내어놓았다. 그는 예수님께 무엇을 해달라고 말하거나, 자신의 종이 어떤 방법으로 나아야 하는지 간섭하려 들지 않았다. 그는 자신의 필요를 예수님께 내어놓고 손을 뗐다. 예수님이 뭔가 해주시길 바랐으며 예수님이 그렇게 하시리라고 믿었다. 그는 예수님이 무엇을 또는 언제 하실지 알지 못했지만, 그래도 예수님이 뭔가 하시리라고 믿었다.

욥은 심한 불평을 하나님 앞에 쏟아놓았다. 욥은 하나님께 무엇을 해달라고 말하지 않았고, 무엇이라도 하시라고 명령하지도 않았다. 그저 자신의 삶을 하나님 앞에 가져와 그분의 발 앞에 내어놓았다. 욥은 하나님의 권위를 인정했으나, 하나님은 욥이 그분의 위대함을 더 깊이 깨닫게 하셨다.

우리는 삶에서 예수님의 권위를 인정하는가? 기도할 때, 실제로 잠시 멈추어 우리가 기도하는 대상이 어떤 분인지에 주목하는가? 그분께 부르짖을 때, 진정으로 그분을 주님으로 인정하는가? 우리는 우리의 간구를 주님 앞에 어떻게 내어놓아야 하는지 아는가 아니면 그저 부주의하고 무례하게 그분께 나와 우리 식대로 요구하는가?

예수님이 우리의 가장 훌륭한 친구라는 사실만큼이나 그분은 만왕의 왕, 만주의 주라는 사실도 절대 잊지 말아야 한다. 예수님의 더없이 높은 권세를 확신히 인정해야 한다. 예수님은 전능하신 하나님의 오른편에 앉아 계신다.

겸손한 믿음

또 하나 중요한 것은 백부장은 자신이 예수님 앞에 서 있다는 사실을 알았다는 것이다. 자격이 없음을 알았던 백부장은 겸손하게 예수님 앞에 나왔으며, 자신의 말로 이런 겸손을 증명했다.

"주여 내 집에 들어오심을 나는 감당하지 못하겠나이다"(눅 7:6).

우리는 백부장이 보인 겸손의 한 가닥도 갖지 못한 채 하나님 앞에 설 때가 많다. 우리는 하나님 앞에 설 때, 자신이 자격 없다는 것을 아는가? 하나님께 사랑 받는 것은 큰 복이며 하나님과 교제하는 것은 큰 특권이지만, 그렇더라도 우리는 하나님의 사랑을 받거나 하나님과 교제할 자격이 없다. 하나님께서 우리에게 모든 것을 순전히 은혜로 주신다. 그러므로 우리는 스스로 물어야 한다.

"하나님을 믿는 우리의 믿음은 진정으로 겸손한 믿음인가?"

다만 말씀으로만 하옵소서

마지막으로, 백부장은 예수님의 단순한 '말씀'을 신뢰했다.

백부장은 예수님을 자신의 집에 모셔가 종을 치유하시게 할 자격이 자신에게 없다고 느꼈으나, 이것을 극복해야 할 문제나 장애물로 보지 않았다.

백부장은 예수님의 권세를 알았고, 그분이 명령만 하셔도 종이 낫는다고 믿었다(마 8:8,9). 우리는 하나님의 말씀을 신뢰할 때, 우리 자신의 삶과 상황에서 언표된 말씀(spoken Word)의 권세를 보는가? 우리는 말씀의 능력과 권세를 이해하는가? 살아 있는 하나님의 말씀을 믿는 우리의 믿음은 어디 있는가?

예수님은 백부장의 믿음을 놀랍게 여기셨고 이만한 믿음을 보지 못했다고 하셨다. 예수님을 믿는 백부장의 믿음은 예수님이 그때껏 보았던 가장 큰 믿음이었다. 심지어 예수님의 동족인 이스라엘 사람들 가운데서도 이만한 믿음을 찾아볼 수 없었다. 하나님은 우리의 믿음을 놀랍게 여기시는가? 하나님은 우리의 믿음에 놀라고 감탄하시는가?

백부장 이야기는 우리가 하나님을 어떻게 믿어야 하는지 보여주는 가장 놀라운 본보기다. 그의 이야기는 하나님을 이해하고 신뢰하는 우리의 믿음에 매우 중요하다. 로마 백부장은 우리에게 예수님의 권세를 믿으라고, 그분의 권세를 인정하는 믿음을 가지라고, 그분의 말씀을 신뢰하라고 가르친다. 우리는 자신의 삶을 이렇게 매일 하나님 앞에 내어놓으려 해야 한다.

욥은 하나님을 믿는 흔들리지 않는 믿음으로 인생의 가장 어두운 골짜기를 통과했다. 욥은 욥기 13장 15절에서 "그분이 나를 죽이실지라도, 나는 그분을 신뢰하리라. 그렇더라도 나는 그분 앞에서 내 길을 그대로 가리라"라고 말하는데(NKJV 역자 직역), 이 구절은 우리에게 욥의 믿음을 증언해준다.

하나님은 우리의 삶에서 일하실 때, 우리가 그분에 대해 수준 높은 확신을 갖도록 때로 우리를 흔들고 자신이 허락해야 하는 일을 허락하신다. 하나님은 그 무엇보다 우리의 영적 성장과 그분을 향한 우리의 믿음에 관심을 두신다. 하나님은 우리가 다른 그 무엇보다 하나님과 하나님나라를 구하길 원하신다.

이것을 기대하는 열쇠는 하나님을 보고, 찾는 것이다. 자신의 삶에서 마주치는 상황에서 당신은 '하나님을 찾는가?' 당신이 하나님께 부르짖는 부분에서 하나님이 나타나시리라 '기대하는가?' 웹스터 사전에 따르면, 보다(look at)라는 말은 기대가 채워지리라는 확신도 암시한다. 이것은 기대하고 지켜보는 태도를 암시한다.

우리는 좀체 기대하며 하나님을 찾지 않는 것 같다. 우리가 하나님을 기대하는 태도로 가득한 경우는 더욱 드물다. 우리는 하나님이 때로 나타나시고, 때로 나타나지 않으신다고 생각한다. 하나님이 나타나시면 멋지지만, 하나님이 나타나지 않으시면 하나님께 불리한 큰 흔적이다.

하나님은 우리가 기대하는 순간에 나타나기도 하시지만, 우리가 가장 기대하지 않는 순간에 나타나실 때가 많다. 어느 쪽이든, 우리는 어쨌거나 나타나기로 선택하신 하나님을 찬양해야 한다! 하나님은 우리가 믿음이 없을 때에도 신실하시다. 하나님은 우리의 믿음이 얼마나 크냐가 중요한 게 아니라, 우리의 믿음이 하나님을 향하고 그분 안에 뿌리를 내리는 것이 중요하다고 거듭 말씀하셨다.

진정한 사랑의 하나님께서 그분의 능력이 나타나는 데는 겨자씨만 한 믿음만 있으면 된다고 정하셨다. 그러나 우리가 기대하는 순간에 하나님이 응답하지 않으실 때 우리의 믿음은 어디 있는가? 우리가 믿음으로 하나님께 부르짖지만 응답하지 않으실 때, 우리는 하나님을 손가락질하기 시작하고 "하나님은 믿을 분이 못 돼"라며 하나님의 길에 의문을 제기하기 시작한다. 그리고 우리의 믿음이 우리를 배신한다는 거짓말을 믿기 시작한다. 이런 순간에 우리는 자신에게 물어야 한다.

"우리의 믿음은 어디 있는가?"

하나님을 믿는 우리의 믿음은 제대로 된 믿음인가? 우리는 하나님을 첫째 자리에 두는가? 하나님이 우리에게 말씀하시거나 보여주길 바라시는 게 있는가? 이생에서, 하나님을 믿는 믿음이 전부다. 전능하신 하나님을 향한 분명하고 흔들리지 않는 믿음으로 살아가겠다고 결심하라.

그중에 이 세상의 신이 믿지 아니하는 자들의 마음을 혼미하게 하여 그리스도의 영광의 복음의 광채가 비치지 못하게 함이니 그리스도는 하

나님의 형상이니라 고후 4:4

하나님을 갈망하라

당신은 삶에서 하나님을 믿는 믿음의 능력을 과소평가하고 있는가? 우리는 하나님 믿기와 하나님 말씀 선포하기의 능력을 인정해야 하며, 이것을 인정하지 않을 때 따르는 결과도 알아야 한다. 매일, 우리는 자신이 느끼는 대로 눈에 보이는 대로 말하거나 아니면 모든 것을 하나님께 맡기고 그분이 어떻게 말씀하시는지 지켜볼 기회를 얻는다. 지금 이 순간 상황이 아무리 절망적으로 보이더라도 우리의 믿음을 붙들어야 한다.

불확실한 순간에 믿음이 중심까지 흔들릴 때 주님을 기다리고 소망하며 기대하고 찾으려면 어떻게 해야 하는가? 성경의 진리에 따르면, 하나님은 우리를 기대하고 지켜보며 갈망하고, 우리에게 은혜로운 분이다. 우리는 하나님이 정의의 하나님이라는 약속을 받았다. 무엇보다도 우리는 하나님의 승리, 하나님의 은혜, 하나님의 사랑, 하나님의 평안, 하나님의 기쁨, 비할 데 없으며 단절 없는 하나님과의 교제를 기대하고 바라며 갈망할 때, 행복하고 부러움을 사리라는 약속을 받았다.

그러나 여호와께서 기다리시나니 이는 너희에게 은혜를 베풀려 하심이요 일어나시리니 이는 너희를 긍휼히 여기려 하심이라 대저 여호와는

정의의 하나님이심이라 그를 기다리는 자마다 복이 있도다 사 30:18

하나님은 우리가 그분을 갈망하길 바라신다. 우리는 기도 응답을 갈망하는 데 너무 많은 시간을 쏟는 나머지, 우리의 모든 희망과 바람과 꿈의 근원을 갈망해야 한다는 것을 잊어버린다. 욥은 '하나님'을 갈망했다. 날마다 하나님께 부르짖었다.

욥의 생애를 통해 배우듯이, 우리가 하나님 앞에 나아가 가만히 앉아 귀를 기울인다면 하나님과 함께하는 우리의 시간이 더 나아질 것이다. 이 시간에 하나님은 자신의 가장 큰 바람을 드러내시는데, 우리가 하나님을 갈망하고 그분을 향한 갈망으로 불타는 것이다.

그렇다면 "당신은 하나님을 갈망하는가?" "당신 속에서 하나님을 향한 열정이 불타는가?" "당신 속에는 하나님을 더 알려는 열망이 가득한가?"

웹스터 사전은 갈망하다(yearn)를 '끈질기게(계속해서) 열망하다'라고 정의한다. 절망에 빠져 기도 응답이 필요할 때, 우리는 하나님을 갈망하는 것 같다. 그러나 우리 삶의 매 순간은 어떤가? 우리는 세상에서 하루하루 살아가면서 하나님을 갈망하는가?

하나는 확실하다. 하나님이 당신을 갈망하는 방식으로 당신이 하나님을 갈망한다면 당신의 삶은 전혀 달라진다. 하늘과 땅의 창조자를 얼굴을 맞대고 보며 경외감을 느낄 것이다. 하나님을 갈망하면, 하나님을 향한 당신의 믿음이 커진다.

언제라도 예수님이 재림하면 믿음을 찾으실 것이다.

그러나 인자가 올 때에 세상에서 믿음을 보겠느냐 눅 18:8

그분이 당신의 문을 두드리실 때 무엇을 보시겠는가? 응답하는 당신의 믿음을 보시겠는가? 아니면 두려움과 절망에 빠진 당신을 보시겠는가? 싸움을 싸우겠다고 결단하라. 상황이 어떻게 보이든, 계속해서 믿음을 선택하라. 자신에게 물어라.

"나는 하나님이 내 삶에 나타나시길 기다리고 소망하며 기대하는가?"

그렇다면 기대해도 좋다. 당신은 자신이 붙잡은 믿음을 위해 싸워야 할 것이다.

작은 믿음이 하나님의 능력을 만날 때

하나님을 믿는 당신의 믿음이 싸우지도 않고 주저앉아서는 안 된다. 욥이 아내에게 하나님을 욕하고 죽으라는 말을 들었듯이 당신도 믿음으로 발걸음을 내딛을 때 원수와 정면으로 맞닥뜨릴 것이다. 대부분의 사람은 믿음을 제대로 알지 못하고 단지 '희망적 사고'나 '긍정적 사고'라고 믿을 뿐이다. 그러나 하나님을 향한 믿음은 이 둘과 아무 상관도 없다.

믿음은 존재의 상태가 아니다. 믿음은 살아가는 방식이다. 믿음은 모든 질문의 해답을 다 얻지는 못해도, 하나님을 그분의 말씀에 나오는 그대로 신뢰한다. 믿음은 단순하다. 믿음은 "하지만 만일 …하면 어떻게 되나요?"라고 묻지 않는다. 하나님의 말씀은 하나님의 말씀이며 묻고 따질 여지가 없다.

만사형통할 때 믿음을 말하고 하나님의 말씀을 연구하기란 쉽다. 그러나 비극이 닥치고 삶이 당신이 바라는 길로 가지 않을 때는 어떤가? 이럴 때 믿음을 선포하기란 쉽지 않다. 욥처럼 우리는 갑자기 하나님께 부르짖는 자리에 이르러, 어떻게 사랑의 하나님이 이런저런 일을 허락하실 수 있는지 필사적으로 알고 싶어 한다. 욥의 삶에서 보듯이, 때로 하나님은 우리의 믿음이 시험 받도록 허락하신다. 그래야 우리가 마침내 얼굴을 맞대고 하나님을 볼 터이기 때문이다.

> 믿음의 선한 싸움을 싸우라 영생을 취하라 이를 위하여 네가 부르심을 받았고 많은 증인 앞에서 선한 증언을 하였도다 딤전 6:12

하나님은 우리의 믿음에 도전을 주고, 그럼으로써 그 믿음을 성장시킬 환경을 선택하신다. 하나님은 베드로에게 배에서 나와 물 위를 걸어오도록 독려하셨다. 하나님은 당신도 물 위를 걸어오길 원하신다(마 14:25-33).

알다시피, 많은 사람이 믿음이 없었다며 베드로를 비난한다. 그러나 배 밖으로 나와 물에 발을 내딛는 것만으로도 큰 용기가 필요했던 게 분명하다! 이렇게 하려면 진정한 믿음이 필요했다. 베드로는 자신의 믿음을 신뢰한 게 아니라 자신의 하나님을 신뢰했다. 하나님이 물 위를 걷게 해주실 수 있다고 믿었다. 그는 예수님에게 시선을 고정했다.

제자들이 처음 느낀 감정은 두려움이었다는 사실에 주목하라. 믿음이 성장할 때, 우리는 가장 먼저 두려움을 만난다. 날마다 우리의 두려움과 믿음이 충돌하는 순간을 만난다. 그러나 예수님은 제자들에게 말씀하셨듯이 우리에게도 말씀하신다.

"나니 두려워하지 말라."

우리가 예수님께 집중할 때, 세상은 쉽게 우리의 주의를 흐트러뜨리고, 우리는 갑자기 사방으로 거센 바람에 휩싸이며 베드로처럼 가라앉기 시작한다. 하나님을 완전히 신뢰하지 않으면 우리의 믿음은 무너진다. 믿음이 없으면 절대로 예수님과 함께 물 위를 걷지 못하며, 우리의 산은 절대로 옮겨지지 않는다.

이 사건에서 베드로가 예수님께 도와달라고 외치는 순간이 아주 중요하다. 예수님은 당신이 가라앉도록 버려두지 않으신다. 예수님은 당신과 함께 계신다. 당신이 그분의 이름을 부를 때 손을 뻗어 당신을 잡아주신다. 예수님은 당신을 의심과 불신앙에서 건져주려고 기다리신다.

예수님은 어려울 때 도우려고 기다리신다. 예수님은 겨자씨만 한 베드로의 믿음을 보셨다. 그 정도 믿음이면 그를 배 밖으로 나오게 하기에 충분했다. 하나님의 능력과 아주 조그마한 믿음이 만났다. 당신의 삶이 산산조각 났을 때 예수님은 당신을 돕길 원하신다. 그분이 당신을 사랑하신다는 증거다. 그분의 신실함을 통해, 그분을 믿는 당신의 믿음은 당신이 상상도 못했던 방식으로 자라날 것이다.

당신이 예수님을 향해 손을 뻗을 때 폭풍이 잠잠해진다. 당신의 믿음이 시험 받을 때 하나님은 당신을 더 가까이 이끄신다. 그때까지 하나님은 당신에게 배 밖으로 나와 물 위를 걸으라고 계속 요구하실 것이다. 하나님은 진짜 믿음을, 그분께 헌신된 당신의 온전한 마음을 찾고 계신다.

> 여호와의 눈은 온 땅을 두루 감찰하사 전심으로 자기에게 향하는 자들을 위하여 능력을 베푸시나니 대하 16:9

당신이 하나님을 향한 믿음을 보여드릴 때 하나님의 능력이 나타나 당신에게 승리를 안길 수 있다. 그러나 지금 하는 싸움을 이기더라도 그다음 싸움이 곧바로 이어진다. 그래서 우리는 믿음으로 살아야 한다.

예수님께 필요한 것은 우리의 아주 작은 믿음

'믿음으로 산다'는 말은 편할 때 뭔가 한다는 뜻이 아니다. 날마다 하나님과 동행한다는 뜻이다. 삶에서 당신은 언제나 하나님의 가장 큰 복에서 한 걸음 떨어져 있다. 그러나 절대 잊지 말라. 당신은 가장 큰 믿음의 발걸음을 내딛을 때 이렇게 묻는 원수를 만난다.

"기분이 어때? 요즘 잘돼가? 모든 게 다 변할 것 같지 않아? 하나님이 자네 기도에 응답하실 거라고 생각하나?"

확신해도 좋다. 비록 욥은 이런 구체적인 질문을 겉으로 드러내지 않았지만, 원수는 바로 이 질문을 그에게 퍼부었다. 욥이 하나님께 던진 질문에서 이것을 알 수 있다. 욥의 질문은 원수가 어떻게 그를 공격했는지 잘 보여준다. 우리는 두려움이냐 믿음이냐를 선택해야 하는 상황에 직면할 때 믿음으로 행함으로써, 배 밖으로 나옴으로써 하나님을 향한 우리의 믿음을 선포해야 한다.

이와 같이 행함이 없는 믿음은 그 자체가 죽은 것이라 약 2:17

아주 빈번하게도, 우리는 믿음이 있다고 말하지만 정작 행동이 없다. 그러므로 우리의 믿음은 죽은 것이다. 앞으로 나아가고 있지 않다면 우리의 믿음은 아무 의미도 없으며 우리는 아무것도 하지 않고 있는 것이다. 하나님은 결심하신 일은 하신다고 믿는 믿음이 필요하다. 하나님의 능력은 그분의 말씀에 있으며, 이것은 그리스도를 죽은 자 가운데서 다시 살리신 바로 그 능력이다.

그의 힘의 위력으로 역사하심을 따라 믿는 우리에게 베푸신 능력의 지극히 크심이 어떠한 것을 너희로 알게 하시기를 구하노라 그의 능력이 그리스도 안에서 역사하사 죽은 자들 가운데서 다시 살리시고 하늘에서 자기의 오른편에 앉히사 엡 1:19,20

주목하라. 바울은 지극히 큰 하나님의 능력이 단지 하나님의 존재를 믿는 자들이 아니라 하나님을 믿는 자들을 위한 것이라고 했다. 그저 때로 여기저기서 드리는 기도에 응답하기에 충분한 능력이 아니다. 그리스도를 죽은 자 가운데서 다시 살리신 능력이다!

동일한 능력이 당신의 삶에 있다면 어떤 일이 일어날지 상상해보라. 그 능력이 당신의 영과 혼과 몸에서 무엇을 할 수 있을지 상상해보라. 하나님은 탁월하고 무한한 능력을 자신을 믿을 자들을 향해 이미 내어놓으셨다. 우리의 믿음이 미끄러지는 듯이 보일 때, 마치 믿을 게 전혀 남지 않은 듯이 느껴질 때 십자가 앞에 나아가야 한다. 그리스도께 그분이 하신 일 때문에 당신이 믿음을 갖게 될 것이라고 아뢰어라. 그리고 돌아서 나올 때 그 믿음을 품고 나오라. 십자가 아래 두고 오지 말라.

믿지 않는 신자가 되어서는 안 된다. 신자라면 반드시 믿어야 한다. 그리스도를 죽은 자 가운데서 다시 살린 능력이 지금 당신의 삶에서 역사할 수 있음을 반드시 믿어야 한다. 에베소서 1장 19,20절을 반드시 믿어야 한다. 하나님은 우리 안에서, 우리의 삶에서 놀라운 일을 행하고 싶지만 우리 속에 믿음이 없어 행하지 못하실 때 틀림없이 실망하신다.

아주 작은 믿음만 있어도 된다. 예수님은 우리에게 필요한 것은 작은 믿음뿐이라고 하셨으며, 예수님이 우리의 작은 믿음을 크게 하실 수 있음을 보여주셨다. 예수님은 빵 다섯 덩이와 물고기 두 마리로 5천 명을 먹이셨다. 수학을 잘 못해도, 엄청나게 수지맞는 일이라는 것을 알 수 있다. 따라서 하나님을 향한 작은 믿음만 있어도 하나님은 그 작은 믿음을 크게 하실 수 있다.

말씀을 듣고 믿고 선포하라

믿음을 찾고 있다면 가야 할 곳은 단 하나, '하나님의 말씀'이다. 영적으로 성장할 때라도, 절대로 일용할 양식을 구하기를 그쳐서는 안 된다. 말씀을 주신 목적은 우리로 하나님의 능력을 믿게 하기 위해서다. 우리로 소망을 갖게 하기 위해서이며 우리로 하나님을 알게 하기 위해서다. 하나님의 큰 사랑으로 받은 하나님의 말씀을 들여다보고 그 말씀을 신뢰할 때 믿음과 소망을 찾기란 어렵지 않다.

> 그러므로 믿음은 들음에서 나며 들음은 그리스도의 말씀으로 말미암았느니라 롬 10:17

그렇다면 당신은 어떤 믿음을 가졌는가? 물 위를 걷고 산을 옮기는 믿음인가? 당신에게 묻고 싶다. 당신은 삶에서 하나님의 어떤 약속, 또는 어떤 약속들이 이루어지길 요구하고 있는가? 성경 암송을 말하는 게 아니다. 당신의 삶에서 하나님의 말씀을 듣고, 믿고, 선포하는 것을 말하는 것이다.

삶에 거센 파도가 일어 뭔가를 단단히 붙잡아야 할 때, 하나님과 그분의 말씀을 붙잡는 게 낫다. 오직 하나님을 통해 당신의 삶에서 변화와 회복과 승리가 성취될 수 있다. 오직 하나님의 능력을 통해 당신은 삶의 잿더미에서 벗어날 수 있다.

> 너희 믿음이 사람의 지혜에 있지 아니하고 다만 하나님의 능력에 있게 하려 하였노라 고전 2:5

하나님의 말씀은 진리이며, 하나님의 진리와 능력과 권세를 동반한다. 그뿐 아니라 말씀을 통해 하나님은 우리를 향한 그분의 뜻과 우리가 하는 행동의 결과를 분명하게 보여주신다. 우리가 두려워하거나 소망 없이 살지 않고 하나님을 알며 오직 그분 안에서 힘을 얻도록 하나님은 그분의 말씀을 우리에게 주신다.

많은 사람이 하나님은 그분의 길을 우리에게 많이 보여주지 않으신다고 믿는다. 그러나 하나님의 말씀이 우리의 삶과 관련해 다루지 않는 부분은 많지 않다. 하나님은 모든 것을 다 다루신다. 하나님의 말씀은 우리가 믿음으로 걸음을 내딛을 때 우리를 지탱하면서 우리의 믿음을 세우고 우리를 붙들어 준다.

이러므로 우리가 하나님께 끊임없이 감사함은 너희가 우리에게 들은 바 하나님의 말씀을 받을 때에 사람의 말로 받지 아니하고 하나님의 말씀으로 받음이니 진실로 그러하도다 이 말씀이 또한 너희 믿는 자 가운데에서 역사하느니라 살전 2:13

믿음은 절대 뒤돌아보지 않는다. 믿음은 그리스도를 십자가 저편으로, 영생으로 옮겼다. 그러므로 당신이 어떤 상황에 처했든 간에, 당신의 믿음을 통해 하나님은 당신을 승리의 자리로 옮기실 수 있다. 하나님을 향한 믿음은 당신을 구속(救贖)하고 회복시킨다.

하나님을 믿는 믿음은 선택으로 귀결된다. 따라서 하나님을 믿는다면 숱한 결정을 내려야 한다. 믿음의 발걸음을 내딛을 때마다 반대와 무자비한 적을 만난다. 믿음을 선포할 때마다 이 세상에서 그 믿음과 맞부딪치는 무엇인가를 만난다. 믿음으로 발걸음을 내딛을 때 전에는 생각지도 못했던 숱한 교차로를 만난다.

그리스도께서 당신의 삶의 주인이 되시고, 이 여정에 당신과 동행하시는 게 매우 중요하다. 그래야 당신이 중요한 결정을 내려야 할 때, 그리스도의 능력이 당신 안에서 역사해 사람들이 덜 밟은 길을 가는 힘을 줄 수 있기 때문이다. 삶에서 매 순간, 매 결정이 당신을 승리로 이끌 수도 있고 패배의 구렁으로 내던질 수도 있다. 예수님이 당신과 동행하실 때, 당신이 하나님의 말씀을 신뢰할 때 그분이 앞장서시고 길을 밝히신다.

CHAPTER 5

믿음으로 묶인 것을 풀라

욥이 그의 친구들을 위하여 기도할 때 여호와께서 욥의 곤경을 돌이키시고

여호와께서 욥에게 이전 모든 소유보다 갑절이나 주신지라 욥 42:10

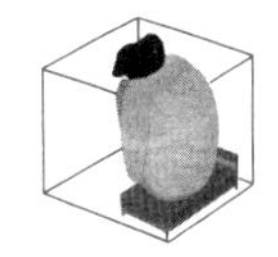

관계가 단절되고, 사람들이 하나님의 영광을 보지 못하며, 믿음이 쓸모없어진다. 이 모두가 하나에서 비롯된다. '용서하지 않음'이다. 우리는 회피하려고 해도 이 문제를 피해가지 못한다. 이 문제를 다른 것으로 가장하려 애써도 해결할 다른 길은 없다. 정면으로 돌파해야 한다.

"용서하라."

그리스도께서 주신 가장 분명하고 근본적인 가르침이다. 용서는 그리스도께서 이 땅에 오신 목적이었다. 그분은 인류의 죄를 용서하러 오셨다. 특별해 보이는 우리의 환경을 합리화할 수는 있다. 그러나 우리의 고통이 아무리 깊어도, 우리의 환경이 아무리 특별해 보여도 우리는 반드시 용서해야 한다.

하나님의 정의를 믿어라

우리는 용서하라는 하나님의 명령을 그분의 어느 명령보다 더 합리화하며 이렇게 말한다.

"너는 내 처지를 모르잖아! 그 사람이 나와 내 가족에게 무슨 짓을 했는지 모르잖아. 너는 이해 못 해. 그 사람 때문에 직장을 잃었어. 그 사람은 마땅히 대가를 치러야 한다고. 내가 얼마나 많은 아픔과 고통을 견뎠고 또 견뎌야 하는지 넌 몰라!"

당신 말이 맞다. 아무도 모른다. 그러나 당신과 하나님이 안다. 우리는 자신의 상황을 자기 자신만큼 정의롭게 할 사람은 없다는 거짓말을 믿지만, 하나님은 이렇게 말씀하셨다.

> 이것은 여호와께서 보복하시는 날이요 시온의 송사를 위하여 신원하시는 해라 사 34:8

> 그들이 실족할 그때에 내가 보복하리라 신 32:35

하나님의 정의보다 큰 정의는 없다. 하나님의 길은 우리 길보다 높고, 하나님의 정의는 우리의 모든 상상을 초월한다. 이 부분은 그리스도인의 믿음에서 하나님을 신뢰해야 하는 결정적인 부분 가운데 하나다. 우리는 배신자가 곧바로 응징 받기를 바라지만, 배신자라고 곧바로 고통을 당하지는 않는다. 그러나 하나님은 그분의 때에,

그분의 방법으로 정의가 이뤄지게 하실 것이다. 명심하라. 하나님의 정의는 당신이 좀체 기대하지 못한 방법으로 이뤄질 것이다. 정의는 복수가 아니라, 하나님의 계획과 목적의 성취다.

우리는 모두 "하나님의 편에 서는가, 그러지 않는가?" 선택해야 한다. 비통함과 분노에 사로잡혀 있다면 원수의 포로가 된 것이다. 영적 세계에서, 받은 상처에 사로잡히면 전쟁 포로(당신의 영혼이 걸린 전쟁의 포로)가 되고 만다.

사탄은 우리가 하나님에게서 분리되면 넘어진다는 것을 안다. 당신을 자유롭게 할 열쇠가 당신 손에 있는데, 원수는 당신이 이 사실을 아는 것을 원치 않는다. 우리가 용서하지 않으며 살 때, 우리의 영혼은 사로잡히고 안에서 전투가 벌어진다. 용서하지 않은 채 내딛는 발걸음은 파멸과 완전한 몰락으로 이어진다. 우리의 영혼이 나뉜다. 이것을 방치하면, 우리는 무너지고 만다.

> 스스로 분쟁하는 나라마다 황폐하여지며 스스로 분쟁하는 집은 무너지느니라 눅 11:17

교만을 버리고 진실한 자리로

앞서 교만에 대해 짧게나마 다루었듯이, 교만 때문에 우리는 자신의 진정한 상태를 인정하지 못하기도 한다. 우리가 용서하지 않음으로 우리의 영혼이 사로잡혀 있으며, 우리는 이런 사실에 충격을 받고 놀랄 때가 얼마나 많은지 모른다.

우리는 용서하지 않음으로 우리를 배신한 자들을 사로잡고 있다고 느낀다. 우리는 이들에게 말하려 들지 않으며, 이들을 삶에서 배제해버린다. 말하자면, 우리는 복수한다. 우리의 마음을 지키고 더는 아픔을 겪지 않도록 막으려고 벽을 친다. 상처 받을까봐 두려워 사람도 골라서 사귀고 사람들이 우리 삶에 접근하지 못하게 막는다. 우리에게 상처를 준 사람들은 그 빚을 다 갚을 때까지 단단히 붙들어 매둔다.

그러나 내면 깊은 곳에서 우리는 아무것도 자신이 당한 아픔을 제거하지 못한다는 것을 안다. 이 세상의 그 무엇도 이미 잃은 것을 되돌리지 못하며, 우리를 계속 괴롭히는 고통의 기억을 없애지 못한다. 우리는 상처를 입은 채 살아가고, 결박 당한 채 살아가며, 제대로 살지 못한다.

우리는 확실히 안다. 우리는 우리를 공격하는 자들을 사로잡고 있다. 그러나 문제의 핵심을 보지 못한다. 우리는 자신을 사로잡고 있을 뿐이다. 우리는 속은 채 살고 있다.

만물보다 거짓되고 심히 부패한 것은 마음이라 렘 17:9

우리는 교만과 마주할 때 재빨리 "나는 교만하지 않아!"라고 외치며, 교만이 자신에게는 해당되지 않는다고 확신한다. 그러나 다시 차근히 살펴야 한다. 진리를 알기 위해 자신을 차근히 살펴야 한다. 교만하면 진리를 마주하지 못하고 자신의 진짜 상태를 보지 못한다.

> 주의 몸을 분별하지 못하고 먹고 마시는 자는 자기의 죄를 먹고 마시는 것이니라 그러므로 너희 중에 약한 자와 병든 자가 많고 잠자는 자도 적지 아니하니 우리가 우리를 살폈으면 판단을 받지 아니하려니와
>
> 고전 11:29-31

교만하면 자신의 흠을 찾는 대신 타인의 흠을 찾는다. 우리는 매우 속기 쉽다. 얼마나 속기 쉬운지 두 번, 세 번을 살펴도 자신의 흠을 찾아내지 못한다. 그러나 '나는 학대를 받고 오해를 사고 있어. 나는 이런 대우를 받을 사람이 아니야. 당연히 더 나은 대우를 받아 마땅해!'라고 생각한다면, 사탄이 일하고 있으며 바로 이런 생각이 당신으로 용서의 길을 걷지 못하게 막고 있다고 확신해도 좋다.

자신의 비통함과 분노를 타인에게, 심지어 자신에게 자주 숨길 수 있다고 생각하더라도, 우리 마음의 진짜 상태를 하나님께 숨기지는 못한다.

> 여호와여 주께서 나를 아시고 나를 보시며 내 마음이 주를 향하여 어떠함을 감찰하시오니 렘 12:3

우리는 자신과 하나님께 진실해지는 자리로 나아가야 한다. 예수님은 요한계시록 3장 18절에서 우리에게 "안약을 사서 눈에 발라 보게 하라"라고 말씀하셨다. 예수님이 이렇게 말씀하신 목적은 우리가 자신의 진짜 상태를 보게 하기 위해서이며, 우리가 믿음의 진보를 이루려 노력하면서 자신에게 정직하게 하기 위해서다.

그러므로 무엇보다도 먼저, 우리는 욥기에서 이것을 이해해야 하며 용서의 중요성을 발견하고 증언해야 한다. 하나님을 향한 순종, 실천하는 믿음, 용서의 행위가 욥의 소유를 회복해주었다. 사실, 하나님께서 욥에게 이전 어느 때보다 많이 주셨다.

여호와께서 욥의 말년에 욥에게 처음보다 더 복을 주시니 욥 42:12

부당한 대우를 받은 아픔이 여전히 느껴질 때, 용서는 당신이 요구받는 가장 어려운 행동이겠다. 그러나 우리는 십자가를, 용서와 영생의 상징을 대면할 때 우리를 자유하게 한 희생을 대면한다. 우리는 절대로 끝나지 않는 우리의 죄를 용서하고 우리에게 영생을 주는 데 정확히 무엇이 필요했는지 살펴야 한다.

예수님의 결정

잠시 멈추어, 자신이 하루에 대략 몇 번이나 결정을 내리는지 생각해보라. 모든 결정 하나하나는 고사하고 당신의 삶에 실제로 엄청난 영향을 미칠 결정들을 기억해내기도 힘들다. 사람들이 거의 생각하지 않는 결정 하나가 매일 우리의 삶에 엄청난 영향을 미친다. 하나님은 우리에게 용서란 느낌이 아니라 선택이라는 것을 보여주셨다.

우리의 삶을 영원히 바꿔놓은 선택이 겟세마네 동산에서 내려졌다. 이제 신자들 대부분이 이 순간에 친숙하지만, 이 순간의 깊이와 의미를 파악하고 일상에 적용하는 사람은 극소수다. 두 성경 구절이 이런 결정이 얼마나 어렵고, 우리도 삶에서 같은 결정을 두고 씨름한다는 사실을 보여준다.

> 말씀하시되 내 마음이 심히 고민하여 죽게 되었으니 너희는 여기 머물러 깨어 있으라 막 14:34

> 이르시되 아빠 아버지여 아버지께는 모든 것이 가능하오니 이 잔을 내게서 옮기시옵소서 그러나 나의 원대로 마시옵고 아버지의 원대로 하옵소서 막 14:36

예수님이 오신 목적은 단 하나, 사로잡힌 자들을 자유하게 하기 위해서다.

> 나를 보내사 포로 된 자에게 자유를 눅 4:18

이 결정은 하늘에 계신 우리 아버지께서 베푸시는 용서를 의미했다. 우리는 삶에서 죗값을 지불할 다른 길이 없었다. 그 어떤 희생제물을 드려도 부족할 터였고, 그 무엇도 이 문제를 해결하지 못할 터였다. 그래서 하나님이 궁극적인 희생을 치르셨다. 우리가 그분과 영원히 살게 하려고 우리를 위해 자신의 피를 흘리셨다.

하나님은 이 희생이 날마다 우리의 삶에 영향을 미친다는 것을 보여주길 원하신다. 당신의 행위나 다른 사람의 행위 가운데 당신이 아직 용서하지 않은 게 있는가? 아주 큰 행위일 수도 있고 아주 사소한 행위일 수도 있다. 그것이 무엇이든, 당신이 깨닫든 깨닫지 못하든 당신의 영혼은 죽도록 슬픔에 으스러진다.

그렇다면 지나갔으면 하고 바라는 당신의 '잔'은 무엇인가? 우리가 겪는 아픔과 고난이 예수님이 겪으신 고난과 비교가 되겠는가? 우리는 자신에게 물어야 한다. "왜 십자가가 우리의 구원에는 충분한데, 용서라는 목적에는 충분하지 못한가?" 예수님은 주는 것이 받는 것보다 낫다고 하지 않으셨는가?

겟세마네 동산으로 돌아가보자. 예수님은 자신의 잔을 마시지 않겠다고 선택하실 수도 있었다. 자신의 희생을 받아들일 모두를 용서하는 데 필요한 아픔과 고난을 겪지 않기로 선택하실 수도 있었다. 예수님이 그러려고만 했다면 겟세마네를 빠져나가기 쉬웠으리라는 게 증명되었다. 여러 갈래 길이 있었다. 간단했을 것이다. 우리가 날마다 하나님의 심판대에 앉아 타인이나, 심지어 자신에게 죄를 묻기가 간단한 것처럼 말이다.

예수님이 하나님의 아들이라고 믿고, 그분이 우리에게 주신 영생을 받아들이고 요구할 만큼 그분을 믿는다면, 매일 매 순간 결정을 내려야 한다.

"예수님은 그분의 일을 해내셨는가 아니면 실패하셨는가? 십자가가 우리의 공짜 천국 티켓 외에 아무것도 의미하지 않는가?"

우리가 타인뿐 아니라 자신조차 용서하지 않기로 결정할 때, 예수님은 우리에게 아무런 본보기도 아니다. 따라서 우리는 하나님이 용서하신 것을 더는 들춰내지 않겠다고 결정해야 한다. 예수님은 용서란 결정이라는 것을 궁극적인 방식으로 보여주셨다.

하나님을 믿고 용서를 선택하라

예수님은 겟세마네 동산에서 이것을 가장 잘 보여주셨다. 느낌을 기다리고 있다면, 명심하라. 느낌은 절대 오지 않는다. 우리의 원수 사탄이 우리의 느낌을 사로잡을 것이다. 사탄의 목적은 단순하다. 모든 영혼을 사로잡는 것이다.

바울은 고린도후서에서 이렇게 말한다.

> 너희가 무슨 일에든지 누구를 용서하면 나도 그리하고 내가 만일 용서한 일이 있으면 용서한 그것은 너희를 위하여 그리스도 앞에서 한 것이니 이는 우리로 사탄에게 속지 않게 하려 함이라 우리는 그 계책을 알

지 못하는 바가 아니로라 고후 2:10,11

"왜죠? 왜 내가 용서해야 하나요?"라고 묻는 소리가 들린다. 용서에는 사실 매우 이기적인 이유가 있다. 정직한 사람이라면 자신이 몇몇 부분에서 이기적이라는 사실을 인정할 것이다. 들어보라.

너희가 사람의 잘못을 용서하면 너희 하늘 아버지께서도 너희 잘못을 용서하시려니와 너희가 사람의 잘못을 용서하지 아니하면 너희 아버지께서도 너희 잘못을 용서하지 아니하시리라 마 6:14,15

그러므로 자신의 삶에서 행한 잘못된 것들을 생각해보라. 그것이 무엇이든 간에 새판을 짜기 위해, 당신의 모든 잘못을 바로 잡기 위해 무엇이든 당신이 할 수 있는 일이 있다고 믿는가? 없다. 인간으로는 불가능하다. 그러나 그리스도께서 주시는 용서를 통하면 가능하다. 하나님께는 모든 일이 다 가능하다.

사람으로는 할 수 없으되 하나님으로는 그렇지 아니하니 하나님으로서는 다 하실 수 있느니라 막 10:27

자신을 믿고 상황에 대한 자신의 이해를 믿는 대신 하나님의 능력을 신뢰하고 하나님을 믿어야 한다.

너희 믿음이 사람의 지혜에 있지 아니하고 다만 하나님의 능력에 있게 하려 하였노라 고전 2:5

우리는 사람들이 자신의 잘못을 지우기 위해 할 수 있는 게 아무것도 없음을 알면서도 왜 그들의 죄를 묻는가? 우리가 갈망하는 바는 오직 하나님의 능력을 통해서만 얻을 수 있기 때문이다. 그것은 하나님의 정의이며 하나님의 용서다.

우리의 해답은 '예수님'이다. 십자가는 '죄 용서'를 상징한다. 우리는 용서할 것인지, 용서하지 않을 것인지 선택에 직면할 때마다, 다른 사람들을 용서하고 또 다른 사람들에게 용서를 구함으로써 하나님이 우리를 위해 하신 일에 감사를 표할 기회를 얻는다. 분명히 알라. 우리가 우리에게 죄지은 자들을 먼저 용서할 때까지 하나님은 우리의 모든 잘못을 빚으로 여기신다. 죽고 부활하신 후에도, 예수님은 잠긴 문을 통과해 제자들에게 나타나 이렇게 말씀하셨다.

"너희가 누구의 죄든지 사하면 사하여질 것이요 누구의 죄든지 그대로 두면 그대로 있으리라"(요 20:23).

우리는 이렇게 상상할 수 있다. 우리가 죽은 후 사랑하는 사람들에게 돌아가 뭔가 말할 수 있다면 그 말은 아주 잘 먹혀들고 정말 놀라운 의미가 있을 것이다. 예수님은 다시 나타나셨을 때 용서를 말씀하셨다. 그러니 용서가 아주 중요하다고 추론할 수 있다.

공격에 대한 반응이 중요하다

여기 작은 비밀이 있다. 당신은 자신이 사로잡힌 자를 자유하게 하고 있으며 이런 당신의 행동이 옳다고 생각할는지 모른다. 그러나 사로잡힌 자는 바로 당신이다. 용서의 기적은 용서'받은' 자에게만 있는 게 아니다. 더 큰 기적이 용서'하는' 자의 삶에서 일어난다.

예수님은 자신의 잔을 마신 후, 하나님 오른편에 앉으셨다. 확신해도 좋다. 더 큰 자리는 없다. 그렇다면 당신의 결정은 무엇인가? 하나님의 얼굴을 바라볼 때 당신의 삶에서 십자가로 충분한가?

문제는 우리가 삶에서 공격을 받느냐, 받지 않느냐가 아니다. 틀림없이 공격을 받을 것이기에, 그 공격에 어떻게 반응하느냐가 중요하다. 우리의 반응에 따라 우리의 미래가 결정된다. 중요한 것은 우리에게 주어진 패가 아니라 그 패를 어떻게 활용하느냐이다.

> 예수께서 제자들에게 이르시되 실족하게 하는 것이 없을 수는 없으나 그렇게 하게 하는 자에게는 화로다 눅 17:1

욥기를 보면 알듯이, 가장 충성스런 하나님의 종도 시련과 환란을 만난다. 많은 경우, 설명도 거의 없이 만난다. 그러나 욥기를 보면 알듯이, 하나님이 미리 알지 못하신 상태에서 우리에게 닥치는 일이란 없다는 것을 절대 잊지 말아야 한다.

용서할 것인가, 용서하지 않을 것인가라는 결정에 직면할 때, 용서하지 않겠다는 결정은 죄라는 것을 분명히 알아야 한다. 명심하라. 하나님은 신실하시다. 하나님께서는 피할 길을 두셨고, 우리가 사탄의 덫에서 벗어날 길을 준비해 두셨다. 하나님은 우리에게 용서하라고 명하셨다.

사람이 감당할 시험밖에는 너희가 당한 것이 없나니 오직 하나님은 미쁘사 너희가 감당하지 못할 시험 당함을 허락하지 아니하시고 시험 당할 즈음에 또한 피할 길을 내사 너희로 능히 감당하게 하시느니라

고전 10:13

하나님은 피할 길을 내셨다. 유일한 길이다. 하나님은 우리의 삶을 처음부터 끝까지 다 보셨다. 하나님은 모든 불리한 환경을 다 보셨고 매번 피할 길을 여셨다. 용서하지 않으려는 유혹에 저항함으로써 우리는 하나님의 뜻을 벗어나지 않는다. 하나님의 사랑으로 행하지 않은 채 결정을 내린다면 하나님의 뜻에서 벗어나게 된다. 자신이 하나님의 뜻에서 벗어나 있을 때, 우리는 이것을 알고 영으로 느낀다. 우리가 하나님에게서 멀어질 때, 우리 영혼이 슬퍼한다.

하나님의 성령을 근심하게 하지 말라 그 안에서 너희가 구원의 날까지 인치심을 받았느니라 엡 4:30

이 성경 구절은 선택이 있다고, 우리가 내려야 할 결정이 있다고 말한다. 용서하겠다고 결정하느냐, 용서하지 않겠다고 결정하느냐에 따라 우리가 하나님의 뜻을 따라 행하느냐 아니면 그분에게서 멀어지느냐가 결정된다. 많은 사람이 모르는 게 있다. 우리는 용서하지 않고 살기로 선택할 때, 하나님의 눈을 똑바로 쳐다보고는 그분께 등을 돌리고 나온 것이다.

우리가 용서하지 않기로 선택할 때, 하나님도 우리에게 똑같이 하실 것이다. 우리는 하나님이 주신 평안과 기쁨을 잃게 된다. 하나님이 우리의 삶에서 그분의 손을 거두신다. 하나님이 그러지 않으시리라고 믿는다면 속는 것이다.

> 그때에 그들이 여호와께 부르짖을지라도 응답하지 아니하시고 그들의 행위가 악했던 만큼 그들 앞에 얼굴을 가리시리라 미 3:4

하나님은 불순종과 불용(不容)을 어떻게 다루시는지 보여주셨다. 비통, 질투, 분노가 우리 삶에서 무엇을 하는지 분명히 보여주셨다. 사실, 예수님은 우리의 미움이 살인이라고 하셨다. 피가 우리 손에 있으며 영생이 우리 안에 없다고 하셨다.

> 그 형제를 미워하는 자마다 살인하는 자니 살인하는 자마다 영생이 그 속에 거하지 아니하는 것을 너희가 아는 바라 요일 3:15

용서하지 않은 대가

지금 다루는 내용을 깊이 이해하려면 가인과 아벨의 삶을 돌아보아야 한다. 가인과 아벨 둘 다 하나님을 예배하길 원했고, 그래서 하나님께 제사를 드렸다. 자신의 죄를 덮기 위한 제물로 가인은 자신이 기른 농작물을 드렸고, 아벨은 어린 양을 드렸다.

그러나 성경은 "여호와께서 아벨과 그의 제물은 받으셨으나 가인과 그의 제물은 받지 아니하신지라"라고 말한다. 왜 하나님은 가인이 땀 흘려 일하여 수확한 가치 있는 제물을 받지 않으셨는가? 왜 퇴짜를 놓으셨는가?

하나님의 의(義)는 피 제사를 요구하기 때문이다. 하나님이 아벨을 받으신 이유는 아벨이 하나님이 요구하시는 제물을 드렸기 때문이다. 반대로, 가인은 자신의 노력으로 얻은 제물을 하나님께 드리려 한 까닭에 하나님이 가인을 받지 않으셨다. 여기에 가인의 분노와 비통과 증오가 끼어든다. 불용의 씨가 뿌려졌고, 곧 자라기 시작했다.

"가인이 몹시 분하여 안색이 변하니"(창 4:5).

싸움은 시작되었고, 가인은 원수에게 공격 받고 있었던 게 분명하다. 가인이 손으로 한 일, 그가 준비한 제물이 하나님께는 아무 의미도 없었다. 하나님은 이것을 보여주려고 가인을 엄히 다루셨다. 다음 장에서 살펴볼 테지만, 하나님은 같은 부분에서 욥도 다루셨다. 하나님은 가인이 회개하고 동생처럼 어린 양을 제물로 바치기를 원하셨다. 하나님은 가인을 바른 길로, 용서의 길로 인도하기를 원하셨지만, 가인의 분노가 이를 막았다.

> 여호와께서 가인에게 이르시되 네가 분하여 함은 어찌 됨이며 안색이 변함은 어찌 됨이냐 네가 선을 행하면 어찌 낯을 들지 못하겠느냐 선을 행하지 아니하면 죄가 문에 엎드려 있느니라 죄가 너를 원하나 너는 죄를 다스릴지니라 창 4:6,7

하나님께서 가인에게 물으신 목적은 가인으로 불순종과 분노를 회개하게 하시기 위해서였다. 하나님은 가인이 멸망하길 원치 않으셨다. 하나님은 가인에게 그를 멸망시키려는 원수에 대해 경고하셨다. 원수는 죄를 통해 우리 하나하나를 무너뜨리겠다고 위협한다. 죄는 무엇이든 하나님의 뜻에 맞지 않는 것이며, 하나님의 말씀을 믿고 순종하길 거부하는 것이다. 죄는 우리의 가장 큰 적이며, 회개를 통해 얻는 용서는 죄를 이길 수 있다.

> 우리는 다 양 같아서 그릇 행하여 각기 제 길로 갔거늘 여호와께서는 우리 모두의 죄악을 그에게 담당시키셨도다 사 53:6

우리가 계속 제 길을 고집한다면 어떻게 되는가? 욥이 아내의 충고대로 하나님을 저주하고 하나님께 등을 돌렸다면 어떻게 되었겠는가? 우리가 하나님의 말씀에, 우리의 삶을 향한 하나님의 뜻에 불순종하면 어떻게 되겠는가? 성경은 이렇게 말한다.

> 이런 자들은 주의 얼굴과 그의 힘의 영광을 떠나 영원한 멸망의 형벌을 받으리로다 살후 1:9

그러나 그리스도께 나와서 자신들의 죄를 사하는 하나님의 궁극적 제사를 받아들이는 자들은 영생을 얻는다. 명심하라. 스스로 마음을 완악하게 해 진리를 대적하는 자들은 하나님의 심판을 받는다. 성경은 하나님께서 "아무도 멸망하지 아니하고 다 회개하기에 이르기를 원하시느니라"라고 말한다(벧후 3:9).

우리는 여기서 분명히 알아야 한다. 하나님은 가인이 그의 죄 가운데 멸망하길 원치 않으셨다. 하나님은 우리 모두가 회개하기를 바라시듯이, 가인도 회개하기를 바라셨다. 하나님은 모두가 그분 앞에 의로울 수 있는 길을 내셨다. 당시에 하나님의 길은 흠 없는 어린 양의 희생을, 무죄한 피를 요구했다. 아벨은 하나님께 순종했지만, 가인은 그러지 않았다. 아주 단순하다.

피 흘림이 없은즉 사함이 없느니라 히 9:22

하나님은 우리의 죄를 사하려고 그리스도의 피를 흘리셨다. 예수님은 세상을 위한 흠 없는 어린양이 되셨다. 그리스도는 하나님이 우리를 위해 단번에 내신 길이다. 그리스도의 희생을 받아들이지 않으면 우리는 용서받지 못하고 어느 날 하나님의 심판을 받게 된다.

아벨은 자신이 용서받아야 하는 죄인이라는 것을 알았기에 하나님이 요구하시는 대로 무죄한 어린 양을 제물로 드렸다. 가인은 행위와 입술로는 하나님을 높였으나 마음은 하나님에게서 떠나 있었다.

이르시되 이사야가 너희 외식하는 자에 대하여 잘 예언하였도다 기록하였으되 이 백성이 입술로는 나를 공경하되 마음은 내게서 멀도다 막 7:6

가인의 예배가 하나님 앞에서 전혀 가치가 없었던 이유는 그가 하나님의 길을 받아들이지 않았기 때문이다.

또다시 회개의 자리로

설상가상으로, 가인의 내면에 끓어오르던 분노와 비통과 분개가 폭발했다.

> 가인이 그의 아우 아벨에게 말하고 그들이 들에 있을 때에 가인이 그의 아우 아벨을 쳐 죽이니라 창 4:8

가인은 자신의 길을 고집했다. 가인은 회개를 멀리하고 더 많은 죄를 지었다. 하나님의 용서를 받기 위해 어린 양의 피를 흘려야 했으나, 가인은 거부하고 대신에 의로운 동생의 피를 흘렸다. 가인이 무슨 생각을 하고 있었겠는가? 사탄은 가인 속에 교두보를 마련했다. 가인의 비통함이다. 그래서 사탄은 열린 문으로 들어가 싸움을 시작했다. 우리는 사탄이 거기 있었다는 것을 안다. 성경이 가인은 '악한 자'에게 속했다고 말하기 때문이다(요일 3:12).

그다음에 일어난 일은 훨씬 강력한 메시지를 준다. 하나님은 또다시 가인을 회개의 자리로 인도하신다. 그러나 가인은 이번에도 하나님께 등을 돌린다. 우리도 용서하지 않겠다고 고집할 때, 똑같이 한다.

여호와께서 가인에게 이르시되 네 아우 아벨이 어디 있느냐 그가 이르되 내가 알지 못하나이다 내가 내 아우를 지키는 자니이까 이르시되 네가 무엇을 하였느냐 네 아우의 핏소리가 땅에서부터 내게 호소하느니라 땅이 그 입을 벌려 네 손에서부터 네 아우의 피를 받았은즉 네가 땅에서 저주를 받으리니 네가 밭을 갈아도 땅이 다시는 그 효력을 네게 주지 아니할 것이요 너는 땅에서 피하며 유리하는 자가 되리라

창 4:9-12

하나님께서 가인에게 벌을 내리신 목적은 그를 정죄하기 위해서가 아니었다. 또다시 그를 회개의 자리로 인도하시기 위해서였다. 그러나 가인은 하나님을 떠나기로 선택했다. "가인이 여호와 앞을 떠나서 에덴 동쪽 놋 땅에 거주하더니"(창 4:16). 하나님이 가인에게 등을 돌리신 게 아니다. 가인이 하나님께 등을 돌렸다.

용서하지 않겠다고 선택할 때, 우리는 자신의 길을 고집하고 하나님의 음성에 귀를 막으며 마침내 하나님께 등을 돌리는 셈이다. 입술로는 "하나님을 찬양하라!"라고 말하는지 모르지만, 마음으로는 하나님을 멀리한다. 하나님의 사랑과 그분의 길에서 벗어났기 때문이다. 우리는 자신의 길에서 돌이켜야 한다. 용서하겠다고 선택해야 한다.

그러려면 자신에게서, 자신의 죄에서, 자신의 우상에게서, 자신의 노력에서 돌이켜 하나님과 그분의 말씀을 향해야 한다. 자신의 길을

계속 고집하길 거부하고 하나님의 길을 선택해야 한다. 하나님의 길은 예수님을 주와 구주로 영접하고 그분을 따르는 것이다. 용서하겠다고 결정할 때에야 비로소 하나님의 평안을 경험하고 예수님과 친밀한 교제를 나눌 수 있다.

용서하겠다고 결정하고 행동에 옮길 때 어떻게 될지는 분명하다. 원수는 우리가 이렇게 하지 말아야 하는 온갖 이유를 댈 것이다. 용서할지 말지 고민할 때, 우리의 내면에서 격론이 벌어진다. '그놈들은 그러고도 아무 벌도 받지 않을 거야. 그건 부당해. 그놈들은 마땅히 받아야 할 걸 받지도 않을 거야. 그건 옳지 않다고!'

누군가 우리에게 깊은 상처를 입히고도 아무 일 없다는 듯이 멀쩡히 사라진다는 생각에 분노가 치민다. 그러나 바로 이것이 하나님이 우리에게 허락하신 일이다. 바로 이것이 그리스도께서 분노하지 않고, 분개하지 않고, 판단하지 않고 우리를 위해 하신 일이다. 그리스도께서는 숱하게 맞은 후 십자가에 달려 부르짖으셨다.

"아버지 저들을 사하여주옵소서 자기들이 하는 것을 알지 못함이니이다."

그러고는 "아버지여, 아버지여, 어찌하여 나를 버리셨나이까?"라고 부르짖으셨다. 십자가 아래에서 우리는 아무런 정의도 보지 못했다.

> 곧 하나님께서 그리스도 안에 계시사 세상을 자기와 화목하게 하시며 그들의 죄를 그들에게 돌리지 아니하시고 화목하게 하는 말씀을 우리

에게 부탁하셨느니라 고후 5:19

용서하지 않으면서 평안을 누릴 수는 없다. 불가능하다. 따라서 반드시 선택해야 한다. 둘 다 선택하지는 못한다. 하나님은 "네 마음대로 해라!"와 같은 슬로건을 따라 일하지 않으신다. 하나님의 방식대로 이뤄져야 한다. 놀랍게도, 우리는 용서하지 않으면 우리 자신에게 해가 되고 우리 자신의 삶에서 하나님의 복이 흐르는 물길을 방해할 뿐이라고 생각한다.

우리는 자신의 아픔을 부추기기까지 하고 연민을 구하며, 이런 감정을 버리려 하지 않는다. 터무니없게 들릴지 모르지만 사실이다. 미 음으로 용서하지 않을 때, 우리는 두려워 아픔을 떨쳐버리지 못할 때가 많다. 용서하면 정의가 이뤄지지 않을까봐 두렵다. 우리는 "누가 저들로 대가를 치르게 할 건데요?"라고 물으며, "대가를 치를 때까지 내가 직접 이 일을 해야 한다"고 말한다.

원수의 전술에 넘어가서는 안 된다. 우리는 그 정도로 어리석지 않다. 우리는 사탄이 어떻게 싸우는지 안다. 사탄의 방법과 계략을 모르지 않는다. 정의를 행하시는 하나님의 능력에 의문을 품거나 그 외에 비슷한 의문을 품는다면, 마귀와 마주앉아 대화를 나누는 셈이다. 그의 변장술에 속아 넘어가지 말라. 사탄은 당신이 하나님에게서 멀어지길 원한다.

용서해야 용서받는다

에베소서 4장을 좀 더 깊이 살펴보면, 우리의 삶을 위한 더 큰 가르침을 얻을 수 있다. 하나님은 우리에게 그분의 길을 선택하라고 명하신다.

> 너희는 모든 악독과 노함과 분냄과 떠드는 것과 비방하는 것을 모든 악의와 함께 버리고 서로 친절하게 하며 불쌍히 여기며 서로 용서하기를 하나님이 그리스도 안에서 너희를 용서하심과 같이 하라
>
> 엡 4:31,32

이것은 일상의 헌신이다. 실제로 우리는 끊임없이 공격 받기 때문에 이것은 순간순간의 헌신이다. 자신에게 정직하게 물어보라. "나는 무엇을 더 좋아하는가? 하나님의 평안, 내 삶에 거하시는 그리스도인가, 아니면 나의 내면에서 타오르는 비통함과 분노인가?" 기억하라. 우리가 하나님께 던지는 모든 질문을 하나님도 우리에게 던지신다.

성경은 모두가 죄를 지었고 하나님의 영광에 이르지 못했다고 말한다. 우리는 저마다 원한을 품은 대상이 있다. 하나님은 우리가 용서할 때까지 우리를 용서하지 않겠다고 말씀하신다. 당신도 삶에서 죄를 지었기에 용서가 필요하다.

내가 내 마음을 정하게 하였다 내 죄를 깨끗하게 하였다 할 자가 누구냐 잠 20:9

기록된 바 의인은 없나니 하나도 없으며 롬 3:10

우리는 자주 항변한다.

"용서받았다고 느껴지지 않아요. 내가 살면서 저지른 짓을 하나님이 용서하셨다고 느껴지지 않아요."

사실일는지 모른다. 왜냐하면 하나님께서는 먼저 우리에게 용서하라고 요구하시고, 당신에게 깊이 파라고 요구하시기 때문이다.

그러므로 예물을 제단에 드리려다가 거기서 네 형제에게 원망 들을 만한 일이 있는 것이 생각나거든 예물을 제단 앞에 두고 먼저 가서 형제와 화목하고 그 후에 와서 예물을 드리라 마 5:23,24

우리가 원한을 품은 대상을 용서할 때까지 하나님 앞에서 우리의 제사는 아무런 의미가 없다. 하나님은 큰 잘못뿐 아니라 작은 잘못까지 용서하라고 말씀하신다.

삶에서 모든 잘못을 다 용서했다면, 자신의 상황에 관한 진리를 이해하고 더는 원수의 거짓말을 믿지 말아야 한다. 하나님이 당신의 상황과 그분이 베푸신 용서에 관해 하시는 말씀을 이해해야 한다.

자신이 용서받았다는 진리를 받아들이고 믿어야 한다. 그러면 용서하지 않아 새롭게 시작하지 못하는 일이 절대 없다.

동이 서에서 먼 것같이 우리의 죄과를 우리에게서 멀리 옮기셨으며 시 103:12

그다음으로, 우리의 책임을 받아들여야 한다.

누가 누구에게 불만이 있거든 서로 용납하여 피차 용서하되 주께서 너희를 용서하신 것같이 너희도 그리하고 골 3:13

동이 서에서 먼 것같이 이렇게 용서해야 한다. 우리는 모두 하나님의 방식으로 용서받길 간절히 원한다고 분명히 말하려 할 것이다. 그 누구도 우리가 일상적으로 용서하는 방식으로 용서받기를 원치 않을 것이다. 우리는 사로잡힌 자를 놓아주는 데 어려움을 겪는다. 그러나 다른 사람들이 한 일에 대해 그들에게 책임을 묻지 말아야 한다. 그들이 준 상처나 고통을 그 누구에게도 말해서는 안 된다.

우리의 육신은 어떻게 부당한 대우를 받았고, 어떻게 고통을 견뎌야 했는지를 가장 가깝고 믿을 만한 사람에게 말하고 싶어 안달이다. 우리는 자신이 옳다고 인정받고 싶다. 우리는 정의를 원한다.

그러나 사랑하는 친구여, 우리가 사로잡은 자를 놓아주고 하나님께 맡기기 전까지는 절대로 정의가 이뤄지지 않는다. 당신이 용서할 때까지 당신이 처한 상황에 절대로 정의가 이뤄지지 않으며, 당신의 영혼에 절대로 하나님의 평안이 임하지 않을 것이다.

지금껏 용서에 관해 살펴보았다. 그런데 용서란 무엇이고, 무엇이 아닌지를 정확히 이해하려고 더 깊이 들어갈수록 더 헷갈린다. 진리를 우리의 길잡이로 삼는다면 용서란 무엇이 아닌지 분명히 알게 된다.

많은 경우, 우리는 하나님이 결코 죄를 인정하지 않으셨고 인정하지 않으실 것을 분명하게 본다. 태초에 에덴동산에서 인간이 죄를 지었으나 하나님은 용서하셨다. 하나님은 아담과 하와에게 자비를 베풀어 가죽옷을 지어 입히셨다(창 3:21). 그러나 이들의 행위를 눈감아주지 않으셨다. 이들의 죄 때문에 우리는 모두 대가를 치렀다. 죄에 결과가 따르지 않는 경우는 없다. 그러나 죄가 하나님의 자비를 제거하지도 않는다.

예수님은 간음하다 붙잡힌 여인을 용서하셨으나, 그 여인의 행위를 결코 인정하지 않으셨다. 예수님은 여인에게 "다시는 죄를 범하지 말라"고 하셨다(요 8:11). 그 어떤 상황에서도 하나님은 절대로 죄를 인정하지 않으셨고, 인정하지 않으실 것이다.

하나님의 방식으로 용서하기

하나님은 우리에게 그분이 우리를 용서하신 방식으로 용서하라고 요구하신다. 우리가 타인들의 죄를 인정하지 않은 채 용서해야 한다는 뜻이다. 우리의 용서가 타인들의 행위를 지지하거나 눈감아주거나 정당화하지 않는다. 그 어떤 죄도 정당화될 수 없다. 죄의 행위를 정당화할 수 있는 논리란 없다.

많은 사람이 용서하려면 자신을 해친 사람과 반드시 화해해야 한다고 생각한다. 하나님이 가장 바라시는 결과다. 그러나 화해가 용서에 필수적이지는 않으며, 때로 화해가 하나님의 뜻이 아닐 수도 있다. 가장 좋은 예를 고린도후서 5장 19절에서 볼 수 있다.

"하나님께서 그리스도 안에 계시사 세상을 자기와 화목하게 하시며"

그러나 세상을 살펴보면 분명히 보이듯이, 하나님은 용서를 제의하셨지만 모두 용서를 받지는 않았고, 모두 용서를 받아들이지는 않았다. 하나님의 가장 큰 바람은 화해와 관계 회복이다. 그러나 이것은 용서를 제의받은 사람이 받아들일 때만 가능하다. 하나님의 용서가 제시되어도 결코 모든 사람이 하나님과 화해하지는 않는다. 따라서 용서는 지지나 정당화가 아니며, 화해를 요구하지도 않는다.

죄를 적어둔 파일을 어떻게 할까?

용서는 일어난 일을 무시하지 않지만, 기록하지 않기로 선택한다.

사랑은 잘못을 기록하지 않으며 고전 13:5, NIV 역자 직역 하나님은 잘못이 없었던 척하라고 말씀하지 않으시고 "잘못을 기록하지 않기로 선택하라"고 말씀하신다. 영적 싸움은 마음에서 벌어진다. 우리가 용서하지 않은 사람들이 마음속에 분명하게 자리하며, 필요하면 언제든 꺼내볼 수 있게 하나하나 따로 보관되어 있다. 우리는 공격받지 않은 척할 수도 없고, 해서도 안 된다. 그렇더라도 이런 기억을 쌓아두고 기록해서는 안 된다.

하지만 우리는 이렇게 한다. 마치 우리가 삶에서 접촉하는 사람들 하나하나마다 파일 양식을 만들어놓고 그들이 우리에게 하는 세세한 잘못으로 그 양식을 머릿속에 깨알같이 채우는 것과 같다. 우리는 파일을 상자에 넣어 저만치 치워두었다고 믿으며 자신에게 거짓말을 한다.

우리는 용서했고 치워버렸다고 선언한다. 그러나 어떤 사람이 아주 사소하게라도 공격하면 재빨리 상자로 달려가 그 사람의 파일을 꺼내 지금껏 기록해둔 내용을 죄다 다시 훑어보기 시작한다. 그런 후에 결정한다.

"틀림없어! 하나님은 내가 이 모두를 용서하길 원치 않으셔!"

하나님의 자녀라면 파일을 하나님께 넘겨드려라. 그분이 하신다. 단번에 하나님께 넘겨드려라. 그러나 준비하라. 사탄이 그 파일을 상기시킬 것이다. 당신이 파일을 하나님께 넘겼더라도, 사탄은 당신에게 그 파일이 필요하니 다시 끄집어내야 한다며 설득하려 들 것이다. 사탄은 그 파일이 있어야 당신의 영혼이 정의를 찾을 수 있다고 말할 것이다. 그는 거짓말쟁이다.

우리는 하나님을 신뢰하고 파일 처리를 하나님께 맡겨야 한다. 받은 상처를 단번에 내려놓아라. 그리고 자유를 얻어라. 잊으라는 것이 아니다. 용서하라는 것이다. 용서는 우리의 기억을 지우지 않는다. 세상 그 무엇보다 큰 능력인 하나님의 은혜로 그 기억을 덮을 뿐이다.

용서는 느낌이 아니라 선택

용서는 자신이 받은 상처를 분명히 알면서도 용서하기로 선택하는 것이다. 하나님은 우리의 죄를 잊지 않으신다. 우리의 죄를 덮으실 만큼 우리를 사랑하실 뿐이다. 하나님은 우리가 지은 세세한 죄까지 다 아시지만, 우리의 죄 때문에 우리를 나쁘게 보지 않기로 선택하셨다. 우리는 잊을 수 없을지 모르지만, 하나님의 은혜로 거기에 매달리지 않겠다고 선택할 수는 있다. 명심하라. 시간이 치유해주지 않는다. 하나님이 치유하신다. 당신이 받은 상처를 원수가 당신의 마음과 영혼과 생각에 또다시 우겨넣기란 시간 문제일 뿐이다. 사탄이 계속 상처를 끄집어낼 때, 하나님의 뜻 안에 굳게 서서 외쳐야 한다.

"그건 하나님께 맡겼어. 그러니 이제는 하나님의 손에 있다고! 나는 하나님의 평안과 자비와 은혜 가운데 안식을 누릴 거야."

"사탄아 내 뒤로 물러가라"(마 16:23).

용서하지 않고 살고 있는가? 그렇다면 원수가 당신의 길을 막고 있으며, 하나님이 당신을 위해 준비해두신 복은 물론 완전한 기쁨과 평안을 당신이 누리지 못하게 방해하고 있는 것이다. 욥기가 이것을 분명하게 보여준다.

용서는 느낌이 아님을 분명히 알아야 한다. 용서는 '선택'이다. 용서하려면 의지의 행위가 필요하다. 누군가를 용서하고 싶다고 느껴지는 순간은 절대 오지 않는다. 확신컨대, 예수님은 이해가 안 되는 채찍질을 당하며 십자가에 못 박히고 싶다고 느끼지 않으셨다! 원수는 절대로 당신이 용서하고 싶다고 느끼게 하지 않는다.

용서란 당신에게 잘못한 사람들을 벌하길 거부하거나 그들로 대가를 치르게 하길 거부하는 것이다. 하나님은 복수가 필요하다면 복수하는 일이 자신의 손에 있다고 구체적으로 가르쳐주셨다. 하나님은 우리의 도움이 필요 없으시다. 하나님은 자신의 책임을 능히 수행하신다.

용서는 자신이 받은 공격(상처)을 자신과 하나님과 당사자 외에는 그 누구에게도 알리지 않겠다는 결심까지 수반한다. 가장 가까운 친지나 친구에게 말해봐야 상황 해결에 아무런 도움이 되지 않는다. 교만을 쌓는 이기적 행위일 뿐이다. 우리의 육체적 갈망이 아무리 그렇게 하려 하더라도, 우리는 그러지 않기로 결정해야 한다. 사실을 직시하자.

우리는 우리의 가슴을 찌른 사람들에게 상처를 주고, 우리에게 고통을 안긴 사람들에게 아픔을 안기려 한다. 우리는 자신은 더 높게 여겨지고 원수들은 더 낮게 여겨지길 바란다. 우리를 공격한 자들이 대가를 치르길 바라며 그들이 벌을 받길 바란다. 그러나 우리가 죄를 지을 때는 어떻게 하는가? 아무도 모르게 해달라고, 우리에게 고통을 안겨주시지 말라고 하나님께 간청한다.

하나님은 우리의 죄를 전부 다 덮으셨다. 어찌 우리가 똑같은 용서를 타인들에게 확대하지 않을 수 있겠는가? 하나님이 이미 잊으신 일을 곱씹으며 살겠다고 선택할 이유가 어디 있겠는가? 당신이 그리스도인으로 살아가면서 애를 먹고 있다면, 당신과 하나님 사이를 무엇이 가로막고 있다고 느낀다면 당신의 기도가 응답되지 않고 있다고 느낀다면, 자신에게 물어야 할 때다.

"용서가 필요한 사람이 누구인가?"

당신에게 엄청난 아픔을 안긴 장본인이 당신이 사랑하는 사람인가, 당신이 신뢰하는 친구인가, 혹은 당신 자신인가? 하나님의 뜻을 행하고 용서하겠다는 결정을 내림으로써 그리스도의 희생이 당신의 삶에서 강력한 의미를 갖게 하는 데 지금보다 나은 때는 없다. 우리 모두의 삶에 하나님이 하나님이시게 하자고 결정해야 할 순간이 온다.

하나님은 욥의 삶에서 그를 교차로로 인도하셨다. 욥은 분노하고 혼란스럽지만 믿음으로 가득한 마음을 하나님께 쏟아냈다. 하나님은 욥에게 말씀하셨고, 욥을 낮추셨으며, 그런 후에 하나님이 보시기에 잘못한 친구들을 위해 기도하라고 하셨다. 욥기를 읽노라면 욥이 등을 돌릴 수도 있었고, 돌렸어도 이상하지 않을 숱한 이유가 보인다. 친구들은 욥을 죄인으로 몰아세웠고 그에게 더 큰 슬픔을 안겼다.

욥이 왜 이런 친구들을 위해 기도하겠다고 선택하겠는가? 욥은 화를 내고 원통해하며 용서하지 않을 수도 있었다. 그러나 이렇게 선택했다면, 욥의 삶에서 하나님의 가장 큰 복은 물 건너갔을 것이다. 하나님은 욥의 마음에 남아 있는 이런 감정들을 아셨고, 이것들을 제거하셔야 했다. 무엇이든 가치 있는 게 자라려면 쓴 뿌리를 뽑아야 한다. 용서하지 않으면 우리의 믿음은 아무짝에도 못 쓴다.

하나님이 욥에게 친구들을 위해 기도하라고 하셨을 때, 욥은 하나님이 실제로 무엇을 하라고 요구하시는지 이해하지 못했던 것 같다. 마치 욥이 더는 아무것도 묻지 않고 그저 하나님께 순종했던 것처럼 보인다. 우리는 욥의 친구들이 하나님의 진노에서 놓여났다고 생각하기 쉽다. 그러나 완전히 알지는 못했어도, 욥은 자신을 자유하게 하고 있었다.

하나님은 우리의 삶에서 우리의 믿음과 그분의 놀라운 능력을 가로막는 가장 큰 장애물 하나는 용서하지 않기라는 것을 보여주고 계셨다. '용서'는 사로잡힌 자를 자유하게 하고 우리의 믿음이 드러나게 한다. 용서는 행동하는 우리의 믿음이다.

우리가 삶에서 하나님을 간절히 원할 때, 때로 하나님께 "참견 마세요!"라고 말할 때, 재미있기도 하고 별로 재미없기도 하다. 우리는 언제 하나님을 우리의 삶에 초청하고, 언제 그러지 않을지 결정하고 싶다. 삶에서 많은 경우, 우리는 스스로 하나님의 역할을 하길 좋아한다. "하나님이 계신다. 내가 하나님이 아니다!" 우리가 날마다 되새겨야 할 말이다.

예수님은 용서하지 않는 삶에 관해 중요하고 분명한 명령을 주셨다. 하나님의 보좌에 앉지 말라고 하셨다.

> "너희가 심판을 받지 않으려거든, 남을 심판하지 말아라. 너희가 남을 심판하는 그 심판으로 하나님께서 너희를 심판하실 것이요, 너희가 되질하여 주는 그 되로 너희에게 되어서 주실 것이다." 마 7:1,2, 새번역

메시지의 핵심을 놓치지 말라. 당신의 삶이 엉망진창인가? 마치 세상이 당신과 맞서거나 당신이 공정한 재판을 받지 못하고 있다고 느끼는가? 당신의 느낌이 맞을지 모른다. 우리가 하나님과 동행하는 삶에서 이 중요한 부분은 우리를 하나님에게서뿐 아니라 그분이 우리에게 주길 바라시는 복에서도 멀어지게 할 수 있다.

하루를 시작하기 전이라도 용서하라는 명령을 묵상해야 한다. "너희가 심판(judge)을 받지 않으려거든, 남을 심판하지 말아라. 너

희가 남을 심판하는 그 심판으로 하나님께서 너희를 심판하실 것이요."

이번에도 하나님의 말씀은 진리다.

"하나님의 말씀은 좌우에 날선 어떤 검보다도 예리하여"(히 4:12,13).

하나님의 말씀은 깊이 벤다. 하나님의 말씀은 살을 파고들고, 우리의 영혼은 죄를 깨닫게 하고 하나님의 뜻을 따르게 하는 그 능력에 노출된다.

오늘 단 하루 동안, 당신은 어떤 식으로 누군가를 판단(심판)했는가? 이런 생각을 했을는지 모른다.

'저들은 그럴 형편이 못 돼. 왜 자기 애들을 저 모양으로 다루는 거야? 하나님을 섬긴다고 말은 하는데, 하는 짓을 보면 영 아니야! 옷차림이 저게 뭐야! 그 사람들이 그 일을 한다고? 턱도 없는 소리! 어떻게 말을 그렇게 해! 사는 꼴 좀 봐!'

이외에도 얼마든지 있다. 매일 우리는 판단한다. 사람들을 부당하게 비판하는 것은 우리가 하나님 역할을 하는 방식이며 우리 육체의 욕망을 만족시키는 방식이다. 이것은 우리의 교만을 먹인다.

판단할 때, 우리는 사실 어떤 사람이나 상황을 바꾸려는 자신의 욕망을 실현하고 있거나 부족한 자기 가치에 대해 그저 조금 낫게 느끼려 하고 있을 뿐이다. 그 결과는 끔찍하다. 우리는 비판 받고 싶지 않다면 진리로 나와야 한다. 비판하지 말아야 한다. 다른 사람들이 우리를 판단하는 게 싫다면 우리도 그들을 판단하지 말아야 한다. 우리는 자신의 삶에서는 하나님께 끊임없이 자비를 구하지만, 타인들에 대해서는 정의를 부르짖는다. 심판대는 우리의 자리가 아니다. 진짜 대법정은 하늘에서 열린다.

> 네가 어찌하여 네 형제를 비판하느냐 어찌하여 네 형제를 업신여기느냐 우리가 다 하나님의 심판대 앞에 서리라 롬 14:10

하나님은 우리를 속속들이 다 아신다. 우리는 실낱만큼도 하나님을 속이지 못한다. 우리는 힘써 하나님을 섬기면서도 여전히 판단한다. 우리가 다른 사람들에 관해 이런저런 말을 하면 하나님이 놀라 자빠지실 것이라고 상상한다. 특히, 하나님이 우리의 잘못과 죄를 속속들이 다 아시기에 우리의 삶을 증언하실 때 말이다. 우리는 자신의 죄는 쉽게 잊으면서도 타인들의 죄는 끈질기게 까발리는 경향이 있다.

당신이 '나라면 절대 그러지 않을 거야!'라고 생각하는 순간, 교만이 파고들고 당신은 같은 상황에 처하기 십상이다. 겸손하게 행하라. 그러면 하나님의 뜻 안에 머물기가 한결 쉽다. 우리는 매우 자주 일깨움을 받는다. 우리가 자신을 낮추지 않으면 하나님이 우리를 낮추실 것이다.

그리스도의 본을 따르기

우리는 말씀을 받았고, 땅에서 그리스도를 통해 생명으로 인도되었다. 그리스도께서 전하신 용서의 메시지는 아주 분명하다.

> 너희 중에 죄 없는 자가 먼저 돌로 치라 요 8:7

> 비판하지 말라 그리하면 너희가 비판을 받지 않을 것이요 정죄하지 말라 그리하면 너희가 정죄를 받지 않을 것이요 용서하라 그리하면 너희가 용서를 받을 것이요 눅 6:37

메시지는 더없이 분명하다. 용서는 땅에서 그리스도의 삶과 죽음의 유일한 목적이었다. 그리스도께서 오신 목적은 단지 우리가 그분의 희생을 받아들이고 우리의 죄를 용서받게 하기 위해서가 아니라, 우리도 용서를 값없는 선물로 주게 하기 위해서이기도 했다.

우리는 그리스도의 삶과 본을 따라야 한다. 예수님은 용서가 필요하지 않으셨고, 용서하러 오셨다. 예수님은 자신이 온 것은 "섬김을 받으려 함이 아니라 도리어 섬기려 함"이라고 말씀하셨다(마 20:28). 그렇다면 당신의 삶에서 용서가 필요한 사람은 누구인가?

우리가 삶의 잿더미에 앉아 하나님께 우리를 만나달라고 간청할 때, 하나님은 우리가 어떻게 그분의 도움을 받을지 가르쳐주셨다. 다시 말해, 우리가 용서하라는 하나님의 명령에 순종할지 아니면 불

순종할지를 선택하면 결과가 따르리라고 확신해도 좋다고 하셨다.

용서하지 않으면, 하나님의 온전한 계획에서 우리가 어디에 서겠는가? 용서하지 않을 때 우리는 아무것도 아니다. 자신의 영적 성장을 막고 있고 하나님의 일이 우리 안에서, 우리를 통해 이뤄지지 못하게 방해하고 있다. 하나님이 욥에게 친구들을 위해 기도하라고 하신 데는 중요한 의미가 있다. 하나님이 욥에게 복을 주시기 위해 꼭 필요한 일이었다. 신약 성경의 언약이 욥기에 계시되고 있었다.

용서는 쉽지 않다. 사실, 잘해야 어렵다. 우리는 상처 준 사람들에게 등을 돌려버리면 시간이 다 해결해줄 거라고 믿는 경향이 있다. 자신에게 '안 보면 마음도 멀어지는 법이야. 시간이 약이지'라고 말한다. 그런데 반드시 용서해야 할 사람이 바로 자신이라면 어떻게 되는가? 당신이 어디를 가든 거기에는 당신이 있다.

우리 눈의 들보가 문제다

우리는 왜 판단하는가? 왜 용서하려 하지 않는가? 왜 타인을 비판하고 정죄하는가? 예수님은 우리의 본성을 아셨기에, 어떻게 하나님의 뜻을 따라 살아야 하는지 가르쳐주셨다.

> 어찌하여 형제의 눈 속에 있는 티는 보고 네 눈 속에 있는 들보는 깨닫지 못하느냐 보라 네 눈 속에 들보가 있는데 어찌하여 형제에게 말하기를 나로 네 눈 속에 있는 티를 빼게 하라 하겠느냐 외식하는 자여 먼

저 네 눈 속에서 들보를 빼어라 그 후에야 밝히 보고 형제의 눈 속에서 티를 빼리라 마 7:3-5

들보, 우리 눈의 들보가 문제다. 예수님은 타인의 죄를 '티'라고 표현하신 반면, 우리 안에 있는 잘못은 '들보'라고 표현하셨다. 들보는 우리의 타락한 본성의 증거이며 우리 안에 도사린 죄를 상징한다. 티는 들보에 비하면 지극히 작다. 바로 이 들보 때문에 우리는 타인을 판단하고 모두를 손가락질한다. 들보 때문에 자신의 잘못을 보지 못한다. 예수님은 타인을 판단하는 일을 말씀하실 때, 육체적으로 민감한 이 문제를 못 본 척 넘기실 길이 없었다.

이것은 용서를 제대로 이해하는 열쇠다. 용서받고 타인들을 용서하는 열쇠다. 죄가 없는 사람은 없다. 우리는 너나없이 들보가 있다. 그러나 자신의 들보를 겉으로 인정하고 논의하기는커녕 그것을 생각하기를 원하는 사람도 극소수다.

우리 눈의 들보를 절대로 완전히 제거할 수는 없다. 그럴 수 있다면 우리는 죄가 없고 구원도 필요 없다. 우리가 들보를 제거할 수 있다면 예수님은 타인들을 판단할 완전한 권리를 우리에게 주셨을 것이다. 일단 우리 눈의 들보가 제거되었다면 말이다.

우리는 모두 용서가 필요하며, 따라서 우리 모두는 용서해야 한다. 예수님은 분명하게 말씀하신다. 우리는 자신의 약함을 알아야 하며 타인들을 판단해서는 안 된다. 기억하라. 하나님이 모든 것을 해놓으셨다. 우리는 하나님의 일에 참견할 필요가 없다.

우리의 들보를 어떻게 해야 하는가? 우리의 삶에 자리한 모든 죄와 마주할 때, 어떻게 자신을 용서할 수 있을지 의문이다. 들보 해결은 하나님 앞에서 지속적으로 회개한 결과다. 가장 어려운 일 가운데 하나다. 그러나 확신해도 좋다. 하나님이 이렇게 약속하셨다.

> 만일 우리가 우리 죄를 자백하면 그는 미쁘시고 의로우사 우리 죄를 사하시며 우리를 모든 불의에서 깨끗하게 하실 것이요 요일 1:9

하나님 앞에 나와서 자신의 죄를 내어놓을 때, 자신이 알지 못하는 죄도 드러내달라고 기도해야 한다. 자신의 죄를 반드시 깨달아야 하며, 그런 후에 용서를 구해야 한다. 하나님의 약속을 통해 하나님이 모든 잘못을 지우신다는 것을 알아야 한다. 우리가 진정으로 회개할 때, 하나님의 눈에 우리의 죄는 더 이상 존재하지 않는다. 하나님은 "동이 서에서 먼 것같이" 우리의 죄를 제하셨다(시 103:12).

우리와 하나님의 관계가 정말 중요하다. 하나님 앞에서 우리의 마음이 늘 정직해야 한다.

> 곧 예수 그리스도를 믿음으로 말미암아 모든 믿는 자에게 미치는 하나님의 의니 차별이 없느니라 롬 3:22

사탄에게 속지 말라

자신을 용서하고 들보를 제거하기가 왜 그렇게 어려워 보이는가? 하나님은 우리를 용서하실 수 있는데 왜 우리는 자신을 용서하지 못하는가? 간단하다. 우리에게는 원수가 있다. 욥기 전체가 가르치듯이, 원수는 으르렁대며 온 땅을 돌아다닌다.

사탄이 모든 것을 다 알지는 못한다. 그러나 우리가 아는 것은 사탄도 안다. 사탄은 밤낮으로 땅을 살피며 우리의 약점을 폭로하고 우리에게 우리의 죄를 일깨울 순간을 기다린다. 그가 가장 즐겨 폭로하는 우리의 약점 하나는 우리에게 완전히 용서하려는 의지가 없다는 것이다.

사탄은 우리가 스스로 속아 자신은 용서했다고 믿으면서도 정작 마음은 용서하지 않은 그대로인 것을 좋아한다. 사탄은 우리의 질투, 비통, 분노를 이용하길 좋아한다. 우리는 받은 상처에 얽매일 때 사탄의 손쉬운 먹이가 된다. 사실, 사탄은 우리를 그다지 신경 쓸 필요가 없다. 사탄은 우리가 아무것도 못 한다는 것을 안다. 바울은 용서를 말했으며, 우리가 사탄의 계략을 모를 리 없다고 분명하게 말했다.

너희가 무슨 일에든지 누구를 용서하면 나도 그리하고 내가 만일 용서한 일이 있으면 용서한 그것은 너희를 위하여 그리스도 앞에서 한 것이니 이는 우리로 사탄에게 속지 않게 하려 함이라 우리는 그 계책을 알

지 못하는 바가 아니로라 고후 2:10,11

사탄은 우리에게 '하나님은 자신의 일을 하고 계시지 않다'는 생각을 심어줌으로써 우리를 이용하길 좋아한다. 사탄은 우리가 우리에게 상처 준 사람들을 벌할 뿐 아니라 우리 자신까지 벌함으로써 하나님을 도와야 한다며 우리를 설득하려 한다.

사탄은 우리가 자기 죄가 너무 커서 절대 용서받지 못하며 죄책과 수치를 가득 안고 살 수밖에 없다고 믿게 하려 든다. 마치 우리가 죄를 덮기 위해 계속 자신을 책망하고 값을 치러야 한다고 말하는 것 같다.

확실히 하고 넘어가자. 예수님이 우리의 죄 때문에 충분히 맞으셨다. 더는 아픔과 고난이 필요 없다. 예수님이 값을 지불하셨다. 모두, 완전히 지불하셨다. 사탄의 계략을 파악하라.

사탄을 무장 해제시키는 비책

거듭 말하건대, 우리가 원수를 만날 때 언제나 싸움이 벌어진다. 싸움터는 우리의 마음이다. 사탄은 당신의 머릿속에 숱한 생각을 집어넣어 당신을 짓누르고, 자신의 죄가 절대 용서될 수 없다고 믿게 하려 한다. 요약하자면, 당신의 상황에 관한 하나님의 진리를 믿어야지 원수의 거짓말을 믿어서는 안 된다. 결국 선택의 문제로 귀결된다. "원수를 믿겠는가, 아니면 하나님을 믿겠는가?" 선택은 당신의 몫이다.

알다시피 크리스천으로서 그리스도 따르기는 우리가 내려야 하는 숱한 결정 가운데 첫 번째일 뿐이다. 사실, 그리스도를 구주로 영접한 후에 내려야 하는 결정이 더 많다. 원수는 우리를 위협으로 여긴다. 우리가 더는 그의 편이 아니라면 그의 적이기 때문이다.

사탄을 무장 해제시킬 비책이 있다. 당신의 잘못이든 타인의 잘못이든 간에 잘못을 기록하길 거부하라. 자신을 정당화하려고 쌓는 타인의 잘못에 대한 기록을 폐기하고, 당신이 바로잡을 수 없는 자신의 잘못에 매달리지 말라. 예수님께 믿고 맡겨라. 그분의 희생이 충분하지 않았는가? 예수님의 희생은 세상을 구원하기에 충분했다. 당신의 죄에서 당신을 구원하기에 충분했다. 우리는 모두 하나님의 영광에 이르지 못했다(롬 3:23).

모든 위대한 하나님의 사람에게 나쁜 일이 일어난다. 크리스천들이 그 누구도 상상 못 할 숱한 어려움과 시련과 환난을 겪는다. 왜? 원수가 있기 때문이다. 전투가 벌어지기 때문이다.

하나님의 사랑은 우리에게 이생의 삶을, 자유의지로 가득한 삶을 주는데, 생명과 죽음 가운데 한쪽을 선택하게 하기 위해서다. 우리는 어느 편에 설지 결정해야 하지 않는가? 하나님 편에 서면, 반드시 용서해야 한다. 용서는 선택이 아니다. 확실한 명령이다.

명심하라. 하나님은 우리가 과거를 들추고 또 들추길 원하지 않으신다. 하나님이 우리의 과거를 이미 해결하셨다. 하나님은 우리가 앞으로 나아가길 원하신다. 우리는 과거를 바꾸지 못하고, 그럴 힘이 없으며, 하나님은 우리에게 과거를 지고 갈 능력도 주지 않으셨다. 우리는 과거나 현재나 미래를 위한 은혜가 아니라 이 순간을 위한 은혜를 받았다. 하나님은 당신이 자신뿐 아니라 타인들을 용서하겠다고 결정하고, 그런 후에 손을 떼길 원하신다.

원수가 당신을 공격하고 이미 용서받은 과거를 들춰낼 때, 그저 "값은 이미 지불되었다"고 말하고 돌아서라. 원수와 마주 앉아 커피를 마시며 과거의 기억을 더듬는 짓을 하지 말라. 이렇게 원수와 잠시 시간을 보냈다가는 추락하고 만다. 그가 쳐놓은 거짓말의 거미줄에 곧바로 걸려든다.

하나님의 은혜로 충분하다

명심하라. 원수는 당신을 공격할 때, 반드시 당신이 뭔가에서 멀어지게 하려 든다! 당신이 하나님의 뜻을 따라 행하지 않고 있다면 사탄은 별로 신경 쓰지 않는다. 자신을 용서하고 타인들을 용서하기, 이것이 당신이 모색했던 도약을 이루는 비결이다. 자신을 용서하고 타인들을 용서하면 독선과 교만이 사라지고 하나님의 능력이 우리 안에서 우리를 통해 드러난다.

하나님의 말씀을 기억하라.

"우리는 자신이 용서하는 그만큼 용서받을 것이다."

당신은 타인들을 얼마만큼 용서하는가? 당신은 자신을 얼마만큼 용서하는가? 우리의 삶에서 하나님의 능력이 완전히 드러나려면 자신을 용서하고 또한 타인들을 용서해야 한다. 다른 길은 없다. 하나님의 자녀여, 당신의 미래에 과거란 없다.

그리스도의 피가 당신의 삶에서 그 목적을 성취하게 하며, 그리스도의 피가 당신의 죄책을 제거하고 하나님의 정의를 만족시키게 하라. 자신과 타인들을 용서하지 않을 때 우리는 하나님의 계획이 작동하지 않는다고, 십자가로 충분하지 않다고 말하고 있는 것이다. 하나님은 그리스도의 피를 통해 "너는 유죄가 아니다"라고 말씀하신다. 하나님과 논쟁하려 들지 말라.

우리는 이 모두와 씨름한다. 어떻게 하나님이 우리의 죄와 세상의 죄를 용서하기 시작이나 하실 수 있을지 궁금하다. 왜 하나님은 이렇게 하겠다고 선택하시는가? 솔직히 제대로 이해되지 않는다. 우리 가운데 삶의 어느 순간에라도 죄가 없는 사람은 없다. 그런데 왜 하나님은 계속 용서하시는가? 왜 우리를 위해 희생 제사를 드리셨는가? 왜 자신의 피를 흘리셨는가?

대답은 하나뿐, '하나님의 은혜'다. 우리는 이것을 이해하기 위해 더 열심히 씨름해야 한다. 하나님의 은혜가 만물에 충분하다면(고후 12:9) 당신에게도 충분하다.

PART
3

하나님과 함께 다시 시작해

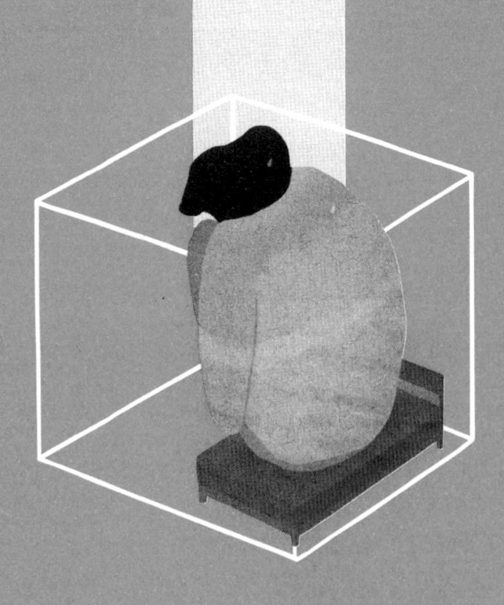

CHAPTER 6

하나님의 은혜로 다시 일어서다

하나님은 나처럼 사람이 아니신즉 내가 그에게 대답할 수 없으며 함께 들어가 재판을 할 수도 없고 우리 사이에 손을 얹을 판결자도 없구나 주께서 그의 막대기를 내게서 떠나게 하시고 그의 위엄이 나를 두렵게 하지 아니하시기를 원하노라 그리하시면 내가 두려움 없이 말하리라 나는 본래 그렇게 할 수 있는 자가 아니니라

욥 9:32-35

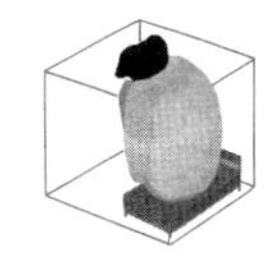

우리는 은혜를 말할 때, 대체로 하나님의 호의를 생각한다. 우리가 하나님의 은혜를 받기 위해 할 수 있는 일은 하나도 없다. 하나님의 은혜는 하나님이 우리를 향한 큰 사랑에서 주시는 것일 뿐이다. 이것이 은혜다. 하나님은 우리가 받을 자격이 없는 것을 우리에게 거저 주신다.

많은 사람이 하나님의 은혜는 십자가에서 멈춘다고, 우리에게 구원을 줄 뿐이라고 믿으며 산다. 그러나 하나님의 은혜는 매일, 매 순간 우리의 삶에 흘러들어와 그리스도를 통해 우리에게 희망과 평안과 안전을 준다. 지금 우리 자신의 모습, 우리가 가진 좋은 것은 모두 하나님의 은혜다.

우리는 하나님의 무조건적 사랑을 오직 하나님의 은혜로 받는다. 하나님은 은혜의 눈으로 우리를 보신다. 하나님의 은혜가 우리를 포옥 껴안는다. 우리는 온갖 어려움을 만날 테지만, 그것이 하나님의 은혜로 싸일 터이기에 안심할 수 있다.

우리가 그리스도 안에 살 때, 하나님의 은혜는 우리의 환경이나 행동과 상관없이 우리를 하나님 앞에서 거룩하게 한다. 우리가 삶에서 경험하는 그 무엇도 하나님 은혜와 그 능력을 바꾸지 못한다. 우리의 절망 가운데서, 우리의 죄 가운데서, 우리의 깨어짐 가운데서 은혜가 우리를 만난다. 하나님의 은혜는 우리의 모든 필요를 채우기에 '언제나' 충분하다. 우리가 자신이 원하는 전부를 기도할 수 있고 산을 옮기는 믿음을 가질 수 있더라도, 하나님의 은혜가 없으면 아무 쓸모도 없고 의미도 없다.

용서에 관한 가장 큰 오해는 용서란 반드시 벌어야(earned) 하는 것이라거나, 타인들을 용서할 준비가 되었다는 느낌이 들 때까지 기다려야 한다는 것이다. 우리가 아픔과 고통 가운데서 정의를 부르짖을 때, 은혜를 이해하기 어려울지 모른다. 우리는 용서에 관해 자신만의 규범을 세움으로써 그리스도의 희생에 한계를 둔다. 용서하지 않기로 선택한다면 삶에서 하나님의 은혜를 방해하는 것이다.

선택권을 준다면(우리는 선택권을 받았다), 자신들을 위해 하나님이 준비해두신 복을 제한하겠다고 선택할 사람은 아무도 없을 것이다. 인간의 본성은 "하나님이 좋고 완벽한 것이라면 하나도 빼놓지 않고 내게 주셨으면 좋겠어"라고 말한다. 우리를 배신해 잿더미에 앉혀두고, 우리로 우리의 끝에 이르게 하고 떠난 사람들에게 "하나님이 좋고 완벽한 것이라면 하나도 빼놓지 않고 당신에게 주셨으면 좋겠어요"라고 말한다면, 얼마나 놀라운 사랑과 자비와 은혜를 보겠는가!

그러나 우리의 육체는 더 심한 고통 가운데 부르짖을 것이다. 예수님은 자신을 희생하면서 피땀을 흘리셨다. 하나님이 우리에게 그분의 힘과 능력으로만 가능한 일을 하도록 인도하실 때, 우리도 다르지 않다. 우리 자신의 힘으로는 하지 못한다. 우리는 하나님의 은혜로 구원받는다.

하나님의 은혜로만 가능하다

하나님의 은혜를 받지 못하게 가로막는 가장 큰 방해물은 우리가 하나님의 능력을 방해한다는 사실이다. 우리는 자신의 상황과 죄를 스스로 해결하려 애쓴다. 해결책을 찾으려 발버둥 치고 하나님께 도와달라고 기도한다. 그러다가 하나님이 도와주시지 않으면 우리의 믿음이 부족하거나 하나님이 신실하지 않다고 결론짓는다.

우리는 뭔가를 해야 한다면 스스로 해야 한다고 느끼며, 여기에는 정의 실현도 포함된다. 우리는 자기 삶의 상황을 해결하려면 우리의 믿음에 답하고 그분의 선한 목적을 이루시는 하나님의 능력을 의지하기보다 우리 스스로 뭔가 해야 한다고 결정한다. 하나님의 말씀을 보고 깨닫지만 자신과 타인들, 자신의 상황을 바꾸는 것은 자기 몫이라고 믿는다.

그러나 하나님의 은혜가 변화를 일으킨다. 우리는 주님께 순복하고 기다리는 법을 배워야 한다. 핵심 질문은 "누가 다스리느냐?"이다. 하나님이 다스리신다면, 우리에게 필요한 모든 것의 근원은 '하나님'이다. 힘이든 소망이든 그 무엇이든 간에 하나님은 우리에게 필요한 전부다.

우리는 반드시 깨달아야 한다. 우리의 능력으로 우리 자신이나 우리의 환경을 바꾸지는 못한다. 우리의 믿음을 풀어놓고 오직 하나님만이 모든 것을 하실 수 있다고 믿어야 한다. 오직 하나님만이 당신과 타인들, 당신이 처한 상황을 바꾸실 수 있다. 하나님의 능력과 하나님의 은혜로만 가능하다.

우리는 자신이 원하는 전부를 다 해보다가 결국 좌절하고 만다. 끝에 부딪혀 옴짝달싹 못 한다. 자신이나 자신의 상황을 바로잡으려 애쓸수록 더 좌절하고 절망하게 된다. 애쓰기를 그만두고 완전히 신뢰하기 시작해야 한다.

우리는 하나님과 바른 관계를 맺고 마음의 바람을 실현하기 위해 쉬지 않고 노력한다. 그러나 하나님은 이것들을 우리의 행위가 아니라 그분의 은혜로 주려 하신다. 하나님은 우리가 그분을 모든 것의 근원으로 의지하길 원하신다. 하나님은 우리가 "나는 할 수 있어!"라는 교만을 내려놓고 오직 그분만이 하실 수 있음을 깨달으며, 그분께서 주시는 것을 받길 원하신다.

골짜기가 필요한 까닭

욥의 삶이 이것을 실제로 보여준다. 욥기는 첫머리에서 이렇게 말한다.

> 그들이 차례대로 잔치를 끝내면 욥이 그들을 불러다가 성결하게 하되 아침에 일어나서 그들의 명수대로 번제를 드렸으니 이는 욥이 말하기를 혹시 내 아들들이 죄를 범하여 마음으로 하나님을 욕되게 하였을까 함이라 욥의 행위가 항상 이러하였더라 욥 1:5

욥의 삶에 관한 이야기에서 이 부분이 왜 그렇게 중요한가? 문맥을 보면, 이 부분을 언급하는 것조차 매우 어색해 보인다. 욥이 하나님께 놀랍도록 신실했음을 보여주기 위해서인가, 또는 욥의 자녀들의 행동이 그다지 경건치 못했음을 보여주기 위해서인가? 1장을 읽어보면, 이 구절이 조금 이상해 보인다.

그러나 욥의 삶을 훑어보고 하나님의 은혜를 더 분명히 이해하면 모든 게 잘 맞아 들어간다. 욥은 자신의 행위로 자신과 자녀들의 의(義)를 외치고 있었다. 욥은 자녀들이 하나님께 영광을 돌리지 못하는 행동을 했다면 자신이 제사를 드려 그들의 잘못을 바로잡을 수 있다고 믿었다.

하나님은 욥을 겸손하게 하셔야 했다. 욥은 온전하고 정직하여 하나님을 경외하는 사람이었을 테지만, 그래도 하나님은 욥을 자신이 뜻하신 걸작으로 완성하기 위해 욥의 내면에서 일하셔야 했다.

자기의(自己義)는 우리를 하나님에게서 분리시키며 하나님의 은혜를 온전히 받지 못하게 한다. 우리가 하나님을 보려면, 하나님의 음성을 들으려면, 일상에서 하나님과 동행하려면 하나님이 우리의 자기의를 제거하셔야 한다. 하나님은 어떻게 해서라도 우리의 자기의를 제거하실 것이다.

많은 경우 여기에는 고난의 계절이 포함되고, 공허해 보이는 숱한 삶의 장(章)에서 가만히 앉아 하나님을 기다리는 것이 포함된다. 믿음이 자주 떨어진다는 것만 빼면 우리는 욥과 다르지 않다. 다시 말해, 우리는 살아계신 구속자에게 시선을 고정하지 못한다. 우리는 하나님이 나타나시기 직전에 돌아서서 그분을 떠나버린다.

> 너희에게 인내가 필요함은 너희가 하나님의 뜻을 행한 후에 약속하신 것을 받기 위함이라 히 10:36

계속 믿음의 발걸음을 내딛기보다 좌절과 의심에 빠지기가 쉽다. 보이지 않는 것을 믿기보다 보이는 것을 믿기가 훨씬 쉽다. 우리의 삶에서 승리에 이르는 길은 쉽지 않다. 하나님이 약속하신 상을 받으려면 인내해야 한다. 자신의 느낌이나 감정이 아니라 하나님의 인도를 받겠다고 결심하라. 하나님이 당신의 삶에 관해 하시는 말씀을 믿으면서 하나님께 집중하라.

인내하려면, 하나님의 음성을 듣지 못하도록 주의를 흐트러뜨리는 것을 모두 차단해야 한다. 때로 이것은 욥의 경우처럼 타인들의 말을 무시해야 한다는 뜻일 수도 있다. 의도가 매우 선한 친구들이 욥이 어떤 면에서 하나님께 죄를 지었다고 욥을 설득하려 했다. 그러나 욥은 자신이 하나님께 죄를 짓지 않았음을 알았다. 욥은 진실을 알았고, 친구들의 거짓 비난에 눈길을 주지 않고 자신의 하나님만 바라보았다.

때로 이것은 일대일로 하나님과 함께하는 시간을 갖기 위해 다른 사람들을 비롯해 여러 상황과 거리를 두어야 한다는 뜻일 수도 있다. 욥처럼 우리의 믿음은 낙담에서 돌아서 하나님을 향할 만큼 강해야 한다. 하나님은 우리에게 힘을 주시고, 우리가 삶에서 무슨 일을 만나든지 견딜 수 있는 힘과 인내를 주신다.

욥과는 달리, 우리는 우리 삶의 커튼이 올라갈 때 나타나는 광경을 보는 큰 특권을 가졌다. 다시 말해, 우리는 영적 장면이 있다는 것을 안다. 하나님은 우리 앞에 십자가를 두셨고, 우리는 십자가의 이편에 서 있으며 삶에서 인내하는 믿음으로 전진할 수 있다!

우리는 안다. 하나님이 욥의 삶을 배후에서 다스리고 계셨다. 하나님이 욥의 삶에서 일하셨고 지금 당신의 삶에서도 일하신다. 단지 하나님이 보이지 않거나 그분이 하시는 일이 이해되지 않는다고 해서 하나님이 일하지 않으신다는 것은 아니다.

하나님은 우리 모두에게서 하셔야 하는 일이 있다. 그 일은 절대 끝나지 않는다. 하나님은 욥으로 온전하고 정직하려고 부지런히 노력하게 하실 필요가 없었다. 하나님은 욥에게서 자기의를 제거하고 그를 결박에서 풀어주길 원하셨다. 하나님은 욥이 그분의 은혜를 깨닫길 원하셨다.

욥의 삶뿐 아니라 우리 자신의 삶에서도 깨닫듯이, 우리의 복이 임할 것이다. 그러나 많은 경우, 복을 받도록 우리를 준비시키기 위해 하나님께서 우리 안에서 하셔야 하는 일이 있다. 하나님이 우리의 삶을 걸작으로 빚으시는 첫 단계는 언제나 똑같다. 하나님은 우리 모두를 데려가야 하는 바로 그 자리에 욥을 데려가셨는데, 그 자리는 대개 골짜기에 위치하며, 대개 우리의 무릎 위에 위치한다. 그곳은 구원자를 필사적으로 갈망하는 자리다.

애쓰기에서 신뢰하기로

어느 날, 우리는 삶이란 겉보기가 전부가 아님을 깨닫게 된다. 마침내 이런 결론에 이를 때, 우리는 더 깊이 파고들어 왜 이런저런 일이 우리 삶에서 그렇게 일어나는지 묻기 시작한다. 욥기가 가르쳐주듯이 하나님은 우리 삶의 배후에서 부지런히 일하신다. 하나님께는 계획이 있다.

하나님께서 허락하시는 모든 일과 하시는 모든 행동은 목적이 있다. 우리가 삶에서 경험하는 일 중에 하나님이 먼저 체질하지 않으시는 일은 없다. 우리가 알듯이, 하나님은 때로 우리로 사망의 음침한 골짜기를 지나게 하셔야 한다. 그곳에서 우리는 하나님을 얼굴을 맞대고 보며 우리에게 구원자가 필요하다는 것을 깨닫는다.

로마서 2장과 3장은 구약 성경의 율법을 주신 것은 하나님의 백성이 지키려 노력하게 하기 위해서라고 가르친다. 우리가 우리는 율법을 지키지 못한다는 것을 발견하고 우리에게 구원자가 필요함을 깨달으리라는 것을 하나님은 아셨다. 너무나 자주, 우리는 율법과 자기의에 매달린다. 여전히 우리는 하나님이 우리를 자유하게 하시려면, 우리가 하나님의 눈에 들려면 하나님을 기쁘게 하는 모든 것을 해야 한다고 믿는다. 그러나 하나님은 우리가 이렇게 말하는 자리에 이르길 원하신다.

"주님, 저는 할 수 없습니다. 제 삶이 당신의 요구를 충족시키지 못한다는 것을 압니다."

하나님의 말씀을 더 깊이 파고들수록 하나님의 말씀은 거울이 되어 우리의 모습을 분명하게 비춰준다. 하나님이 바라시는 모습과는 한참 거리가 먼 모습이다. 십자가를 보면 우리의 갈 길이 얼마나 먼지 보인다. 우리는 자신과 하나님의 관계를 바로잡으려고 온갖 노력을 다 하느라 탈진한다. 노력과 실패의 악순환을 반복하다가 많은 사람이 포기하고 돌아선다. 하나님은 갈라디아서 3장 10,11절에서 우리가 이 자리에 이를 것이라고 분명하게 말씀하셨다.

무릇 율법 행위에 속한 자들은 저주 아래에 있나니 기록된 바 누구든지 율법 책에 기록된 대로 모든 일을 항상 행하지 아니하는 자는 저주 아래에 있는 자라 하였음이라 또 하나님 앞에서 아무도 율법으로 말미암아 의롭게 되지 못할 것이 분명하니 이는 의인은 믿음으로 살리라 하였음이라

우리는 불가능한 일을 하려고 발버둥 치고 이르지 못할 목표에 이르려 애쓴다. 우리가 악순환에서 벗어나는 길은 오직 하나, 하나님의 은혜를 분명하게 깨닫는 것이다. 우리는 애쓸 게 아니라 신뢰해야 한다. 하나님이 그분의 은혜로 우리에게 주시려는 것을 우리 자신의 노력으로 얻으려 애쓰지 말아야 한다.

너희는 그 은혜에 의하여 믿음으로 말미암아 구원을 받았으니 이것은 너희에게서 난 것이 아니요 하나님의 선물이라 행위에서 난 것이 아니니 이는 누구든지 자랑하지 못하게 함이라 엡 2:8,9

겸손히 내려놓기

욥은 삶에서 아주 강력하고 믿기 어려운 순간에 이른다.

하나님은 나처럼 사람이 아니신즉 내가 그에게 대답할 수 없으며 함께 들어가 재판을 할 수도 없고 우리 사이에 손을 얹을 판결자도 없구나 주께서 그의 막대기를 내게서 떠나게 하시고 그의 위엄이 나를 두렵게

하지 아니하시기를 원하노라 그리하시면 내가 두려움 없이 말하리라 나는 본래 그렇게 할 수 있는 자가 아니니라 욥 9:32-35

우리 자신도 그 자리에 있다. 우리 삶의 잿더미 말이다. 자신이 무력하다는 것을 깨달았기에 우리는 가슴 깊은 곳에서 구원자를 찾아 부르짖는다. 아직 이 자리에 이르지 않았다면 기억하라. 당신이 잿더미에 앉아 있을 때, 자신의 끝에 이르렀을 때 하나님이 기다리신다. 하나님은 당신이 하나님께 그분이 보낸 구원자를 찾아 부르짖길 기다리신다.

그러나 여호와께서 기다리시나니 이는 너희에게 은혜를 베풀려 하심이요 일어나시리니 이는 너희를 긍휼히 여기려 하심이라 대저 여호와는 정의의 하나님이심이라 그를 기다리는 자마다 복이 있도다 사 30:18

하나님은 당신이 삶에서 무슨 일을 겪고 있든 그것을 십자가 앞에 가져오고, 그 절망의 자리에 나오길 원하신다. 우리가 스스로 어찌하지 못하는 상황이나 환경에 처했을 때에야 하나님을 찾아가 그분의 은혜를 구하리라는 것을 아시기 때문이다.

그때에야 비로소 우리는 혼자서 해결하지 못한다는 것을 깨닫는다. 이곳에서 우리는 자신이 흙으로 지음을 받았고 하나님 없이는 아무것도 아님을 깨닫는다. 구원자가 없으면 우리는 무력하고 무가

치하다. 예수님이 없으면 우리는 아무것도 아니다.

우리는 자신의 행위가 아니라 은혜로 살아야 한다. 우리는 또다시 교만과 부딪힌다. 좌절하고 무력하며 짓눌린다면 하나님의 은혜 받기를 그치고 하나님의 은혜로 살고 있지 않다고 확신해도 좋다.

세상의 모든 것을 다 믿어도 하나님이 주시는 것, 곧 하나님의 은혜를 받지 않으면 자신의 삶에서 계속 잿더미에 앉아 있게 된다. 자신의 잿더미에 앉아 온갖 궁리를 하는 한, 아무 희망 없이 그 자리에 앉아 있을 테고 우리의 끝은 새로운 시작을 결코 찾아내지 못한다.

하나님과 그분의 지식과 지혜를 구하는 대신 삶에서 우리의 문제를 스스로 추론하고 해결하라며 우리를 몰아붙이는 놈은 언제나 우리의 교만이다. 속지 말라. 당신 속에 교만이 남아 있다면 하나님은 당신을 잿더미에 남겨두신다. 당신이 순금으로 나올 준비가 될 때까지 하나님은 당신을 불 속에 두신다.

> 하나님은 교만한 자를 대적하시되 겸손한 자들에게는 은혜를 주시느니라 그러므로 하나님의 능하신 손 아래에서 겸손하라 때가 되면 너희를 높이시리라 벧전 5:5,6

따라서 우리는 자신을, 자신의 상황을, 자신의 삶을 전능하신 하나님께 겸손하게 내어놓아야 한다. 하나님이 우리에게 주신 구원자를 찾아야 한다. 그때에야 하나님은 우리를 잿더미에서 건지시고 때가 되면 우리를 높이신다.

이것은 하나님께 완전히 의지하는 법을 배우는 것이다. 온 삶을 하나님께 맡기는 믿음을 가지고 자신의 전부를 하나님께 완전히 내어 맡기는 것이다. 당신의 모든 짐을 벗어버리고 하나님의 힘과 능력을 신뢰하는 것이다. 당신을 골짜기에서 건져내실 하나님의 지혜와 선하심을 믿어야 한다. 십자가 밑에 나아가면 당신의 구원자를 발견하고 당신의 모든 필요를 채우고도 남는 하나님의 은혜를 발견하게 된다. 믿음으로 당신은 그 은혜를 발견하게 된다.

믿음은 하나님의 은혜를 받는 길이다. 스스로 뭔가 해보려고 발버둥 칠 때, 하나님의 은혜를 받지 못하고 있다. 아무리 열심히 애쓰고 아무리 큰 믿음을 가졌어도 하나님의 은혜를 받기 전에는 우리에게 필요한 것을 받지 못한다.

너무나 자주, 우리는 어떤 상황에서 믿음이 있었다고 믿는다. 하나님을 믿었는데 아무것도 받지 못했다는 것이다. 문제는 하나님의 얼굴이 아니라 하나님의 손에 초점을 맞췄다는 데 있다. 우리는 하나님 자신이 아니라 하나님이 주시는 것에 집중한다.

믿음이 중요하기는 하지만, 우리를 구원하는 실제적인 능력은 믿음이 아니다. 우리가 있는 자리에서 우리를 만나고 우리를 자유하게 하는 것은 하나님의 은혜다. 하나님의 은혜가 십자가를 지셨고, 하나님의 은혜가 지금 살아 역사한다. 하나님은 우리가 단지 하나님이 우리를 위해 하실 수 있는 일이 아니라, 하나님 자신을 구하길 원하신다.

하나님이 우리의 마음을 아신다는 사실을 절대 잊지 말라. 우리는 결코 하나님을 속이지 못한다. 결과에 상관없이 하나님에게서 눈을 떼지 말아야 한다.

결과에 상관없는 믿음에 따르는 은혜

다니엘서에 친숙한 사드락, 메삭, 아벳느고 이야기가 나온다. 풀무불 속에서 믿음을 갖는다는 게 무슨 뜻인지 정확히 파악해보자. 느부갓네살 왕은 이들이 머리 숙여 자신의 금 신상을 예배하길 바랐으나 이들은 그러지 않았다. 풀무불에 던져질 줄 알면서도 한 분이신 참 하나님을 믿는다고 선언했다.

> 왕이여 우리가 섬기는 하나님이 계시다면 우리를 맹렬히 타는 풀무불 가운데에서 능히 건져내시겠고 왕의 손에서도 건져내시리이다 그렇게 하지 아니하실지라도 왕이여 우리가 왕의 신들을 섬기지도 아니하고 왕이 세우신 금 신상에게 절하지도 아니할 줄을 아옵소서 단 3:17,18

첫째, 이들은 자신들의 하나님이 자신들을 능히 건져내시리라는 것을 안다고 선언했다. 그러니까 이들은 믿음이 있었다. 그러나 둘째, 어쩌면 가장 중요하게도 이들은 “그렇게 하지 아니하실지라도”라고 했다. 하나님의 길이 우리의 길보다 높다는 사실을 생각해야 한다. 그리고 우리가 전혀 이해하지 못하는 이유에서, 우리가 앉아 있는 바로 그 잿더미가 우리를 향한 하나님의 뜻일 수 있다는 것도 생각해야 한다.

우리는 설령 하나님이 우리로 풀무불 가운데서 타 죽게 두시더라도 하나님을 찬양하고 예배하겠다고 선언할 만큼 믿음이 강한가?

우리는 하나님을 찬양하고 예배하면서 불길을 견디며 아주 쉽게, 신실하게 앞으로 나아가겠는가? 하나님은 "주님을 신뢰합니다. 내 속에 하나라도 주님의 것이 아닌 게 있다면 태워주십시오"라고 말하는 태도를 바라신다.

우리는 자신을 하나님께 내어 맡기고, 도움이 필요한 자리에서 하나님의 은혜가 우리를 만나리라는 믿음을 가져야 한다.

다니엘 3장 22-28절은 이것을 이렇게 요약한다.

왕의 명령이 엄하고 풀무불이 심히 뜨거우므로 불꽃이 사드락과 메삭과 아벳느고를 붙든 사람을 태워 죽였고 이 세 사람 사드락과 메삭과 아벳느고는 결박된 채 맹렬히 타는 풀무불 가운데에 떨어졌더라 그때에 느부갓네살 왕이 놀라 급히 일어나서 모사들에게 물어 이르되 우리가 결박하여 불 가운데에 던진 자는 세 사람이 아니었느냐 하니 그들이 왕에게 대답하여 이르되 왕이여 옳소이다 하더라 왕이 또 말하여 이르되 내가 보니 결박되지 아니한 네 사람이 불 가운데로 다니는데 상하지도 아니하였고 그 넷째의 모양은 신들의 아들과 같도다 하고 느부갓네살이 맹렬히 타는 풀무불 아귀 가까이 가서 불러 이르되 지극히 높으신 하나님의 종 사드락, 메삭, 아벳느고야 나와서 이리로 오라 하매 사드락과 메삭과 아벳느고가 불 가운데에서 나온지라 총독과 지사와 행정관과 왕의 모사들이 모여 이 사람들을 본즉 불이 능히 그들의 몸을 해하지 못하였고 머리털도 그을리지 아니하였고 겉옷 빛도 변하지 아니하였고 불 탄 냄새도 없었더라 느부갓네살이 말하여 이르되 사드락과 메삭과 아벳느고의 하나님을 찬송할지로다 그가 그의 천사를 보내사 자기를 의뢰하고 그들의 몸을 바쳐 왕의 명령을 거역하고 그 하나님밖에는 다른 신을 섬기지 아니하며 그에게 절하지 아니한 종들을 구원하셨도다

이 메시지를 명확히 하라. 당신의 삶이 풀무불에 던져지고 당신이 일상에서 마치 불이 당신을 해치지 않는 듯이 다닐 때, 주변 사람들이 경외감에 휩싸일 것이다. 사람들은 당신과 함께 있는 분, 하나님의 아들, 당신의 구원자께서 당신과 동행하시는 모습도 볼 것이다. 알다시피, 당신의 힘을 달리 설명할 길이 없다. 당신이 있는 바로 그 자리에서 하나님의 은혜가 당신을 만날 것이다. 당신의 믿음이 풀무불 속에 있더라도 하나님의 은혜가 당신의 믿음을 만날 것이다.

신실하신 하나님은 우리의 마음이, 결과에 상관없이 우리의 믿음이 변치 않는다고 말하길 원하신다. 우리의 마음이 '설령 하나님이 나를 구해주지 않으시더라도 나는 하나님을 믿어요'라고 말할 때 하나님의 은혜가 우리에게 쏟아진다.

하나님의 은혜를 받을 때 당신은 결박이 풀리고 해를 입지 않는 삶을 살 것이다. 하나님은 당신의 삶을 완전한 멸망에서 지키실 테고, 당신은 그을린 냄새조차 없이 거기서 걸어 나올 것이다.

항상 우리를 그리스도 안에서 이기게 하시고 우리로 말미암아 각처에서 그리스도를 아는 냄새를 나타내시는 하나님께 감사하노라

고후 2:14

하나님께 시선 집중

우리의 구원에 대해 우리의 믿음이 아니라 하나님께 시선을 고정하는 게 아주 중요하다. 아주 분명한 말씀이 있다.

너희는 그 은혜에 의하여 믿음으로 말미암아 구원을 받았으니 이것은 너희에게서 난 것이 아니요 하나님의 선물이라 엡 2:8

우리의 믿음으로써(by)가 아니라 우리의 믿음을 통해(through), "믿음으로 말미암아" 구원받는다. 믿음은 우리로 골짜기를 지나게 하고, 우리를 구원하시는 하나님의 능력에 줄곧 집중하게 하는 데 목적이 있다. 하나님의 은혜가 우리의 믿음을 통해 우리 삶에 들어온다.

하나님의 은혜는 받으려는 모두에게 값없이 주시는 선물이다. 하나님의 은혜는 우리가 있는 바로 그 자리로 찾아와 우리를 만난다. 하나님의 은혜로 우리의 기도가 응답되고 모든 필요가 채워진다.

우리는 자신의 믿음 너머를 보고, 모든 승리가 우리의 신실함이 아니라 하나님의 신실함에서 온다는 것을 깨달아야 한다. 하나님

대신 우리의 믿음이나 다른 것을 신뢰하고 의지하지 않도록 아주 조심해야 한다. 하나님의 은혜가 없으면 우리의 믿음은 아무 힘이 없다. 우리와 하나님의 관계에 집중하지 않고 믿음으로 줄곧 걸음을 내딛지 않으면 우리의 삶에서 그 어떤 지속적인 승리도 얻지 못한다. 하나님의 능력이 필요하다면 그분 앞에 나아가야 한다.

욥은 자신의 믿음을 통해 하나님 앞에 나아갔다. 욥이 계속해서 하나님께 부르짖을 때, 하나님은 욥의 잿더미 가운데서 그를 만나 주셨다. 욥은 자신의 구속자가 살아계신다고 믿었으며, 그분을 얼굴을 맞대고 보게 되었다. 이 순간, 하나님은 욥뿐 아니라 우리 모두에게 아주 중요한 메시지를 주려 하셨다. 욥기 첫머리에서, 욥이 가족을 깨끗하게 하려고 드렸던 그 모든 희생 제사를 기억하는가? 하나님은 이렇게 말씀하신다.

"네가 나의 은혜를 받지 않는다면, 그건 하나도 중요하지 않다."

우리는 우리의 행위가 아니라 은혜로 구원받는다. 예수님은 마태복음 9장 13절에서 "내가 긍휼을 원하고 제사를 원하지 아니하노라"라고 말씀하셨다. 하나님은 모든 영광을 원하시며 이 영광이 그 누구나, 그 어떤 원리나, 그 어떤 방법에 돌아가길 원치 않으신다.

하나님이 이것을 가르치셔야 하는 경우가 얼마나 많은가? 우리는 가인과 아벨의 삶을 이해함으로써 핵심을 거의 파악하지 않았는가? 하나님은 우리가 믿기를 요구하실 뿐이다(요 6:27). 우리는 믿을 때 하나님의 말씀에 순종하며 하나님의 말씀을 따라 하나님의 뜻을 행한다.

우리는 자주 욥과 같은 상황에 처한다. 다시 말해, 우리는 도움이 필요하고 해답이 필요하다. 우리는 줄곧 찾지만 발견하지 못하는 것 같다. 때로 해답을 발견하지만, 올바른 해답이 아니다.

하나님이 아닌 다른 곳에서 해답과 해결책을 구하면 처음보다 더 심한 혼란에 빠지고 만다. 욥의 경우처럼, 우리가 아무리 구하고 기도해도 따지기와 묻기를 내려놓고 그저 귀를 기울이기로 결정하기 전에는 하나님의 음성을 듣지 못한다. 인간의 이성을 통해 이해하려 애쓰길 그치기 전에는 하나님이 하시는 말씀을 분별하지 못한다.

혼란이 하나님에게서 비롯되지 않음을 재빨리 깨달아야 한다. 욥이 묻기를 그치고 가만히 앉아 하나님의 말씀에 귀를 기울였다면 인생의 서른다섯 장을 허비하지 않았을 것이다. 우리라고 다르지 않다. 우리가 너무나 많이 간구하는 나머지 하나님께서 말씀하실 틈이 없다! 하나님은 우리에게 말씀하시고 평안을 주려 하시지만 우리는 혼란에 푹 빠져 있다.

하나님은 무질서의 하나님이 아니시요 오직 화평의 하나님이시니라

고전 14:33

하나님의 은혜를 받으면 하나님의 능력이 우리를 구속하고 회복시킨다. 하나님의 은혜는 우리로 과거를 용서받고 현재와 미래를 위

한 선한 약속을 받아들일 수 있게 하여, 염려와 따지기와 혼란에서 벗어나게 한다.

우리가 하나님이 우리로 삶의 깊은 골짜기를 지나게 하시는 이유를 알려고 애쓸 때, 자신이 어떻게 해볼 수 없는 상황을 만나지 않으면 어떻게 되는가? 우리에게 믿음도 필요 없고 하나님도 필요 없다고 생각하게 될 뿐이다.

하나님은 우리가 전적으로 그분을 의지하길 원하신다. 이것은 하나님이 우리로 스스로 감당하지 못할 상황에 처하게 하신다는 뜻일 때가 많다. 우리를 잿더미에서 건져내고 새로운 시작을 가능하게 하는 하나님의 능력은 오직 하나님에게서만 나올 수 있다. 이것을 깨달을 때, 하나님의 능력이 부정할 수 없는 방법으로 크게 드러난다.

확신해도 좋다. 욥의 삶에서 그렇게 하셨듯이 하나님은 언제나 회복 계획을 갖고 계시다. 하나님이 사드락과 메삭과 아벳느고를 풀무불 가운데서 만날 계획이 없으셨다면, 절대로 그들이 풀무불에 들어가게 두지 않으셨을 것이다.

하나님의 은혜는 언제나 우리의 믿음과 만난다. 하나님의 은혜를 받기를 원하면 자신이나 타인이 아니라 하나님을 전적으로 의지해야 한다. 타인의 동정이나 연민을 의지해서는 안 된다. 우리의 육을 내려놓고 영을 붙잡겠다고 결심해야 한다.

상황을 해결하는 일은 우리 몫이 아니다. 하나님은 그분의 은혜가 우리 안에서 우리를 통해 그분의 목적을 이루도록 허락하라고 우리에게 요구하실 뿐이다. 하나님과 동행하면 하나님의 승리를 경험하는 자리에 이르게 된다. 그러나 그곳에 이르려면 우리의 믿음을 통해 하나님의 은혜를 받아야 한다.

전적 의존

삶에서 깨달아야 하는 가장 중요한 것들 가운데 하나는 하나님을 전적으로 의지해야 한다는 것이다. 어떤 것에 대해서는 의지하지 않고, 어떤 것에 대해서만 의지하면 안 된다. 모든 필요에 대해 하나님을 완전히 의지해야 한다는 것을 깨달을 때까지, 하나님은 우리 안에서 계속 일하실 것이다.

우리는 들의 백합화와 다르지 않다. 우리가 수고하고 길쌈을 하는 경향이 있다는 것만 제외하면 말이다(눅 12:27). 하나님을 완전히 신뢰하는 자리에 이르면, 수고와 길쌈을 훨씬 덜 하고 하나님의 은혜를 더 많이 받게 된다!

진정한 평안과 기쁨을 찾는 길은 하나뿐이다. 당신의 모든 염려를 진정으로 하나님께 맡기고 그분이 모든 부분을 세세하게 해결하시리라고 믿어야 한다. 마음을 하나님 앞에 쏟아놓고 그분이 가장 좋은 결과를 내시리라고 믿어야 한다. 그것이 때로는 가장 좋아 보이지 않을지 모르지만, 상황이 겉보기에 어떻든 간에 하나님을 신뢰해야 한다. 눈에 보이는 것을 따라 행해서는 안 되며 반드시 믿음으로 행해야 한다. 믿음은 하나님의 은혜의 능력을 불러온다.

하나님은 우리의 부르짖음에 이렇게 응답하신다.

"내 은혜를 받아라."

하나님은 우리가 수고와 길쌈을 멈추고 그분이 주시는 것을 받기를 원하신다. 혹시 누군가 당신에게 마음이 담긴 선물을 주려 했지만 당신이 무슨 이유 때문인지 거절한 적이 있는가? 그런 적이 있다면 당신도 그렇고 아마 주는 사람도 틀림없이 마음이 편하지 않을 것이다. 또는 상대방이 당신의 선물을 거절했을 수도 있다. 그 느낌은 뭐라고 말하기는 어렵지만 매우 생생하다.

'진심으로 주고 싶은 선물을 상대방이 거절했거나 원하지 않았다'는 느낌이 들면, 자신이 가치가 떨어지는 존재라는 생각이 든다. 우리는 마치 자신이 부족하다거나 자신이 주려는 선물이 부족하고 심지어 잘못된 것으로 인식될지 모른다는 생각을 한다. 결코 마음이 편하지 않을뿐더러 우리의 영혼이 슬픔에 잠긴다.

하나님의 자녀여, 이런 상황을 경험했다면 하나님이 날마다 느끼는 감정을 조금 경험한 것이다. 그분이 주는 것을 우리가 받지 않을 때 하나님은 슬퍼하신다. 하나님도 우시는지 궁금하다면, 그러신다고 확신해도 좋다. 예수님을 보면 안다.

예수께서 눈물을 흘리시더라 요 11:35

하나님이 우리를 위해 흘리신 무수한 눈물을 우리는 결코 상상조차 못 한다. 하나님이 타락한 세상의 비극에 어떻게 슬퍼하시는지 우리는 짐작도 못 한다. 그러나 하나님이 허락하시는 모든 일에는 하나님의 목적이 있으며 우리는 믿음으로 하나님의 길을 신뢰해야 한다.

시작을 위한 끝

하나님은 사드락과 메삭과 아벳느고를 풀무불에서 구해내셨다. 다니엘을 사자굴에서 구해내셨다. 요나를 큰 물고기 배 속에서 구해내셨다. 나사로를 죽은 자 가운데서 살리셨다. 예수님을 부활시키셨다.

왜 우리는 여전히 하나님이 우리를 잿더미에서 건져내실 가능성이 있다고 믿지 않는가? 틀림없이 우리의 믿음에는 해결해야 할 문제가 있다. 우리가 자기 삶의 잿더미에 앉아 있을 때, 하나님은 바로 이 부분을 손보고 계신다. 우리가 여전히 '끝'에 머무는 이유는 하나님이 '시작'을 위해 우리를 준비시키고 계시기 때문이다.

우리는 자신의 상황을 바로잡으려고 행동 계획을 세우는 경향이 있다. 그러나 하나님도 그런 계획을 세우신다. 하나님의 길이 언제나 더 높고, 우리의 이해를 초월하며, 언제나 더 낫다.

> 여호와의 말씀이니라 너희를 향한 나의 생각을 내가 아나니 평안이요 재앙이 아니니라 너희에게 미래와 희망을 주는 것이니라 렘 29:11

잿더미에서 우리를 건져내기 전에 하나님은 먼저 우리를 체질하셔야 한다. 하나님은 우리의 교만을 제거하셔야 하며, 우리는 하나님이 주시는 사랑과 자비와 은혜를 받아야 한다. 그 무엇도 당신을 하나님에게서 떼어놓지 못하게 하라. 그 무엇도 당신이 하나님의 선물을 받는 것을 막지 못하게 하라.

하나님은 당신은 자격이 없지만 그리스도께서는 자격이 있다는 것을 당신이 알기를 원하신다. 그리스도께서 당신을 대신하셨고 당신 편에 서셨으며, 당신은 그리스도를 통해 의롭게 되었다. 당신의 믿음이 그리스도를 믿는 믿음이 되게 하고, 그리스도의 은혜가 당신의 믿음을 통해 흐르게 하라.

진리는 우리가 하나님의 은혜를 받을 자격이 있어서 받는 것이 아니라고 말한다.

> 만일 은혜로 된 것이면 행위로 말미암지 않음이니 그렇지 않으면 은혜가 은혜 되지 못하느니라 롬 11:6

진리는 하나님의 은혜가 우리의 믿음에 기초한다고 말한다.

> 이런 까닭에, 이 약속은 믿음에 근거한 것입니다. 그것은 하나님께서 아브라함에게 이 약속을 은혜로 주셔서 이것을 그의 모든 후손에게도, 곧 율법으로 사는 사람들에게만이 아니라 아브라함이 지닌 믿음으로

사는 사람들에게도 보장하시려는 것입니다. 아브라함은 우리 모두의 조상입니다. 롬 4:16, 새번역

이 구절의 메시지를 분명하게 이해해야 한다. 우리는 율법에 결코 완전히 순종한 적이 없으며, 앞으로도 절대 없을 것이다. 하나님이 우리에게 십계명을 주신 목적은 우리를 정죄하기 위해서가 아니라, 우리는 유죄라는 것을 깨닫게 하기 위해서다! 그리스도 외에 그 누구도 율법을 지키지 못했으며 지키지도 못한다. 그리스도는 우리가 하나님 앞에서 무죄라고 선언될 유일한 길이다.

우리는 매일 깨달아야 한다. 우리는 이생에서 우리의 죄를 덮고 우리와 하나님의 관계를 바르게 할 만큼 아주 대단한 일을 하거나, 아주 놀라운 말을 하거나, 아주 두드러진 일을 성취하지 못한다. 우리는 노력할수록 더 실패한다. 오직 하나님의 은혜로 우리는 용서받고 우리의 영혼은 완전해진다.

하나님은 욥이 있는 그 자리에서, 그의 삶의 잿더미에서, 끝에서 그를 만나주셨다. 하나님은 욥의 고난에 해답을 제시해주지 않으셨지만, 하나님의 길을 단순하게 신뢰해야 한다는 것을 깨닫는 자리로 욥을 인도하셨다.

그 자리에 이르는 데 무엇이 필요하든 진리는 하나님의 길은 언제나 선(善)에 이른다고 말한다. 하나님의 길은 우리 삶의 깨어진 부분을 회복하고, 구속하며, 다시 세우는 것이다.

우리가 그 은혜를 받아들일 때, 하나님의 은혜는 우리를 우리가 앉은 잿더미에서 건져낼 것이다. 하나님의 은혜가 우리에게 새 생명을 제시하며 우리로 끝에서 벗어나 시작을 품게 한다.

CHAPTER 7

하나님의 길을 걷기 시작하다

여호와께서 욥의 말년에 욥에게 처음보다 더 복을 주시니 욥 42:12

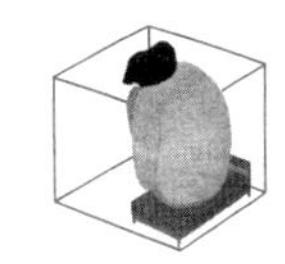

우리는 자기 삶의 잿더미에 앉아 욥의 삶을 통해 하나님의 길을 얼핏 볼 기회가 있었다. 욥처럼, 우리는 하나님이 어떻게 우리의 고난을 유익하게 사용하실 수 있을지 알려고 애쓴다. 욥의 말이 우리의 영혼에 메아리친다.

> 하나님이 나를 진흙 가운데 던지셨고 나를 티끌과 재 같게 하셨구나
>
> 욥 30:19

우리는 하나님이 과연 나타나기나 하실지 궁금해하며 무기력과 의심에 빠진다. 우리는 용서하려 하지 않는다. 스스로 자신의 상황에 정의를 실현할 수 있다고 믿으면서 아픔을 그대로 움켜쥐고 놓지 않는다. 우리의 영혼은 계속해서 "왜?"라고 외친다. 우리는 자신이

찾는 해답을 결코 찾아내지 못할지도 모른다.

이것을 깨달을 때, 진리가 서서히 이해된다. 욥은 하나님 앞에 나왔으나 왜 자신이 자녀와 소유를 모두 잃고 말로 다 못 할 육체적 고난을 겪어야 하는지 그 대답을 듣지 못한 채 돌아갔다. 욥은 비극 가운데서 아무 위로도 찾지 못했으며 하나님께서 여전히 하나님이시라는 것을 깨달았을 뿐이다.

욥은 이것으로 충분했다. 전능하신 하나님 앞에서 자신이 아무것도 아님을 깨달았다. 하나님이 욥을 낮추셨고, 욥은 숨 쉬는 것도 하나님의 은혜라는 것을 깨달았다. 사랑하는 하나님의 자녀여, 하나님이 우리의 생명을 그분의 손으로 붙들고 계신다는 것을 아는 것으로 충분하지 않는가!

> 하나님이 자신의 그 어떤 행동에 대해서도 설명하지 않으신다고 그분께 불평하며 대들어서야 되겠습니까? [그 행동을 취하시는 분이 하나님이라는 것을 아는 것으로 충분합니다.] 욥 33:13, AMP 역자 직역

하나님의 주권만으로 우리를 잿더미에서 건져내기에 충분하다. 또 무엇이 있겠는가? 전능하고 주권적인 하나님이 계시고 그분이 당신 곁에 계심을 아는 것보다 큰 확신이 어디 있겠는가? 당신의 삶을 우주의 창조자 앞에 내어놓을 수 있음을 아는 것보다 큰 기쁨이 어디 있겠는가? 기권하고 믿음의 싸움을 포기하고픈 유혹을 느낄 때,

굳게 서서 하나님의 길을 되새겨야 한다.

은처럼 우리를 제련하시는 하나님

삶에서 골짜기를 힘겹게 지날 때 '다른 길이 없을까?'라는 생각에 자주 사로잡힌다. 우리는 하나님이 모든 것을 아실뿐더러 사랑이 넘치는 분이라는 사실을 아주 쉽게 잊는다. 믿음의 싸움에서, 하나님이 우리의 가장 큰 유익을 염두에 두신다는 것을 믿지 못하게 막는 생각들이 우리를 공격한다. 그러나 믿음을 통해서 하나님의 길은 완벽하다고 말하는 말씀에 굳게 설 수 있다.

우리는 하나님이 하시는 모든 일을 다 이해할 수는 없더라도, 하나님이 우리를 사랑하시며 우리의 삶을 위한 선한 계획을 세워두셨다는 것은 안다. 하나님의 말씀을 통해 확신해야 한다. 비록 사탄이 우리를 시험하도록 허락받았고 우리가 큰 고난을 겪을지 모르지만, 하나님은 모든 것이 합력하여 선을 이루게 하신다. 우리는 늘 하나님을 신뢰하고 모든 것을 그분께 맡기겠다고 선택해야 한다.

비록 우리가 고난의 잿더미에 앉았더라도 하나님은 우리를 구속(救贖)할 계획을 세워두셨다. 하나님이 우리의 고난을 이용해 그분의 선하고 온전한 뜻을 이루시리라는 것을 알아야 한다. 욥의 삶에서 보았듯이 우리가 고난 받고 기도할 때, 기도가 응답되지 않는 것처럼 느껴질 때 하나님이 우리 삶의 배후에서 일하고 계신다.

하나님이 무슨 일을 하시는지 볼 수는 없지만, 하나님이 부지런하고 끈질기게 일하시며 그분의 선한 목적을 이루고 계신다는 것을 믿어야 한다. 하나님은 우리를 은처럼 단련하고 계신다.

하나님이여 주께서 우리를 시험하시되 우리를 단련하시기를 은을 단련함같이 하셨으며 시 66:10

그가 은을 연단하여 깨끗하게 하는 자같이 앉아서 말 3:3

어느 자매가 성경공부 모임에서 "은을 단련함같이"에 관해 공부한 후, 은세공인을 찾아가 보기로 했다.

그 주, 자매는 은세공인과 약속을 잡고 직접 찾아가 일하는 모습을 지켜보았다. 장인(匠人)은 은덩이를 불에 올려놓고 달구면서 "은을 제련할 때, 모든 불순물이 제거되도록 은을 가장 뜨거운 불에 넣은 채 잡고 있어야 한다"고 했다.

자매는 하나님이 우리를 이런 뜨거운 불 속에서 잡고 계신다고 생각하며 "그가 은을 연단하여 깨끗하게 하는 자같이 앉아서"라는 구절을 떠올렸다. 자매는 장인에게 정말 은을 제련하는 내내 불 앞에 앉아 있어야 하느냐고 물었다. 장인은 "그럼요"라며, 은을 붙잡고 앉아 있을 뿐 아니라 은이 불 속에 있는 내내 잠시도 눈을 떼지 말아야 한다고 했다. 불 속에 조금이라도 오래 두면 은을 망친다.

자매는 잠시 말이 없다가, 은이 완전히 제련되었다는 것은 어떻게 아느냐고 물었다. 장인은 자매에게 미소를 지으며 대답했다.

"그건 아주 쉽다오. 그 속에 내 얼굴이 보인다오."

말라기 3장 3절에서 이해해야 할 게 있다면, 하나님은 절대로 우리를 버리지 않으신다는 것이다. 우리가 고통과 고난을 겪는 내내 하나님은 우리를 붙잡고 계신다. 하나님은 불 가운데서 우리를 단련하시며 진행 과정을 내내 세심하게 지켜보고 계신다. 모든 불순물이 제거되도록 하나님은 가장 뜨거운 불 속에서 우리를 잡고 계신다. 그러나 절대로 불이 우리를 삼키지는 못하게 하신다.

> 네가 물 가운데로 지날 때에 내가 너와 함께할 것이라 강을 건널 때에 물이 너를 침몰하지 못할 것이며 네가 불 가운데로 지날 때에 타지도 아니할 것이요 불꽃이 너를 사르지도 못하리니 사 43:2

우리는 하나님이 하시는 일을 볼 수 없을지라도, 하나님은 우리의 삶에서 자신의 뜻을 차근차근 이루어가신다. 우리 속에 제련이 필요한 것들이 있다. 우리가 아는 것도 있고 모르는 것도 있다. 때로 우리가 하나님께 부르짖을 때 하나님은 이것들을 보여주신다.

때로 하나님은 우리로 시련과 환난(불)을 통과하게 하시지만, 우리는 그분의 일이 끝날 때까지, 우리의 눈에 금이 보일 때까지 하나님이 하시는 일을 이해하지 못한다. 얼마나 놀라운 광경인가! 우리가 불로 깨끗해지며 하나님은 이 일을 마치실 때 우리 속에서 자신의 모습을 보신다.

하지만 왜, 왜 이렇게 해야 하는가? 왜 불이어야 하는가? 우리는 다른 길이 있다고 생각할는지 모르지만, 때로 불 외에 다른 방법이 없다.

예수님은 겟세마네 동산에서 하나님께 부르짖으며 다른 길을 구하셨다. 그러나 다른 길은 없었다. 하나님께서는 모든 것을 '처음부터 끝까지' 다 보신다. 우리를 하나님이 원하시는 자리로 이끌기 위해 무엇이 필요한지 아신다. 하나님은 고난을 통해 우리가 지속적으로 그분을 의지하도록 이끄신다. 하나님은 우리가 끊임없이 그분을 의지하고, 언제나 그분을 신뢰하길 원하신다.

우리가 우리의 믿음이 완전하다고 생각하는 바로 그때, 하나님은 우리를 완전하게 하되 태우지 않을 만큼 불의 온도를 올리신다. 우리가 우리를 절대 실망시키지 않는 소망을 갖도록 하나님은 우리 안에 인내를 키우고 계신다.

욥이 하나님의 음성을 듣고 인생 후반전에 더 큰 복을 받은 후, 이전에 시련을 만났을 때와 똑같이 하나님 앞에 나아갔을까? 심히 의심스럽다. 사실, 아주 자신 있게 "아니오"라고 말할 수 있겠다. 하나님은 당신이 절대 떨어지지 않는 믿음으로 가득하길 원하신다.

하나님을 찾고 믿음으로 걸음을 내딛을 때, 우리가 살면서 겪는 시련에 하나님의 목적이 있음을 알 수 있다. 하나님은 산에서 목적을 가져오실 수 있으며, 골짜기에서 놀라운 방법으로 자신을 나타내실 것이다. 우리가 골짜기를 지날 때, 잿더미에 앉아 있을 때, '끝'에 이르렀을 때 어떻게 반응하느냐에 따라 결과가 결정된다. 날마다 하나님을 신뢰하며 전진하겠는가, 아니면 이스라엘과 같은 길을 걷겠는가?

하지만 왜?

우리가 무엇을 하든 우리의 영혼은 여전히 "왜"라고 묻는다. 절망에 빠져 있을 때, 하나님이 정말 믿을 만한 분인지 의문이 든다. 우리가 하나님의 길을 완전히 이해할 수는 없을 테지만, 그래도 하나님은 자신이 어떻게 일하시는지 성경을 통해 얼핏 보여주셨다.

출애굽기에서 보듯이, 우리의 삶이 광야를 헤맸던 이스라엘의 삶과 다르지 않을 때가 많다. 우리가 하나님의 길을 훨씬 많이 안다는 것만 빼면 말이다. 우리는 성경을 읽었기에 성경을 처음부터 끝까지 알 수 있다.

알다시피, 하나님이 종살이하던 자신의 선민(選民)을 자유의 길로 인도하실 때도 이스라엘은 하나님을 신뢰하는 모습을 보여주지 못했다. 애굽에 재앙들이 내리는 내내(출 7:14-12:30) 이스라엘은 놀라운 기적을 보았으나 하나님께서 다스리신다는 것을 깨닫고 전진하지 못했다. 애굽에서 나오면서 애굽인들의 금과 은을 탈취한 이스라엘의 행동은 하나님의 사랑을 보여주지 못한 게 분명하다(출 12:35,36). 이스라엘은 자유를 얻어 홍해로 향하고 바로 군대의 추격을 받는 동안에도 모세에게 격분했다. 이들은 모세에게 이렇게 말했다.

> 그들이 또 모세에게 이르되 애굽에 매장지가 없어서 당신이 우리를 이끌어내어 이 광야에서 죽게 하느냐 어찌하여 당신이 우리를 애굽에서 이끌어내어 우리에게 이같이 하느냐 우리가 애굽에서 당신에게 이른 말이 이것이 아니냐 이르기를 우리를 내버려두라 우리가 애굽 사람을 섬길 것이라 하지 아니하더냐 애굽 사람을 섬기는 것이 광야에서 죽는 것보다 낫겠노라 출 14:11,12

우리도 삶에서 똑같이 느끼지 않는가? 우리는 하나님이 우리를 광야로 내몰았다고 느끼고 "왜?"라고 외친다. 우리는 하나님의 손을 보지 못한다. 우리의 본성은 하나님을 믿는 믿음으로 행하지 않고 보이는 것을 따라 행한다.

이스라엘은 자신들의 역사 내내 하나님의 공급을 보지 못했다. 하나님이 홍해를 가르실 때 그분의 능력이 이들에게 아주 강력하게 나타났다. 기적 하나면 그 누구라도 평생 하나님의 능력을 확신하기에 충분하다고 생각할는지 모른다! 그러나 우리는 안다.

> 이스라엘 자손 온 회중이 그 광야에서 모세와 아론을 원망하여 이스라엘 자손이 그들에게 이르되 우리가 애굽 땅에서 고기 가마 곁에 앉아

있던 때와 떡을 배불리 먹던 때에 여호와의 손에 죽었더라면 좋았을 것을 너희가 이 광야로 우리를 인도해내어 이 온 회중이 주려 죽게 하는도다 출 16:2,3

하나님은 이들의 불평을 듣고 만나와 메추라기를 보내 이들을 먹이셨다. 하나님은 이들이 광야에서 살아남기에 충분하게 물을 주셨다. 이들은 하나님이 이미 행하신 숱한 기적들 외에 그 절정으로 홍해가 갈라지는 광경을 보지 않았는가? 이들이 어떻게 믿음이 이다지도 없을 수 있었단 말인가? 모세가 시내산에 올라가 있는 동안에도 이스라엘은 여전히 불평을 쏟아냈다. 하나님의 만나로는 성이 차지 않아서 더 좋은 것을 원했고 더 많이 원했다. 하나님의 인내가 점점 엷어지고 있었다.

여호와께서 너희에게 고기를 주어 먹게 하실 것이라 하루나 이틀이나 닷새나 열흘이나 스무 날만 먹을 뿐 아니라 냄새도 싫어하기까지 한 달 동안 먹게 하시리니 이는 너희가 너희 중에 계시는 여호와를 멸시하고 그 앞에서 울며 이르기를 우리가 어찌하여 애굽에서 나왔던가 함이라 민 11:18-20

하나님의 선민은 아주 작은 믿음으로 끊임없이 불평을 쏟아놓았다. 하나님이 나타나실 때는 믿었으나, 기적이 지나가고 나면 다시

방종에 빠졌다. 이것을 영적 널뛰기 생활이라 한다. 우리는 이 부분에서 너나없이 유죄다.

이스라엘이 광야에서 40년을 방황한 까닭은 믿음이 부족했기 때문이다. 고작 열하룻길이었다. 우리는 삶의 광야에서 약속의 땅, 젖과 꿀이 흐르는 땅, 평안과 기쁨을 맛보고 하나님을 찾을 수 있는 자리를 갈망한다.

우리는 아픔과 고난 가운데서 하나님을 만날 수 있다. 우리가 불평하고 믿음이 부족할 때라도 하나님은 거기 계신다. 하나님은 우리 삶의 잿더미에서 우리와 함께 계신다.

하나님을 믿고 맡겨라

우리는 성경이 들려주는 이 기사의 나머지 부분에서 중요한 교훈을 얻는다. 약속의 땅을 향해 여정을 시작한 사람들 가운데 그 땅을 실제로 본 사람은 결코 많지 않다는 것이다. 하나님이 이들을 선택하셨듯이 이들도 그렇게 하나님을 선택했다면, 모두 약속의 땅을 볼 수 있었을 것이다. 이들은 하나님과 그분의 길 대신 자신의 길에 의문을 품었어야 했다.

우리 자신의 길을 살면서 하나님이 준비하신 결과를 기대할 수는 없다. 하나님의 길은 하나님의 결과를 거두고, 우리의 길은 우리의 결과를 거둔다. 따라서 우리가 하나님께 "왜?"라고 부르짖을 때 이런 대답을 들을 것이다. 우리가 하나님께 신실했다면 하나님은 우리에게 뭔가 보여주시려는 게 있을 것이다.

하나님은 우리로 우리의 진정한 상태를 깨닫게 하고, 앞날을 위해 우리에게 더 큰 믿음을 주려 하시는지도 모른다. 하나님 앞에서 진정으로 겸손할 때, 우리는 아무것도 아니며 하나님은 모든 것이심을 깨닫는다.

욥은 하나님께 부르짖었고 강하게 불평하며 하나님 앞에 나아갔다. 우리도 다르지 않다. 욥처럼 우리도 전능하신 하나님 앞에 불평을 쏟아놓을 때, 겸손해지고 그분 앞에 설 자격이 없음을 깨닫는다. 욥이 이스라엘보다 훨씬 똑똑했다.

> 하나님이 나를 진흙 가운데 던지셨고 나를 티끌과 재 같게 하셨구나
>
> 욥 30:19

우리는 티끌과 재에 지나지 않는다. 친숙한 말로 하자면 "하나님이 우리를 이 세상에 보내셨으니, 하나님이 우리를 이 세상에서 데려가실 수 있다!" 이 세상에서, 하나님나라에서 우리의 자리를 깨닫는 게 아주 중요하다. 우리에 관한 게 아니다. 전적으로 하나님에 관한 것이다.

하나님께 불평하는 대신, 하나님께 산을 옮겨 달라고 애원하는 대신, 하나님의 길에 화를 내며 의문을 제기하는 대신 우리는 하나님께 더 가까이 나아가고 더 큰 믿음을 달라고 기도해야 한다. 우리

가 하나님을 신뢰하면 하나님은 삶에서 일어나는 가장 큰 비극들까지도 궁극적으로 우리와 타인들에게 복이 되게 하신다.

반드시 고난을 받아야 하는 이유가 수없이 있지만 하나님의 자녀여, 안심해도 좋다. 우리의 삶에 허락된 모든 일은 모든 것을 아시고 모든 것을 돌보시며 모든 것을 사랑하시는 하나님이 승인하신 것이다. 확실히, 어느 날 당신은 왜 하나님이 당신의 삶에 고난을 허락하셨는지 어렴풋이 알게 된다. 왜 당신이 자기 삶의 티끌과 재 가운데 있었는지 깨닫게 된다. 당신의 삶이 다시 시작될 때 왜 하나님이 당신으로 끝에 이르게 하셨는지 알게 된다.

> 지금은 내가 부분적으로 아나 그때에는 주께서 나를 아신 것같이 내가 온전히 알리라 고전 13:12

금방은 아니고 당신이 하나님을 얼굴을 맞대고 볼 때에야 이렇게 되겠지만, 어쨌거나 우리는 오직 하나를 해야 한다. 예수님의 말씀대로 “하나님을 믿어야” 한다(막 11:22).

모든 것을 얻기 위해서는 때로 뭔가 잃어야 한다는 것을 깨달아야 한다. 예수님은 영생을 얻기 위해 자신의 생명을 버리셨으며, 자신을 믿을 모든 자에게 영생을 제안하셨다. 하나님은 우리가 이해하지 못할 방식으로 우리의 고난을 사용하신다. 그리스도의 고난에는 충분한 이유가 있지만, 당시에는 그 이유를 알 수 없었다. 그 이유는 예수님이 다시 오실 때에야 완전히 알 수 있다.

광야를 지날 때, 작정하고 하나님께 집중해야 한다. 하나님의 인도를 부지런히 구하고 우리의 모든 필요를 우리에게 필요한 때에 채워주실 하나님을 의지해야 한다. 모든 의심과 불신앙을 버리고 믿기로 결심해야 한다. 그래야 40년간 광야를 헤매지 않는다. 사랑과 자비가 풍성하며 은혜가 넘치는 하나님께 자신을 믿고 맡겨야 한다.

그러므로 하나님의 뜻대로 고난을 받는 자들은 또한 선을 행하는 가운데에 그 영혼을 미쁘신 창조주께 의탁할지어다 벧전 4:19

광야에서 방황하거나 자기 삶의 잿더미에 앉아 하나님을 신뢰하려고 발버둥 칠 때 우리는 하나님께서 나타나시기는 할까, 나타나신다면 언제 나타나실까 의문이 든다. 언제 하나님의 음성을 들을까? 욥은 인생의 서른다섯 장이 지난 후에야 하나님의 음성을 들었다. 우리의 삶에서 언제, 어디서 하나님이 나타나실지 알 수 없지만, 하나는 확실하다. 그게 언제든 간에 하나님은 완벽한 때에 완벽한 곳에서 나타나실 것이다.

자주, 하나님은 모든 예상을 뛰어넘는 메시지와 목적을 갖고 나타나신다. 자신은 언제나 찾을 만하고 기다릴 만한 존재라는 것을 하나님은 우리에게 거듭거듭 보여주셨다. 분명히 알라. 하나님의 타이밍은 우리의 타이밍과 비교도 되지 않는다. 하나님의 달력은 우리의 달력과 사뭇 달라 보인다. 하나님은 우리의 타이밍이 아니라 그분의 타이밍에 목적을 이루신다.

하나님 기다리기

사랑하는 자들아 주께는 하루가 천 년 같고 천 년이 하루 같다는 이

한 가지를 잊지 말라 벧후 3:8

대부분의 경우 우리는 왜 하나님이 침묵하시는지, 왜 그리 오래 걸리시는지 성급하게 판단하거나, 궁금해하거나, 그 이유를 몰라 당황해한다. 그러나 믿음이 있고 자신의 감정을 다스릴 때, 많은 경우 우리는 뒤돌아보면서 왜 하나님이 지체하셨는지 알 수 있다.

우리는 하나님이 느리다고 생각하고 모든 기다림에 의문을 품으며, 하나님이 정말로 일하고 계시는지 궁금해하곤 한다. 그러나 우리는 하나님의 약속을 통해 확신해야 한다. 하나님은 우리의 미래를 위해 선한 일을 하고 계신다. 하나님은 절대 주무시지 않는다.

이스라엘을 지키시는 이는 졸지도 아니하시고 주무시지도 아니하시리로다 시 121:4

알다시피, 하나님은 침묵하실 때 우리를 더 바싹 끌어당기고 계신다. 의심이 들 때 우리는 믿음을 강하게 하고 "나는 하나님을 믿습니다"라는 선언 위에 굳게 설 기회를 얻는다. 이것은 눈에 무엇이 보이든 상관없이 우리의 믿음을 따라 행한다는 말이다.

그리고 하나님의 침묵이 깨질 때, 하나님은 갑자기 우리에게 끼어드신다(최소한 갑작스러워 보인다). 그러나 하나님께는 전혀 놀랍지 않다. 하나님이 미리 계획해놓으신 그대로 착착 이뤄졌다. 하나님은 절대 늦지 않으시고, 대체로 일찍 나타나지 않으신다. 하나님은 언제나 정각에 나타나신다.

역사를 돌아보면 알듯이, 하나님은 에덴동산에 나타나 아담과 하와를 대면하셨다. 아브라함에게는 외아들을 제물로 바치라는 특별 지시를 내리셨다. 하나님은 불타는 떨기나무를 통해 모세에게 말씀하심으로써 모세를 놀라게 하셨고, 여호수아에게 여리고성을 치는 방법에 관해 믿을 수 없는 지시를 내리셨다. 예수님은 부활 후에 어머니와 제자들을 깜짝 방문하셨다.

가장 놀라운 일 가운데 하나는 다메섹으로 가는 바울을 대면하신 일이었다. 당시, 바울은 그리스도인들을 박해했으며 그리스도와는 거리가 먼 사람인데 예수님은 뜻밖에 바울에게 나타나셨다. 하나님의 초자연적 능력에 바울은 눈이 멀었고 이전에 전혀 알지 못했던 시력을 얻었다. 바울은 진리를 보지 못했으나, 하나님은 그에게 진리를 보는 눈을 주셨다.

무슨 일을 겪고 있든 삶에서 자주 하나님을 기다려야 한다. 하나님의 길이 더 높다. 하나님이 하시는 일은 우리가 털끝만큼도 이해하지 못할 만큼 완전하다. 그래서 하나님의 일은 한 치 앞이 보이지 않을 때라도 우리를 하나님을 완전히 의지하고 신뢰하는 자리로 인도한다.

믿음 생활에서 하나님을 기쁘게 하는 방식으로 하나님을 기다리는 법을 배우는 것이야말로 가장 큰 덕이겠다. 하나님은 일하실 때,

우리가 의심과 불평과 의문과 추측을 거부하는 믿음으로 기다리길 원하신다.

인내는 학습된다. 하나님께 인내를 달라고 기도만 하면 마법처럼 인내가 충만해지는 게 아니다. 영적 성장의 다른 부분이 모두 그렇듯이, 하나님은 믿음을 실천할 기회를 주셔서 당신을 성장시키신다.

다 알 수 없어도 하나님을 신뢰하라

우리는 하나님의 길이 언제나 최선이며 하나님의 타이밍을 따라 사는 삶이 최선이라는 것을 늘 믿어야 한다. 하나님의 계획을 알고 이해하려는 노력은 더 큰 의심과 절망을 낳을 뿐이다. 하나님을 완전히 이해하기란 불가능하다.

하나님은 말씀을 통해 자신의 길을 어렴풋이 보여주셨으나, 하나님의 계획은 인간의 모든 이해를 초월한다. 하나님이 우리에게 모든 것을 다 계시하시면 우리는 하나님도 필요 없고, 하나님을 신뢰할 필요도 없을 것이며 하나님과의 관계를 바라지도 않을 것이다. 하나님은 우리가 그분을 알길 원하신다. 하나님은 자신이 어느 순간에든 갑자기 움직일 수 있음을 우리가 알길 원하신다.

하나님은 당신이 그분의 신실함을 믿길 원하시며, 하나님이 당신의 삶에서 준비하시는 승리를 안겨줄 가장 큰 믿음과 풍성한 인내가 당신의 가장 큰 실망과 가장 깊은 골짜기에서 나올 수 있음을 당신이 분명히 알기를 원하신다.

욥기를 통해 우리는 하나님이 어떻게 일하시는지 배운다. 하나님의 말씀을 통해 확신해도 좋다. 당신의 삶의 배후에서 하나님이 일하고 계신다. 하나님이 모든 것이 합력하여 당신에게 선을 이루게 하신다는 것을 믿어야 하며, 자신의 믿음을 부지런히 실천해야 한다. 의심이 들 때 하나님의 약속을 굳게 붙잡고, 의심이 문을 두드릴 때 당신의 믿음이 응답하게 하라.

그들이 주께 부르짖어 구원을 얻고 주께 의뢰하여 수치를 당하지 아니하였나이다 시 22:5

하나님을 신뢰한다는 말은 하나님이 우리의 뜻을 따라 일하신다고 믿는다는 뜻이 아니라, 하나님이 무엇을 하시든 사랑으로 하신다고 믿는다는 뜻이다. 우리의 이해를 넘어설지도 모르지만, 하나님은 우리가 계속 그분을 신뢰하면 절대로 실망하지 않으리라고 약속하신다. 기다리는 동안 여정 중에 숱한 실망을 느낄 수도 있지만, 하나님은 실망하지 말라고 하신다.

너희는 마음에 근심하지도 말고 두려워하지도 말라 요 14:27

하나님은 우리에게 절제의 영을 주셨다. 예수님이 진정 우리 안에 거하신다면 우리는 불만을 품지 않을 수 있다. 만족은 하나님을 온전히 신뢰하는 데서 온다. 만족은 당신이 기도할 때 하나님이 "그래"라고 답하실 수도 있고 "안 돼"라고 답하실 수도 있으나 어느 쪽이든 하나님이 절대 틀리지 않으시다는 것을 아는 데서 온다.

당신은 하나님께 자신이 원하는 바를 구할 수 있으나, 당신의 기도가 옳다면 하나님이 적절한 때에 이루어주시리라고 믿어야 한다. 당신의 기도가 옳지 않다면 하나님은 그분의 가장 좋은 것으로 당신에게 응답하실 것이다.

이생에서 평안을 맛보길 원한다면 하나님을 완전히 신뢰하는 법을 배워야 한다. 하나님을 완전히 신뢰하는 법을 배우면 전에는 상상도 못했을 만큼 크게 인내하며 살게 된다.

명심하라. 하나님은 당신이 단지 몇몇 일이 아니라 모든 일에서 그분을 신뢰하길 원하신다. 당신이 내내 하나님께 집중하면, 당신의 가장 큰 시련과 비극이 당신이 전혀 이해 못 할 만큼 당신의 믿음을 성장시킬 수 있다.

무슨 일을 겪고 있든, 무엇을 붙잡고 씨름하고 있든 하나님께서 당신과 함께하신다는 사실을 잊지 말라. 하나님의 눈이 당신의 세세한 부분을 살피신다. 예수님은 이렇게 말씀하셨다.

> 내가 세상 끝날까지 너희와 항상 함께 있으리라 마 28:20

하나님은 당신을 잊지 않으셨고 버리지도 않으셨다. 하나님은 선하시고, 예수님은 실재이며, 그분이 당신에게 생명을 주신 데는 목적이 있다. 당신은 하나님께 인정받았으며 당신의 모든 환경은 당신에게 오기 전에 그분이 체질하셨다. 당신이 겪는 모든 일 속에 하나님은 목적과 의미를 두셨다. 이런 불확실의 때에 하나님께 더 바싹 다가가라. 계속해서 기다리고 신뢰하며 소망하라. 하나님을 의지하라.

하나님 앞에 솔직해지라

하나님을 기다리고 믿음의 싸움을 싸우는 동안, 당신의 마음과 영혼을 하나님께 쏟아놓음으로써 실망을 극복할 수 있다. 욥은 자신의 삶을 하나님의 보좌 앞에 가져갔고, 자신의 가장 큰 슬픔과 대답 없는 고통스런 물음, 내면의 가장 깊은 생각을 솔직하게 털어놓았다.

자신을 하나님 앞에 솔직하게 드러내지 않는다면 하나님의 사랑과 위로를 온전히 받지 못한다. 당신의 문제를 가장 가까운 친구나 가장 가까운 친지나 낯선 사람에게 가져가지 말고 하나님께 가져가라. 하나님이 해결하실 수 있다. 하나님은 당신의 그 어떤 느낌이나 말에도 놀라지 않으신다. 간과하지 말라. 욥기에서 하나님은 자신이 훌륭한 경청자라는 사실을 계시하셨다.

욥이 하나님과 대화하는 여러 장에서, 하나님은 한 번도 욥의 말을 가로막지 않으시고 욥의 말이 끝나길 기다렸다가 말씀하셨다. 욥이 침묵할 때에야 하나님의 침묵이 끝났다. 당신의 삶에서도 이것을 잊지 말라. 당신이 절망을 느낄 때, 조급해할 때, 인간적으로 불가능하다 싶을 만큼 눈물을 흘릴 때 시편 62편 8절은 이렇게 말한다.

> 백성들아 시시로 그를 의지하고 그의 앞에 마음을 토하라 하나님은 우리의 피난처시로다

하나님은 당신이 그분에게 정직하길 원하신다. 느낌이 어떻든 상관없이 모든 것을 내어놓고 계속해서 하나님을 구하고 섬기며 앞으로 나아가라. 상처 받고 있다면 당신이 위로할 수 있는 사람을 찾아보라. 외롭다면 외로운 사람을 찾아가라. 도움이 필요하다면 당신의 도움이 필요한 사람을 찾아보라. 주라. 그리하면 받을 것이다. "무엇이든지 남에게 대접을 받고자 하는 대로 너희도 남을 대접하라"(마 7:12). 하나님은 당신의 모든 필요를 채우겠다고 약속하셨다.

하나님은 그분을 믿는 당신의 믿음을 보길 원하신다. 당신이 하나님을 섬기기 전에 하나님이 당신의 바람을 이루어주시거나 당신의 기도에 응답하시리라고 기대하지 말라. 당신이 다른 사람들의 필요를 채워줄 때, 하나님의 사랑과 자비와 은혜가 당신 안에 당신을 통해 흐른다. 이 때문에 하나님께서 당신에게 복을 주실 것이다.

기다리는 동안 하나님이 우리를 준비시키신다

당신이 하나님을 기다릴 때, 하나님은 당신이 그분의 응답을 받을 준비를 하길 원하신다. 당신이 현재 상황에서 하나님을 구하며 만족을 찾고 있다면 믿음을 실천하고 있는 것이다. 자신의 삶을 있는 그대로 기뻐한다면 눈에 보이는 것에 관계없이 하나님을 믿는 믿음을 보여드리고 있는 것이다. 하나님이 당신을 위해 준비해두신 것을 받을 준비가 되었음을 하나님께 보여드리고 있는 것이다. 믿음으로 행할 때 당신은 하나님께 감사를 표현하고, 하나님을 믿는 믿음을 선포하고, 하나님이 주권적이라는 믿음을 실천하는 것이다.

거의 주권적인 하나님이란 없다. 그러므로 당신이 하나님을 진정으로 신뢰한다면, 하나님을 그분이 말씀하시는 바로 그분으로 믿는다면 당신의 영혼은 만족할 것이다.

빌립보서 4장 11,12절에서 사도 바울은 이렇게 말한다.

> 내가 궁핍하므로 말하는 것이 아니니라 어떠한 형편에든지 나는 자족하기를 배웠노니 나는 비천에 처할 줄도 알고 풍부에 처할 줄도 알아 모든 일 곧 배부름과 배고픔과 풍부와 궁핍에도 처할 줄 아는 일체의 비결을 배웠노라

여기 비결이 있다. 하나님을 신뢰하는 것이다. 당신의 모든 필요에 대해 하나님을 의지하라. 눈에 보이는 것이 아니라 믿음으로 행

하라. 그리스도 안에 확고하게 기초를 둔 삶과 믿음이다.

기억하라. 하나님 기다리기는 절대로 시간 낭비가 아니다. 아무것도 하지 않는다는 뜻이 아니다. 하나님은 우리의 삶에서 기다리는 시간을 우리가 상상도 못 할 큰 목적을 이루는 데 사용하실 수 있다. 당신의 기다리는 시간을 활용해 하나님께 더 바싹 다가가고 앞에 놓인 것들을 헤쳐나갈 힘을 길러라.

우리가 하나님을 기다리는 동안 하나님은 우리의 보조를 자신의 보조에 맞추고 계시고, 배후에서 일하고 계시며, 그분이 우리의 기도에 응답하셔도 되도록 우리를 준비시키고 계신다. 하나님을 신뢰하라. 하나님은 절대 당신을 실망시키지 않으신다.

시간이 허비되고, 아무 일도 일어나지 않으며, 하나님이 우리를 잊으신 듯이 보일 때가 많다. 그렇더라도 사실을 직시해야 하며 거짓말을 믿고 살고 살아서는 안 된다. 우리는 반드시 알아야 한다. 우리가 하나님을 향한 믿음을 선포하면 하나님은 절대 우리를 외면하지 않으신다. 알다시피, 하나님이 우리를 버리신 게 아니다. 자주, 우리가 하나님을 버린다.

삶에서 진리를 살아내는 것이야말로 그 무엇보다 중요하다. 당신의 삶을 향한 하나님의 약속에 굳게 기초한 삶을 산다는 뜻이다.

내가 성실한 길을 택하고 주의 규례들을 내 앞에 두었나이다

시 119:30

넓은 길을 선택하면 틀림없이 멸망에 이른다.

좁은 문으로 들어가라 멸망으로 인도하는 문은 크고 그 길이 넓어 그리로 들어가는 자가 많고 마 7:13

하나님 기다리기는 당신에게 기회다. 기다리는 매 순간, 당신은 하나님을 만나는 자리에 한 걸음 더 가까워진다. 하나님을 얼굴을 맞대고 볼 기회다. 하나님의 길을 이해할 수 없을지 모른다. 하나님이 하시려는 일을 어렴풋하게도 보지 못할지 모른다. 그러나 하나님의 말씀을 신뢰하면, 하나님이 모든 것이 합력하여 당신에게 선을 이루게끔 일하고 계심을 확실히 알 수 있다. 하나님은 언제나 당신과 함께 계시고 절대로 당신을 떠나거나 버리지 않으신다.

인내란 당신이 하나님을 신뢰하는 정도다. 하나님의 길이 언제나 가장 좋으며, 하나님이 당신의 삶의 배후에서 부지런히 일하고 계시고, 하나님이 당신이 겪는 모든 실패와 실망을 취하시고 당신의 잿더미를 화관으로 바꾸신다는 것을 믿어야 한다.

하나님은 지금도 나타나시고 지금도 말씀하신다. 하나님이 말씀하시길 기다리며 기대해야 한다. 당신의 삶에서 하나님을 찾고 있는가? 매일, 매 순간 하나님의 임재를 구하는가? 아니면 하나님을 당신의 침대 밑에 두는가?

하나님은 늘 당신과 함께 계시며, 당신의 삶에서 매 순간 당신과 동행하길 원하신다. 우리는 그저 하나님이 계신다는 것을 인정하면 된다. 하나님의 말씀을 통해 하나님의 길을 더 잘 이해하면 통찰력이 생겨 믿음이 강해지고 하나님을 기다리는 인내력이 생긴다. 하나님의 말씀은 완벽한 순간에 하나님이 나타나시고 우리에게 말씀하실 것이라는 희망을 준다.

> 여호와께서 내게 대답하여 이르시되 … 이 묵시는 정한 때가 있나니 그 종말이 속히 이르겠고 결코 거짓되지 아니하리라 비록 더딜지라도 기다리라 지체되지 않고 반드시 응하리라 합 2:2,3

하나님의 타이밍을 신뢰하라

잿더미에서 우리는 하나님과 나눈 친밀한 교제보다 더 큰 일은 없음을 깨닫는다. 하나님이 우리의 전부이셔야 한다. 하나님이 나타나시기까지 얼마나 오래 걸리든 간에, 하나님이 나타나시리라는 믿음을 잃지 말아야 한다.

우리의 삶에서 하나님의 최우선순위는 우리를 그분과 인격적 교제를 나누는 자리로 인도하는 것이다. 우리는 잿더미에 앉아 있을 때나 하나님께 부르짖을 때나 하나님이 욥에게 하신 말씀을 기억하고 하나님이 다스리신다는 사실을 알아야 한다.

자주 우리는 하나님을 우리의 시간표에 욱여넣는다. 이럴 때 우리는 원수에게 의심과 불신앙으로 우리를 채우기 시작할 기회를 준다.

절대 사탄의 거짓말을 믿지 말라. 당신이 처한 상황에서 진리를 구하라. 원수의 계략에 넘어간 채 주저앉지 말라.

우리는 하나님의 계획을 이루기 위해 삶에서 아픔과 고통을 견뎌야 할 수도 있지만, 하나님의 길이 가장 좋다는 것을 하나님의 말씀을 통해 알 수 있다. 하나님은 모든 것을 다 아신다. 하나님은 당신의 삶을 처음부터 끝까지 구석구석 다 아시며, 당신의 과거와 현재와 미래를 세세히 다 아신다.

하나님은 주권적이시며, 따라서 우리는 하나님의 스케줄을 신뢰해야 한다. 하나님께 우리의 상황에 개입해달라거나 산을 옮겨달라거나 삶의 폭풍을 잠잠하게 해달라고 부르짖을 때, 하나님의 타이밍을 신뢰해야 한다. 확신해도 좋다. 하나님의 타이밍이 우리의 타이밍은 아니다. 우리의 바람은 우리 자신의 타이밍이 아니라 하나님의 타이밍을 따르는 것이어야 한다.

우리는 불완전한 지각과 상황에 기초한 필요와 바람에 사로잡혀 결정을 내리지만, 하나님께는 완전하고 무한한 지혜가 있다. 우리의 감정과 가슴은 우리에게 거짓말하지만, 하나님은 절대 거짓말하지 않으신다. 우리는 하나님이 나타나시리라는 약속을 받았다. 하나님은 신실하시다.

주 외에는 자기를 앙망하는 자를 위하여 이런 일을 행한 신을 옛부터 들은 자도 없고 귀로 들은 자도 없고 눈으로 본 자도 없었나이다 사 64:4

명심하라. 하나님은 자기연민, 무기력, 절망, 낙담, 분노에 굴복하는 자들을 위해 행동하겠다고 말씀하지 않으신다. 하나님은 자신을 기다리는 자들을 위해 행동하겠다고 말씀하신다. 하나님께 조급증을 내봐야 아무것도 이루지 못한다. 하나님의 스케줄에 참견하고 우리 자신의 스케줄을 욱여넣으려 애쓰면 우리 자신이 더 깊은 구덩이에 빠지기 때문이다. 하나님은 욥의 고난을 통해 그에게서 겸손한 태도를 이끌어내셨다.

욥은 자신이 부족하다는 것을 아주 빨리 깨달았다. 우리라고 다르지 않다. 우리의 삶에 무슨 일이 일어나든 우리가 얼마나 큰 염려와 압박을 느끼든 간에 하나님을 기다려야 한다. 당신의 하루하루가 공허하고 의심으로 가득하다면 하나님께로 돌아서라. 어떤 희생이 따르더라도 하나님을 신뢰하겠다고 결정하라. 우리는 완전한 하나님의 타이밍을 기다릴 때, 하나님께 우리의 시간을 드림으로써 하나님을 향한 우리의 믿음과 신뢰를 보여드릴 수 있다.

하나님께 순종하기

우리는 하나님이 우리에게 말씀하시기를 기다리고 기대하며, 하나님이 그분을 우리에게 알리시기를 갈망한다. 그렇게 하실 때 하나님은 우리가 듣고 싶은 말을 하지 않으신다. 우리는 하나님께 순종할지 아니면 불순종할지 선택해야 한다. 아주 솔직하게 말하면, 이것이 어려운 결정이어서는 안 된다. 육체로도 우리는 하나님께 불순종하면 믿기 어렵고 달갑지 않은 결과가 따른다는 것을 안다.

그러나 우리는 하나님께 순종하는 문제와 너무나 자주 씨름한다. 하나님을 보고 듣고서도 돌아서서 떠나버린다. 하나님이 방금 하신 말씀을 못 들은 척한다. 하나님과 논쟁하며, 우리 안에서 한 음성이 "그건 절대 옳을 수 없어!"라고 말한다. 그래서 하나님이 우리가 듣고 싶은 말을 하실 때까지 계속 부르짖기로 결정한다. 하나님이 대답하지 않으시면 하나님이 듣고 계시지 않다고 단정한다.

하나님은 우리가 듣고 싶은 말이 아니라 들어야 하는 말을 하신다. 인간의 이성과 상충하는 일을 하라고 요구하실 때도 있다. 그러나 우리는 하나님이 요구하시는 일을 하면서 하나님의 모든 명령에 순종하고 신실하게 걸음을 내딛어야 한다. 많은 경우, 욥의 삶에서처럼 이것은 우리에게 상처 준 사람들을 위해 기도한다는 뜻이다. 우리가 보기에 용서 못 할 일을 용서한다는 뜻이다. 우리는 자신을 용서해야 할지도 모른다.

하나님은 우리가 어떤 상황에도 즉시 믿음으로 반응하길 기대하신다. 하나님은 우리를 구속(救贖)하려고 값을 지불하셨으며, 이것은 우리가 할 수 있는 최소한이다. 이미 그리스도를 구주로 영접했더라도 우리는 자신에게 반드시 물어야 한다.

"그리스도가 내 삶의 주인이신가?"

자기 삶의 잿더미를 마주할 때, 자신의 믿음이 체질 당할 때 자기 믿음의 기본으로 되돌아온다. 우리의 구원은 자신의 뜻을 하나님의 뜻에 내어 맡기는 데 달렸으며, 이것은 하나님께 순종한다는 뜻이다.

예수님이 지불하신 값을 분명히 알아야 한다. 예수님은 값을 주고 당신을 사셨다. 당신을 매어두기 위해서가 아니라 당신이 자유를 얻게 하기 위해서다! 예수님은 우리가 타인들에게 반드시 주어야 '용서'를 우리에게 주시려고 목숨을 버리셨다.

흐지부지 넘어갈 방법이 없다. 우리는 용서를 구하고, 또 용서해야 한다. 우리는 모두 인간의 눈으로 봐도 용서받지 못할 법한 죄를 지었다. 그러나 하나님은 다른 길을 내셨다. 하나님은 그 길을, 자신의 길을 내셨다. 하나님의 길은 '용서'다.

> 너희가 사람의 잘못을 용서하면 너희 하늘 아버지께서도 너희 잘못을 용서하시려니와 너희가 사람의 잘못을 용서하지 아니하면 너희 아버지께서도 너희 잘못을 용서하지 아니하시리라 마 6:14,15

우리는 자신과 타인에게 용서를 구해야 한다. 용서하지 않으면 용서받지 못한다. 용서하면 하나님과 더 가까워지고, 용서하지 않으면 하나님에게서 더 멀어진다. 용서하지 않으면 그 아픔은 두 배다. 하나는 애초에 우리를 고통에 몰아넣었던 배신의 아픔이고, 다른 하나는 우리가 내면에 품은 비통함에서 오는 아픔이다.

우리의 감정과는 상관없이 반드시 용서해야 한다는 것을 우리는 늘 기억해야 한다. 예수님이 우리에게 불가능한 일을 하라고 하지 않으셨음을 이해하는 게 중요하다. 자신과 타인 용서하기는 믿음의 행위요 의지의 행위이며 하나님의 음성에 순종하는 행위다. 우리가 용서할 때까지 하나님은 우리와 교제하려 하지 않으신다. 당신이 믿음으로 걸음을 내딛기로 선택할 때까지, 당신의 아픔을 하나님께 내어놓을 때까지 하나님은 침묵하신다.

때로 우리는 하나님까지 용서해야 할는지 모른다. 자주, 우리는 영혼 깊이 하나님을 향한 비통함을 쌓아두고서도 자신은 하나님께 화나지 않았다고 스스로 설득하려 애쓴다. 그러나 욥처럼 우리는 자주 하나님과 마주 앉아 토론해야 한다. 우리는 모두 쓴 뿌리에 약하다.

용서를 생각하길 그치면, 십중팔구 용서하지 않는 태도를 취하게 된다. 큰 잘못일 수도 있고, 도로에서 차가 앞에 끼어드는 사소한 일일 수도 있다. 아무리 크건 작건 쓴 뿌리는 있으며, 하나님이 쓴 뿌리가 자라리라고 말씀하실 때 그대로 믿고 뿌리를 처리해야 한다. 그 무엇도 우리와 하나님의 교제를 방해하지 못하게 해야 한다.

하나님께 순종하면 반드시 상이 따른다. 하나님이 우리에게 요구하시는 일을 하나님이 요구하시는 때에 하나님이 요구하시는 방법으로 하면서 하나님께 순종하기로 선택할 때 상이 따른다. 욥은 정확히 하나님이 하라는 대로 했다. 친구들을 위해 기도했다. 욥은 순종했고, 삶에서 하나님의 풍성한 복을 받았다.

우리는 하나님께 순종하겠다고 하루에도 숱하게 결정해야 한다.

아무리 어려워 보이더라도, 의도적인 의지의 행위여야 한다. 우리는 영이 아니라 육으로 태어났다. 성령 안에서 행하고 있다면 의지의 행위다. 영적 성장은 우리에게 고난을 안겨줄지도 모르지만, 우리는 무엇이든 하나님이 하라는 일에 순종하면 상이 있으리라는 약속도 받았다. 주목하라.

예수님은 사는 내내 순종을 배우셔야 했고 고난을 통해 순종을 배우셨다. 히브리서 5장 8절은 "그가 아들이시면서도 받으신 고난으로 순종함을 배워서"라고 말한다. 우리도 예외가 아니다. 고난 가운데서 하나님을 따르고 그분을 열심히 찾으면 우리에게 자신의 길을 가르치시고 우리를 자신의 완전한 뜻 가운데로 인도하시는 하나님을 발견할 것이다.

> 믿음이 없이는 하나님을 기쁘시게 하지 못하나니 하나님께 나아가는 자는 반드시 그가 계신 것과 또한 그가 자기를 찾는 자들에게 상 주시는 이심을 믿어야 할지니라 히 11:6

결코 모든 것을 다 잘할 수는 없다. 우리는 자주 실패한다. 하나님은 언제나 거기 계셔서 우리를 그분의 길로 되돌리려 하신다. 하나님 신뢰하기가 일상적인 의지의 행위가 되어야 한다. 하나님께 순종하겠다고 결정했다면 반드시 순종하고, 세세한 결과는 모두 하나님께 맡겨야 한다.

우리가 반드시 알아야 할 게 있다. 삶에는 '우리의 길'과 '하나님의 길'이라는 두 길이 있는데, 하나님의 길이 승리로 이어지는 유일한 길이라는 것이다. 따라서 우리의 길을 포기하고 하나님의 길을 따르기로 일찍 결정할수록 새로운 시작을 일찍 발견한다. 우리는 하나님께 나올 때 반드시 교만을 버려야 한다. 우리의 진정한 상태를 알아야 한다. 티끌과 재 가운데서 회개해야 한다.

> 그러므로 내가 스스로 거두어들이고 티끌과 재 가운데에서 회개하나이다 욥 42:6

삶의 잿더미에서 건짐을 받으려면, 끝에서 벗어나 새로운 시작에 이르려면 자신에 대해 죽어야 하며 자신의 희망과 꿈을 하나님의 손에 내어 맡겨야 한다. 언제나 선한 하나님의 약속과 하나님의 길을 신뢰해야 한다. 이것은 하나도 남겨두지 않는 완전한 내어 맡김이며, 이런 내어 맡김이 하나님의 풍성함으로 이어진다.

> 이는 내게 사는 것이 그리스도니 죽는 것도 유익함이라 빌 1:21

하나님의 약속이란 실제로 무엇을 의미하는가? 약속이란 '자신이 구체적으로 무엇을 하겠다거나 하지 않겠다는 선언, 약속한 당사자에게 구체적인 일의 수행이나 미수행을 기대하거나 요구할 권리를 주는 법적 구속력이 있는 선언, 무엇인가를 기대할 이유, 성공이나 개선이나 탁월함을 기대하는 근거'라는 뜻이다.

하나님은 자신의 말씀을 우리에게 구속력 있는 선언으로 주셨다. 하나님은 우리에게 그분의 말씀에 대해 수행을 요구할 권리를 주셨다. 우리가 하나님을 신뢰하고 이것을 이룰 하나님의 능력을 신뢰한다면 하나님은 우리의 삶에서 성공이나 개선, 탁월함을 기대할 능력을 주셨다. 우리가 신실하든 그렇지 않든 하나님은 신실하시다.

하나님의 약속을 믿어라

하나님은 언제나 약속을 지키신다. 에덴동산으로 돌아가보자. 하나님이 아담과 하와에게 선악을 알게 하는 나무의 열매를 먹으면 반드시 죽으리라고 하셨을 때 이들의 불순종에는 결과가 따랐다. 하나님은 자신의 말을 늘 이행하신다. '만약, 그리고, 그러나'가 없다. 우리가 순종할지 아니면 자신의 길을 고집할지 결정할 수 있을 만큼 아주 분명하게 명령하신다.

하나님의 말씀은 흑백이다. 회색 지대가 없다. 아담과 하와의 행동이 낳은 결과를 보라. 이들은 하나님과 분리되었고 죄책과 수치로 가득했으며 결국에 죽음을 맞았다.

하나님의 약속은 협상의 대상이 아니다. 우리가 하나님과 협상하려 들면, 그 결과는 하나님의 가장 좋은 것에 한참 미치지 못한다. 우리는 하나님 앞에 자기주장을 펴면서 하나님께 생각을 바꾸거나 예외를 두라고 요구할 수 없다. 하나님의 약속이 아무리 그럴듯하지 않아 보여도 하나님의 말씀을 그대로 신뢰해야 한다.

당신이 삶에서 무슨 시련이나 환난을 겪고 있든 '이것도 지나가리라.' 당신이 처한 상황에서 승리하리라는 희망을 상상하기 어렵고 그런 희망을 품기란 훨씬 더 어려울지 모른다. 그러나 진리를 믿기로 선택할 때, 하나님을 신뢰하고 그분의 말씀을 신뢰하기로 선택할 때 모든 것이 가능해진다. 하나님은 진정한 희망을 주신다. 결코 변하지 않는 게 있다면 하나님이다.

나 여호와는 변하지 아니하나니 말 3:6

예수 그리스도는 어제나 오늘이나 영원토록 동일하시니라 히 13:8

천지는 없어질지언정 내 말은 없어지지 아니하리라 마 24:35

당신이 달려가 안길 수 있는 사람, 신뢰할 수 있는 사람을 주변에서 필사적으로 찾고 있을 때, 하나님이 당신 앞에 서서 말씀하신다.

"내가 여기 있으니, 나를 믿어라."

하나님은 우리가 그분께 나아와 그분이 하시는 말씀에 귀를 기울이고 하나님께서 우리에게 하신 약속을 신뢰하길 원하신다.

우리는 자신의 상황이 다르고 예외라고 믿는 경향이 있다. 우리는 자신의 잿더미에 앉아 애쓰고 따질 뿐, 잠시 멈추어 하나님은 우리의 상황을 어떻게 생각하시는지 묻지 않는다. 자기 삶의 잿더미에서 건져지길 원한다면 하나님께 당신의 상황을 어떻게 생각하시는지, 당신의 삶에 대해 무슨 하실 말씀이 있는지 물어야 한다. 하나님이 목적과 계획을 두고 우리의 삶을 지으셨다면, 하나님이 우리의 삶에 대해 하실 말씀이 많으리라 확신해도 좋다.

우리의 느낌이나 남들이 우리의 상황에 대해 하는 말에 귀를 기울여서는 안 되며 마귀의 의견에 귀를 기울여서도 안 된다. 유일하게 중요한 의견은 '하나님의 의견'뿐이다. 우리는 하나님의 말씀 앞에 나아가 하나님이 우리가 직면한 모든 상황 하나하나에서 뭐라고 말씀하시는지 들어야 한다. 하나님은 우리 삶의 모든 세세한 부분에 대해 하실 말씀이 있다. 비록 우리가 듣고 싶은 말은 아니더라도, 우리가 세상을 살면서 조금이라도 승리하며 살기 위해서는 들을 필요가 있는 말이다. 승리는 하나님의 길을 따라 살 때만 얻을 수 있다.

따라서 우리가 곧장 하나님과 그분의 말씀 앞에 나가면, 공허하고 절망적이며 고통스런 우리 삶의 숱한 장(章)을 아낄 수 있다. 욥은 선의의 친구들 곁에 앉아 그들의 말에 귀를 기울였으며, 아주 지나칠 정도로 오래 불평하고 투덜거렸다. 욥이 먼저 하나님께 갔다면, 욥기 3장에서 곧바로 42장으로 건너뛰었을 것이다. 이 얼마나 많은 장(章)인가!

광야의 이스라엘을 잊지 말자. 하나님과 그분의 약속에서 눈을 떼지 말자. 그래야 광야에서 헤매지 않고, 약속의 땅을 볼 기회도 놓치지 않는다. 우리의 삶에서 젖과 꿀이 흐르는 땅에 이르려면 하나님을 신뢰하고, 믿음으로 행하며, 하나님의 말씀에 순종하고 살아야 한다.

하나님의 길을 따르라

확신해도 좋다. 하나님의 길이 가장 좋은 길이다. 언제나 가장 좋은 길이었고, 언제나 가장 좋은 길일 것이다. 우리가 삶을 다스리는 게 아니기 때문에 우리는 삶에서 자신에게 일어나는 일을 거의 바꾸지 못한다. 그러나 우리는 삶에 반응하는 방식은 다스릴 수 있다. 잿더미에서 벗어나려면 삶에 하나님의 방식으로 반응해야 한다. 당신과 당신의 삶을 향한 하나님의 가장 큰 바람은 당신이 그분을 친밀하게 알고 그분의 길로 행하는 것이다. 하나님의 길은 가장 쉬운 길이 아니다. 확실하다.

좁은 문으로 들어가라 멸망으로 인도하는 문은 크고 그 길이 넓어 그리로 들어가는 자가 많고 생명으로 인도하는 문은 좁고 길이 협착하여 찾는 자가 적음이라 마 7:13,14

눈에 보이는 세상을 살아갈 때, 눈에 보이는 것을 따라 행하지 않고 믿음으로 행하기란 쉽지 않다. 눈에 보이지 않는 것을 믿기보다 눈에 보이는 것을 믿기가 훨씬 쉽다. 우리의 삶에서 산은 아주 선명하다. 산 뒤쪽에 있는 것은 상상하기조차 어렵다. 특히, 어떻게 그곳에 이를지 도무지 실마리가 잡히지 않을 때가 많다.

그러나 하나님이 길을 내신다. 당신의 삶이 어떤 처지에 있더라도 하나님께는 당신의 삶을 회복하고 구속(救贖)할 계획이 있다. 하나님은 불가능한 일을 행하실 수 있다.

확신해도 좋다. 당신의 믿음에는 끝이 있다. 하나님을 믿는 당신의 믿음에는 끝이 없지만, 그게 무엇이든 당신이 하나님을 믿는 이유가 되는 것에 대한 당신의 믿음에는 끝이 있다. 당신이 계속 하나님을 신뢰할 때, 당신의 산은 옮겨지고 당신의 삶은 달라진다.

이것은 당신의 삶이 어떻게 다른가의 문제가 아니라, 아무것도 전과 같지 않고 당신의 믿음이 성장하리라는 깨달음이다. 당신의 삶에서 하나님의 손을 볼 것이다. 그러나 하나님이 일하실 때, 그분을 보지는 못할 것이다. 당신은 그분을 얼핏이라도 보지 못할 테지만, 하나님은 당신이 걷는 길을 아신다. 하나님이 당신을 시험하고 나면,

그분의 놀라운 능력에 당신의 믿음이 금보다 귀하게 될 것이다.

> 그가 왼쪽에서 일하시나 내가 만날 수 없고 그가 오른쪽으로 돌이키시나 뵈올 수 없구나 그러나 내가 가는 길을 그가 아시나니 그가 나를 단련하신 후에는 내가 순금같이 되어 나오리라 욥 23:9,10

인생의 골짜기에서 끝에 이를 때 하나님의 임재가 전에 없이 또렷해진다. 산꼭대기에 오르면, 재 대신 화관을 가지면 자신이 그 골짜기와 그 잿더미를 얼마나 갈망하는지 알고 놀랄 것이다. 하나님을 신뢰한 후 당신은 알게 될 것이다.

하나님이 당신의 믿음에 답하시고 당신의 기도에 가장 심오하게 응답하실 때, 당신은 뒤돌아보며 골짜기로 돌아가고 싶어질 것이다. 아픔과 고통을 겪고 싶기 때문이 아니라, 골짜기를 지날 때 자신이 그 어느 때보다 하나님과 가까웠다는 게 보이기 때문이다.

믿음이 다 걸러진 후에 당신은 그 어느 곳보다 하나님 앞에 있길 원한다는 것을 알게 될 것이다. 설령 그것이 하나님을 따라 골짜기로 들어간다는 뜻이라도 말이다.

삶에서 가장 어렵고 영혼이 말로 표현할 수 없이 산산이 부서질 때 하나님이 거기 계신다는 것을 알게 될 것이다. 하나님은 당신 곁을 떠나지 않으신다. 하나님의 임재를 인정할 때, 당신의 믿음은 성장하고 당신은 하나님이 당신의 삶에서 불가능한 일을 행하시리라고 확신하며 앞으로 나아갈 수 있을 것이다.

하나님을 믿는 당신의 믿음이 하나님의 능력으로 하여금 당신의 삶에서 홍해를 가르고 당신을 약속의 땅으로 인도하게 할 것이다. "내가 알기에는 나의 대속자가 살아 계시니"라는 당신의 믿음 선포가 당신의 삶에 상상하지 못했던 큰 복을 가져다 줄 것이다.

당신의 삶에서 가장 깊은 골짜기를 만날 때, 어둠과 불편과 절망에서 하나님이 그분의 진리를 통해 당신에게 계시하신 것을 향해 돌이켜야 한다. 하나님은 우리가 인간적으로 이해할 수 있는 그 무엇과도 비교되지 않을 만큼 크신 분이라는 것을 믿어야 한다. 욥이 자기 삶의 잿더미에 앉아 있을 때, 자신은 이제 끝이라고 확신했을 때 인내하는 그의 믿음에서 비롯된 내적 만족이 있었다.

당신도 인내하는 믿음으로 살겠다고 결정할 수 있다. 삶이 불 가운데 있을 때, 하나님을 믿는 이런 믿음과 하나님 안에서 얻는 이런 만족 그리고 하나님을 향한 이런 확신을 상상하기 어려운가? 의심이 들 때는 그저 '믿어라.' 우리가 욥기에서 배우는 것은 단순하다. 하나님은 자신을 설명하실 의무가 없다.

우리가 하나님의 방식을 이해할 수 없다고 해서 하나님이 다스리지 않으시고 계획도 없으시다는 뜻은 아니다. 당신이 도움이 필요할 때 하나님의 은혜가 넉넉히 넘칠 것이다. 하나님의 계획이 펼쳐질 때까지, 하나님의 자비가 밀려오고 그분의 정의가 이뤄질 때까지 말이다.

귀를 기울여라. 하나님의 은혜가 당신의 이름을 부르고 있다. 당신 앞에 무엇이 서 있든 믿음으로 발걸음을 내딛겠다고 결심하고, 눈에 보이는 것을 따라 행하지 않고 믿음으로 행하겠다고 결심하고 하나님의 은혜에 응답하라. 하나님이 당신의 삶에서 산을 옮기시리라 믿어라. 하나님이 당신에게 재 대신 화관을 주시며, '끝'에서 새로운 '시작'을 가능하게 하시리라 믿어라. 그러면 마침내 하나님을 본다는 게 어떤 것인지 알게 될 것이다.

주께서는 못 하실 일이 없사오며 무슨 계획이든지 못 이루실 것이 없는 줄 아오니 무지한 말로 이치를 가리는 자가 누구니이까 나는 깨닫지도 못한 일을 말하였고 스스로 알 수도 없고 헤아리기도 어려운 일을 말하였나이다 내가 말하겠사오니 주는 들으시고 내가 주께 묻겠사오니 주여 내게 알게 하옵소서 내가 주께 대하여 귀로 듣기만 하였사오나 이제는 눈으로 주를 뵈옵나이다 욥 42:2-5

내게 기대렴

초판 1쇄 발행 2018년 11월 20일

지은이 체리 힐
옮긴이 전의우

펴낸이 여진구
책임편집 이영주, 김윤향
편집 안수경, 최현수, 김아진, 권현아
책임디자인 노지현, 마영애 | 조아라
기획 · 홍보 김영하
마케팅 김상순, 강성민, 허병용
제작 조영석, 정도봉
해외저작권 기은혜
마케팅지원 최영배, 정나영
경영지원 김혜경, 김경희

이슬비전도학교 최경식
303비전성경암송학교 박정숙
303비전장학회 & 303비전꿈나무장학회 여운학

펴낸곳 규장

주소 06770 서울시 서초구 매헌로 16길 20(양재2동) 규장선교센터
전화 02)578-0003 팩스 02)578-7332
이메일 kyujang0691@gmail.com
홈페이지 www.kyujang.com
페이스북 facebook.com/kyujangbook
인스타그램 instagram.com/kyujang_com
카카오스토리 story.kakao.com/kyujangbook
등록일 1978.8.14. 제1-22

책값 뒤표지에 있습니다.
ISBN 978-89-6097-558-3 03230

규 | 장 | 수 | 칙

1. 기도로 기획하고 기도로 제작한다.
2. 오직 그리스도의 성품을 사모하는 독자가 원하고 필요로 하는 책만을 출판한다.
3. 한 활자 한 문장에 온 정성을 쏟는다.
4. 성실과 정확을 생명으로 삼고 일한다.
5. 긍정적이며 적극적인 신앙과 신행일치에의 안내자의 사명을 다한다.
6. 충고와 조언을 항상 감사로 경청한다.
7. 지상목표는 문서선교에 있다.

하나님을 사랑하는 자 곧 그의 뜻대로 부르심을 입은 자들에게는 모든 것이 合力하여 善을 이루느니라(롬 8:28)

규장은 문서를 통해 복음전파와 신앙교육에 주력하는 국제적 출판사들의 협의체인 복음주의출판협회(E.C.P.A:Evangelical Christian Publishers Association)의 출판정신에 동참하는 회원(Associate Member)입니다.